21世纪高等继续教育精品教材
经济管理类通用系列

U1015606

RENLI ZIYUAN
TONGJIXUE

人力资源统计学

（第三版）

主　编　王琪延　韦佳佳
副主编　李明明

中国人民大学出版社
·北京·

21世纪高等继续教育精品教材
编审委员会

顾　问　董明传

主　任　杨干忠　贺耀敏

副主任　周蔚华　陈兴滨　宋　谨

委　员　（以姓氏笔画为序）

王孝忠　王晓君　王德发　龙云飞　卢雁影
刘传江　安亚人　杨干忠　杨文丰　李端生
辛　旭　宋　玮　宋　谨　张一贞　陈兴滨
周蔚华　赵树嫄　贺耀敏　贾俊平　高自龙
黄本笑　盛洪昌　常树春　寇铁军　韩民春
蒋晓光　程道华　游本强　缪代文

总 序

21世纪，科学技术发展日新月异，发明创造层出不穷，知识更新日趋频繁，全民学习、终身学习已经成为适应经济与社会发展的基本途径。近年来，我国高等教育取得了跨越式的发展，毛入学率由1998年的8%迅速增长到2008年的23.3%，已经进入大众化的发展阶段，这其中高等继续教育发挥了重要的作用。同时，高等继续教育作为“传统学校教育向终身教育发展的一种新型教育制度”，对实现“形成全民学习、终身学习的学习型社会”“构建终身教育体系”的宏伟目标，发挥着其他教育形式不可替代的作用。

目前，我国高等继续教育的发展规模已占全国高等教育的一半左右，随着我国产业结构的调整、传统产业部门的改造以及新兴产业部门的建立，各种岗位上数以千万计的劳动者，需要通过边工作边学习来调整自己的知识结构、提高自己的知识水平，以适应现代经济与社会发展的要求。可见，我国高等继续教育的发展，既肩负着重大的历史使命，又面临着难得的发展机遇。

我国的高等继续教育要抓住机遇发展，完成自己的历史使命，从根本上说就是要全面提高教育教学质量，这涉及多方面的工作，但抓好教材建设是提高教学质量的基础和中心环节。众所周知，高等继续教育的培养对象主要是已经走上各种生产或工作岗位的从业人员，这就决定了高等继续教育的目标是培养能适应新世纪社会发展要求的动手能力强、具有创新能力的应用型人才。因此，高等继续教育教材的编写“要本着学用结合的原则，重视从业人员的知识更新，提高广大从业人员的思想文化素质和职业技能”，体现出高等继续教育的针对性、实用性和职业性特色。

为适应我国高等继续教育发展的新形势、培养应用型人才、满足广大学员的学习需要，中国人民大学出版社邀请了国内知名专家学者对我国高等继续教育的教学改革与教材建设进行专题研讨，成立了教材编审委员会，联合中国人民大学、中国政法大学、东北财经大学、武汉大学、山西财经大学、东北师范大学、华中科技大学、黑龙江大学等30多所高校，共同编撰了“21世纪高等继续教育精品教材”，计划在两三年内陆续推出百种高等继续教育精品系列教材。教材编审委员会对该系列教材的作者进行了严格的遴选，编写教材的专家、教授都有着丰富的继续教育教学经验和较高的专业学术水平。教材的编写严格依据教育部颁布的“全国成人高等教育公共课和经济学、法学、工学主要课程的教学基本要求”；教材内容的选择克服了追求“大而全”的现象，做到了少而精，有针对性，突出了能力的训练和培养；教材体例的安排突出了学习使用的弹性和灵活性，体现“以学为主”的教育理念；教材充分利用现代化的教育手段，形成文字教材和多媒体教材相结合的立体化教材，加强了教师对学生学习过程的指导和帮助，形象生动、灵活方便，易于保存，可反复学习，更能适应学员在职、业余自学，或配合教师讲授时使用，会起到很好的教学效果。

这套“21 世纪高等继续教育精品教材”在策划、编写和出版过程中，得到教育部高教司、中国成人教育协会、北京高校成人高教研究会的大力支持和帮助，在此谨表深切谢意。我们相信，随着我国高等继续教育的发展和教学改革的不断深入，特别是随着教育部“高等学校教学质量和教学改革工程”的实施，这套高等继续教育精品教材必将为促进我国高校教学质量的提高作出贡献。

杨干忠

第三版前言

人力资源统计学是统计学在社会经济应用的一个分支，也是企业进行定量管理、定量分析的工具。长期以来，在我国，人力资源统计学并没有得到足够的重视。但随着我国市场经济的发展，社会组织或企业组织的管理水平不断提高，人力资源的管理也越来越重视定量分析，同时，在社会组织或企业组织中，人力资源统计代替了过去的劳动统计。无论是从统计范围上还是统计内容上，都发生了变化，人力资源统计学应运而生。本书以习近平新时代中国特色社会主义思想为指导，全面融入党的二十大精神，始终把提高学生的思想道德素质与专业素养融为一体，培养学生诚实守信、爱岗敬业等优秀品质，为中国式现代化建设提供高技能人才支撑。

本书是在2015年7月出版的《人力资源统计学（第二版）》的基础上进行修改的成果。《人力资源统计学（第二版）》经过五年的使用，广大读者提出了许多宝贵的意见，这些意见是我们此次修订的依据。与2015年版相比，我们主要进行了四个方面的修订：第一，数据更新。将书中涉及的数据更新至2016—2020年，并添加体现时代性的相关案例数据。第二，文字修订。对教材中的相关文字进行了仔细推敲、精简和凝练。第三，增加部分内容。考虑到教材中有关人力资源时间统计缺少非工作时间统计的内容，为体现内容的完整性，增加了非工作时间统计指标的内容。第四，个别理念的修订。删减、修改因时间变迁人力资源管理领域已更新的个别理念。

本书第一章至第三章由王琪延修订，第四章、第七章、第八章和第九章由李明明修订，第五章、第六章、第十章、第十一章、第十二章由韦佳佳修订。李晓芳对全书进行了文字修改和校对工作。

《人力资源统计学（第三版）》的出版，得到了中国人民大学出版社的大力支持，在此表示衷心感谢。

编者

第二版前言

本书是在2009年8月出版的《人力资源统计学》的基础上进行修改的成果。原《人力资源统计学》经过六年的使用，广大读者提出了许多宝贵的意见，这些意见是我们这次修订的依据。与2009年版相比，我们主要进行了三个方面的修订：第一，数据方面的更新。对于书中的统计资料更新到2013—2015年，增加了一些反映时代特点、中国国情以及最新学术成果的新资料。第二，文字方面的修订。对教材中文字进行了仔细推敲，使行文更加流畅，内容更加简洁易懂。第三，个别理念的修订。随着时间的推移，人力资源管理领域的个别理念发生了根本性的变化，因此，教材也做了相应的更新，删减了那些过时的内容。

本书第一章至第四章以及第七章、第八章由王琪延修订，第五章、第六章由马琳修订，第九章、第十章由王博修订，第十一章、第十二章由马瑜修订。李晓芳对全书进行了文字修改和校对工作。

《人力资源统计学（第二版）》的出版，得到了中国人民大学出版社的大力支持，在此一并表示衷心感谢。

编者

2015年5月

第一版前言

人力资源统计学是统计学在社会经济应用的一个分支，也是企业进行定量管理、定量分析的工具。长期以来，在我国，人力资源统计学并没有得到足够的重视。但随着我国市场经济的发展，社会组织或企业组织的管理水平不断提高，人力资源的管理也越来越重视定量分析，同时，在社会组织或企业组织中，人力资源统计代替了过去的劳动统计。无论是从统计范围上还是统计内容上，都发生了变化，人力资源统计学应运而生。

本教材中列举了大量的实例，阐述了一些实际操作问题，这将有助于读者理解理论及提高应用能力。

本教材可作为高等院校人力资源管理以及其他经济管理、社会学、科学技术管理等专业学生学习人力资源统计学的教科书，也可作为有关管理部门干部培训的参考教材。

本教材由王琪延、张卫红任主编。具体编写分工为：第一章由王琪延编写；第二章、第三章、第四章由王琪延、李晓芳编写；第五章由佟志伟编写；第六章由郭茜编写；第七章、第八章由张卫红编写；第九章、第十章由罗栋编写；第十一章、第十二章由刘浩然编写。由王琪延负责本书内容的框架设计和总纂工作。李晓芳为本教材做了大量的资料收集和文字修改工作。

本教材参阅引用了国内外学者的著作，在教材中列明了出处。但是，由于各种原因，未能与部分作者取得联系，请多多谅解。在此，向所有被参阅引用的著作者深表谢意。

由于作者的知识水平和实践经验有限，错误或疏漏之处在所难免，欢迎广大读者批评指正。

编者

CONTENTS

目　录

第一章

人力资源统计学概述

■要点提示

◇人力资源与人力资本的关系

◇人力资源统计与人力资源统计工作、统计资料、统计学的关系

◇人力资源统计学的研究对象

◇人力资源统计工作的特点

◇人力资源统计学的研究方法

◇人力资源统计指标体系

■内容引言

人力资源统计学是对人力资源活动过程的量化统计方法，是对人力资源统计研究中描述人力资源的数量表现与数量关系，发现其

变动趋势和一般规律的技术。从宏观上讲，应用人力资源统计学可以研究全社会人力资源的总量和构成；从业人员的规模和构成；劳动力的使用与劳动时间的利用；劳动者的工作环境安全、健康、劳动报酬水平、生活水平以及劳动生产率与工资水平的关系等，为政府制定人力资源政策服务。从微观上讲，应用人力资源统计学可以研究企业劳动力的规模、构成、利用、劳动效率、劳动保护、工资分配等，为企业生产经营管理决策服务。

第一节 人力资源统计学的概念

在学习人力资源统计学时，首先需要了解人力资源统计学中如人力资源、人力资本、人力资源统计资料、人力资源统计工作、人力资源统计学等一些基本概念。

一、人力资源与人力资本

人力资源一般是指能够从事生产活动的体力和脑力劳动者，通俗地说就是人。把“人”看作一种资源，是现代人事管理的一个创新。人力资源与物质、信息资源共同构成企业的三大资源。然而，人力资源是一种特殊的资源：第一，人力资源是一种活性资源，与物质资源和信息资源相比，具有创造性。现实中，这种活性资源还表现在如果不用或没有充分使用，就不能激发其潜能，其才能就会萎缩，人力资源的浪费是资源的最大浪费。第二，人力资源是具有增值性和可开发性的资源。物质资源在使用过程中，通过磨损或被加工，其独立形态就不存在了，其价值会转移到新的产品中去；而人力资源在使用过程中，伴随着经验和知识的积累，在生命周期的一定阶段会不断增值，并且可以通过培训、教育、体育锻炼等投资活动提高其价值。但是，过了最佳的生理、心理时期，人力资源的综合素质能力就开始下降、退化乃至消失。第三，人力资源是企业利润的源泉。物质资源和信息资源必须经过人的加工创造、流通才能增加价值，因此可以说人力资源是创造剩余价值的主体，是企业利润的源泉。第四，人力资源是一种具有战略性的资源。企业为了实现持续高速发展必须拥有大批优秀的人才支持。

人力资本是通过对人力资源进行投资所形成的一种资本。人力资本体现在劳动者后天获得的以其数量和质量来衡量的知识、技能、智能以及体能等因素上。这些因素影响着劳动者的生产效率。人力资本的形成是通过投资实现的，这种投资包括上学、在职培训、医疗保健、迁移和寻找有关价格和收入信息等多种形式。诺贝尔奖获得者加里·斯坦利·贝克尔（Gary Stanley Becker）把人力资本投资定义为通过增加人身上的资源（能力）来影响其未来货币收入和心理收入的活动。他认为这种投资有很高的回报率。投资活动的收益主要表现在能够改进人的技能，增加人的知识，增进人的健康，从而提高人的货币或心理收入。

对于国家来说，为了能够对国家整体人力资本状况进行核算并进行国际比较，可以基于瑞士洛桑国际管理学院（IMD）的指标，建立一套完善的核算体系：第一，报酬水平（制造业工人每小时的全部报酬水平）；第二，公共教育支出占 GDP 的比重；第三，已获得高等学历人员的比例；第四，初等教育入学人数；第五，总人口、就业人口占总人口的比例等。上述前四项为一国人力资本质量方面的指标，第五项为一国人力资源总量指标，可以通过将不同指标赋予不同的权数，编制人力资本竞争力指数，进行各国人力资本拥有状况的国际比较。

对于企业来说，人力资本是企业人力资源的全部价值，在企业表现为人们所拥有的并能够用于工作的能力。如果企业缺少人力资本，如技能短缺，除非增加投资，否则，这种短缺将会危害到企业的竞争力。

我们可以把人力资源看作人的实物形态，把人力资本看作人的价值形态。每一个人都是人力资源，在统计上，无论是企业还是国家，以自然单位（如人、万人等）表示。每一个人都拥有人力资本，以货币单位（如元、万元等）表示。

二、人力资源统计与人力资源统计学

人力资源统计是人力资源统计资料、人力资源统计工作和人力资源统计学的泛指。人力资源统计资料是指在一定时间、空间、条件下人力资源的数量表现。例如，某地区2020 年劳动力为 260 万人，这里包括五个要素：范围、时间、内容、数字、单位。

人力资源统计工作是指人力资源统计人员对人力资源统计资料的统计调查、统计整理、统计分析活动。通常把从事人力资源统计工作的人员称为人力资源统计专家或人力资源统计员。人力资源统计人员从事人力资源统计工作的成果被称为人力资源统计资料。人力资源统计调查就是根据一定的目的，通过科学的调查方法，搜集人力资源的实际资料的活动。人力资源统计整理是对调查得来的大量人力资源统计资料进行加工整理、汇总、表列的过程。人力资源统计分析是根据大量的人力资源统计资料，运用统计方法对人力资源的数量、质量以及发展变化规律的描述和剖析。人力资源统计调查、统计整理、统计分析既是人力资源统计工作过程相互联系的三个阶段，又是人力资源统计研究的基本内容。人力资源统计调查为人力资源统计工作过程的第一阶段，是认识客观经济现象的起点，也是人力资源统计整理和人力资源统计分析的基础。人力资源统计整理为人力资源统计工作过程的第二阶段。人力资源统计分析是人力资源统计工作过程的第三阶段。人力资源统计工作过程的三个阶段并不是孤立、截然分开的，而是互相联系、互相穿插的。例如，人力资源统计调查过程中就有对人力资源的初步分析，在整理和分析过程中有时仍需要进一步调查。在人力资源统计调查、统计整理、统计分析的实践活动（人力资源统计工作）过程中，客观上要求对人力资源统计工作过程在理论上和方法上进行总结和阐述，这就是人力资源统计学的任务。上述概念的关系如图 1 - 1 所示。

人力资源统计学是关于人力资源统计过程的理论和方法的科学，也就是对人力资源统计资料的调查、整理、分析的科学。

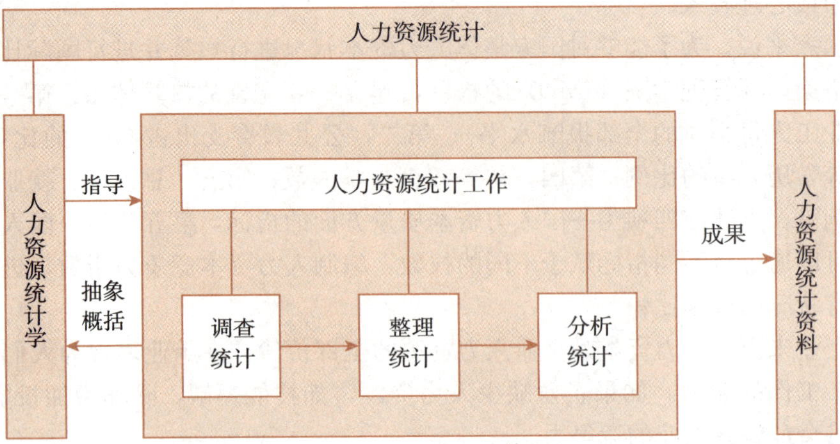

图 1－1　相关概念关系图

人力资源统计学与人力资源统计工作是理论与实践的关系。从历史的角度来看，人力资源统计学是随着人力资源统计活动产生和发展起来的。随着实践的发展，客观上需要对认识加以概括总结，加以抽象化，形成理论；而理论的发展，又反过来指导人力资源统计的实践活动。人力资源统计工作的最终成果是人力资源统计资料。可以看出，人力资源统计工作和人力资源统计资料是人力资源统计活动过程与成果的关系，人力资源统计工作、人力资源统计资料、人力资源统计学是人力资源统计的具体化。

三、总体与总体单位

所谓总体，就是指由某些性质上相同的许多个体组成的总体。构成总体的这些个体称为总体单位。例如，所有的工业企业就是一个总体，这是因为在性质上每个工业企业的经济职能是相同的，即都是从事工业生产活动的基本单位，这就是说它们是同性质的。这些工业企业的集合就构成了统计总体。对于该总体来说，每一个工业企业就是一个总体单位，即每一个工业企业是该集合的元素。可以看出，总体和总体单位的关系是全体和个体的关系。

总体可以分为有限总体和无限总体。有限总体指总体所包括的总体单位是可数的，无限总体指总体所包括的总体单位是不可数的。例如，职工人数、工业企业总数、科学家数、工程师数等都是有限总体；连续生产的某种产品的生产数量、大海里的鱼类资源数等都是无限总体。

总体和总体单位是一对相对的概念，随着研究目的的不同，它们是可以变化的。例如，一个建筑企业的职工是一个总体，企业内每一位职工就是一个总体单位。如果要研究一个地区内部建筑企业之间职工收入差距，此时该地区所有建筑企业职工就是一个总体，而一个建筑企业的职工就是一个总体单位。

利用统计方法对某一总体进行调查时，是从个体（总体单位）入手的。例如，要对某一地区的人力资源投资情况进行调查研究，就要对该地区所属的每一个单位的人力资源投资情况进行登记观察。对个体的考察和登记并不是目的，而是要通过对大量个体的观察、登记达到对总体的认识，对每个单位人力资源投资情况的研究是为了了解该地区的人力资源的投资情况。

四、标志

标志是用来说明总体单位特征的名称。标志可分为品质标志和数量标志。品质标志是反映事物质的特征的标志，是不能用数值表示的，如性别、民族等。数量标志是反映事物量的特征的标志，是可以用数值表示的，如工人的工资额、商店销售某商品的数量、某工业企业职工人数等。标志的具体表现是在标志名称之后所表明的属性或数值，如某企业职工的性别为男，民族为汉族，这里的“男”和“汉族”是品质标志名称性别和民族的属性，是品质标志的具体表现。又如该职工的年龄是 45 岁，工资额是 56 000 元，此处的年龄和工资额是数量标志的名称，而 45 岁和56 000 元则是数量标志的具体表现，统计上称为标志值，即统计标志的具体表现数值。

标志是统计学中常用的一个概念，在统计调查时，就是要登记和观察客观现象品质标志的属性和数量标志的数值。

拓展阅读

胸中有“数”。这是说，对情况和问题一定要注意到它们的数量方面，要有基本的数量的分析。任何质量都表现为一定的数量，没有数量也就没有质量。我们有许多同志至今不懂得注意事物的数量方面，不懂得注意基本的统计、主要的百分比，不懂得注意决定事物质量的数量界限，一切都是胸中无“数”，结果就不能不犯错误。

——毛泽东：《党委会的工作方法》，选自《毛泽东选集》第 4 卷，第 1442 - 1443 页。

量和质。数字是我们所知道的最纯粹的量的规定。但是它充满了质的差异。

——恩格斯：《自然辩证法》，选自《马克思恩格斯选集》第 4 卷，第 193 页。

统计工作不是把数字随便填到几个格格里去，而应当是用数字来说明所研究的现象在实际生活中已经充分呈现出来或正在呈现的各种社会类型。

——列宁：《莫斯科省的工作日和工作年》(1912 年 8 月 12 日)，选自《列宁全集》，第 33 - 34 页。

第二节　人力资源统计学研究的对象

解决研究对象问题是认识任何一个学科的关键问题之一。

一、统计学是关于人力资源研究的方法论科学

关于人力资源统计学的研究对象，在社会经济统计学派内部存在着两种不同的观点。一种观点认为，人力资源统计学是一门实质性科学，是以大量人力资源的数量方面为研究对象的社会科学，其目的是研究人力资源发展变化规律以及人力资源配置效率在具体地点、时间、条件下的数量表现。另一种观点认为，人力资源统计学不是实质性科学，而是一门

方法论科学。它是对人力资源数量方面进行调查、分析研究的方法论科学。

本书认为，人力资源统计学的研究对象是关于人力资源统计调查、统计整理、统计分析的理论和方法技术，是关于人力资源研究的方法论科学。例如，人力资源统计调查如何设置统计指标；又如，在人力资源统计分析中，应用什么样的统计方法解释人力资源中的问题。

二、人力资源统计学应用的特点

人力资源统计学是对人力资源现象和使用过程调查的一种手段，也是一种定量研究分析问题的方法，同时也是人力资源管理的重要工具。

第一，数量性。人力资源统计学与其他的管理工具不同，它主要是从数量特征方面研究人力资源。任何客观现象的质量都表现为一定的数量，没有数量也就谈不上质量。认识事物一般是从数量入手，继而上升到对事物质的认识。因此，在研究人力资源问题的时候，要注意数量界限。人力资源统计必须运用科学的方法，将人力资源基本数据准确计算，提供给人力资源管理部门和决策者，使之“心中有‘数’”，让人力资源管理工作建立在科学、可靠的基础之上，才能不犯错误或少犯错误。

第二，关联性。在人力资源中，现象与现象之间存在着许多关联关系。如人力资源的供给与需求、劳动力总量与结构、工作岗位配置与劳动效率、工资分配和人工成本、职业技能开发与人员素质等，它们之间的依存关系是客观存在的。人力资源统计学中有许多研究现象之间关联程度的方法，因此，人力资源统计工作者可以应用现实的统计数据，研究人力资源现象之间及与其他现象之间的数量联系，分析发展不平衡的因素及其影响程度，以便于人力资源管理部门和领导采取相应措施，处理好各种关系，做好人力资源管理的工作。

第三，动态性。人力资源统计学不仅可以研究现象之间的关联关系，还可以研究人力资源的动态关系。随着时间的推移，作为个体的人力资源，其年龄和阅历会增加，知识水平也会提高，人力资本也相应提升。而企业作为个人人力资本的集合，要关注企业人力资本的变动，反映企业竞争力的变化趋势。同时，人力资本的增减，对于一个企业乃至国家的竞争力变动也非常重要。

第四，规律性。人力资源统计学是研究人力资源规律性的重要方法。人力资源现象的演变与其他客观现象的演变一样，是有规律可循的。人力资源统计研究从个别到一般，从局部到整体，能够揭示人力资源诸现象和使用过程的一般规律性。例如，企业的招工和用工机制、工资分配机制和其他激励机制、社会劳动保险机制等的模式与运行方式，我们可以应用人力资源统计学的方法，对于众多的具体事实和个别现象的综合表现，探究、归纳、提升、概括出某种规律性，以提升人力资源的开发和管理水平。

第三节 人力资源的统计方法

人力资源统计学研究对象的性质，决定了人力资源统计学的研究方法。解决研究方法问题是解决人力资源统计研究过程一切问题的关键之一。因此，研究方法问题在人力资源统计学中居于重要地位。人力资源统计学的方法有许多，如总体观察法、综合指标法、统计分组法、图表法、对比分析法和统计模型分析法等。这一系列人力资源统计方法构成了人力资源统计学的基本方法。下面分别予以介绍。

一、总体观察法

总体观察法是人力资源统计资料收集即调查阶段的基本方法。总体观察法可以归纳为三个要点：第一，在进行人力资源统计调查时，要调查全部或足够多的单位。这是因为任何社会现象之间都存在差异，当观察达到足够多的数量时，差异就会互相抵消，从而表现出隐藏在大量偶然现象背后的必然性。第二，应从事实的联系中把握事实。这是因为任何客观现象都不是孤立的，事物之间是有联系的，因此我们认识事物不能用一些个别事实或一个片面去说明问题，而应从事物之间的联系中把握事实。第三，不仅要注意到人力资源量的方面，还要掌握与数字相关的实际情况。人力资源与自然现象相比更为复杂，自然现象可以控制某些条件。例如，农田试验可以控制施肥量、浇水量等因素，而人力资源本身，往往受阅历、主观意志、情感等多种因素的影响，难以人为地控制。因此，研究人力资源不仅要了解人力资源的数量方面，还要了解与人力资源的数量有关的实际情况，这样才能真正认识到人力资源质的方面。综上所述，在对事物了解的基础上，对总体的全部或足够多的单位进行统计观察和登记并掌握与问题有关的全部事实的方法叫作总体观察法。

通过对事物总体上的观察，一方面，可以掌握认识事物所必需的总体的总量。例如，要了解一个企业的人力资源，必须要知道该企业的职工人数、年劳动时间等总量指标。另一方面，可以通过计算平均数等指标，分析问题，认识总体的本质。这里需要注意两点：第一，总体观察法是相对具体问题而言的，应用时要根据研究问题的目的，确定不同的总体范围；第二，在统计观察和统计研究中也常常对个别典型单位进行更为细致的调查和分析，这仍然是以说明总体特征为目的的。

二、综合指标法

统计工作既然是从人力资源的数量方面来认识经济活动的，那么就要借助于统计指标。因此，综合指标法就构成了人力资源统计学的基本方法之一。在了解什么是综合指标之前，要搞清楚什么是统计指标。统计指标可分为理论统计指标和应用统计指标。所谓理论统计指标，是指综合概括客观现象信息量的科学概念，它是精简、压缩统计信息量的方法，通常所用的理论统计指标有总量指标、平均指标、相对指标、变异指标等，这是本书所要论述的主要问题之一。应用统计指标首先是一种具体的社会经济范畴，如企业人数、工资额、劳动生产率。其次，并不是所有的社会经济范畴都可以成为应用统计指标，它必须是能够以数量表现的社会经济范畴，如各种劳动力的使用价值是社会经济范畴，但它并不能用数量表现出来，因此就不是应用统计指标。最后，应用统计指标还必须是具体化了的社会经济范畴。所谓具体化，是指说明在一定时间、地点、条件下反映事物的规模、水平、速度、比例等数量特征和数量关系。因此，应用统计指标不仅是事物特征的概括和反映，它还确定了这些特征是如何用数量加以表示的。综上所述，应用统计指标是用数量加以表示的社会经济范畴，它用来说明社会经济现象在具体时间、地点、条件下的规模、水平、速度、比例等数量关系和数量特征。应用统计指标常在具体分析某种社会经济现象时采用，在人力资源统计学中，劳动生产率、劳动时间利用率、工资等就是应用统计指标。

用统计指标去概括和分析现象总体的数量特征和数量关系的方法，就叫综合指标法。在统计实践中，广泛应用着综合指标法，采用总量指标、相对指标、平均指标，从静态和动态上综合反映和分析现象总体的规模、水平、结构、速度和比例关系、依存关系等。无论是从统计学还是从统计实践活动上看，综合指标法都是统计的基本方法。

三、统计分组法

人力资源现象是极为复杂的，任何定量分析都必须以定性分析为基础。人力资源统计是从人力资源活动的数量方面认识人力资源的，人力资源统计不能离开人力资源活动质的方面抽象地研究量，而应在质的基础上研究量。因此，必须采用统计分组法区分人力资源的不同性质，在此基础上研究数量方面。例如，要研究人力资源学历结构的变化及其对国民经济的影响，就必须把人力资源按照学历以及产业分布情况进行各种各样的分类。例如，按行业分类，可观察各行业的人力资源学历及比例关系；按年份分类，可研究其发展变化趋势。

综上所述，统计分组法就是根据一定的研究目的和现象的总体特征，按照一定的标志把社会经济现象划分为不同性质或类型的组别。统计分组法在人力资源统计工作的各个阶段中都会用到，因此，也构成了人力资源统计学的基本方法之一。

四、图表法

图表法是以统计表、统计图反映客观现象分布规律和发展趋势的方法。有关人类使用图表的历史，统计史学家追溯到遥远的过去。沃克在《统计方法史》中曾说：“表记统计在中世纪某些原始记录中已经开始应用。起初以土地为对象，后来以应服兵役的壮丁为对象。”政治算术的代表人物配第，在1672年定稿、1691年出版的《爱尔兰的政治解剖》一书中，不仅用统计数字说明问题，而且也用图表阐述自己的观点。图表法就是把调查得到的凌乱的数字资料整理成统计表，进一步绘制出统计图，以表列或图形呈现出客观现象固有的规律性，或呈现出客观现象发展的某种趋势的方法，它在人力资源统计分析中被广泛应用。

五、对比分析法

对比分析是统计分析阶段所采用的基本方法。在社会经济现象中，所谓真、善、美与假、恶、丑，所谓多、快、好、省与少、慢、差、费，都是通过对比来鉴别的。在统计分析中，这种通过比较来鉴别的方法，就是对比分析法。

人力资源现象具有运动性、结构性和系统性，在分析、揭示人力资源现象时，人们经常采用对比分析法。对比分析法根据人力资源现象的运动性、结构性和系统性具体表现为动态分析、结构分析和相关分析。其实，一切统计分析方法都可归结为统计分析的这三个基本方面。在实际统计研究时，这三个基本方面并不是孤立使用的，往往是几种方法结合使用，至于使用哪些方法，则取决于客观事物本身的特点。例如，要分析我国人力资本的变化，就要看劳动力中大学以上毕业者占劳动力总量比重的变化，这就采用了结构分析和动态分析相结合的方法。

六、统计模型分析法

统计模型分析法，是指将客观现象的统计资料配合适当的数学表达式，反映客观现象间的数量关系和数量特征，揭示其运动规律的科学方法。

随着社会经济的发展，统计模型这种数量研究工具越来越显得重要。作为人力资源分析中重要的、有价值的辅助工具，建立统计模型，模拟客观现象的运动规律，可使人们在定性认识的基础上对定量认识更加深化和精确。在许多场合，可以运用统计模型发现客观现象的新规律，并预见新现象的产生，特别是在经济科学中，运用统计模型，对实际统计资料进行加工，模拟经济运行过程是非常有意义的。

统计模型为人力资源管理科学提供了试验的机会。众所周知，人力资源现象不同于自然现象，在人力资源的生活中进行试验是非常困难的，即使可以试验也常常是不合理的。统计模型为人力资源管理科学提供了试验的可能性。

随着科技的迅速发展，电子计算机技术得以广泛应用，这也提高了统计资料的处理速度与质量，为统计模型在人力资源中的应用奠定了基础，同时方法本身也得以丰富。

以上六种方法，构成了人力资源统计学的基本方法。

第四节　人力资源统计指标体系

研究一个国家或组织的人力资源现象和过程，一般使用人力资源统计指标，从不同方向和层面反映一个国家或组织的人力资源的数量表现与数量关系。这些相互联系、相互制约的人力资源统计指标群体所构成的体系被称为人力资源统计指标体系，主要包括人力资源基本状况统计、人力资源的时间利用统计、人力资源价值统计、人力资源的劳动效率统计、人力资源劳动报酬与收入统计、人力资源成本统计、人力资源的安全与保障统计、人力资源使用中的劳动关系统计八个方面。

一、人力资源基本状况统计

一个国家或组织要开展经济活动，必须配置足够多且达到一定素质水平的人力资源。人力资源基本状况统计应该包括四个方面的统计指标：第一，反映人力资源总量的统计指标。从宏观和微观两个角度反映人力资源拥有状况的指标有期末人数和平均人数等指标。第二，人力资源构成方面的统计指标，如职业构成、专业构成、技术构成、年龄构成、性别构成和工作性质构成等。第三，反映人力资源变动的统计指标。从宏观讲应包括全国人力资源的增减变动、在业人力资源的增减、失业人力资源的增减等。从微观看应包括企业人力资源的培训、招聘录用、调动、辞退和退休等变动情况。第四，人力资源的利用统计指标。在宏观领域，如人力资源的可利用率、人力资源的实际利用率等。在微观领域可以参见第四章和第八章。

背景资料

2021年5月11日，第七次全国人口普查结果公布，全国人口共141 178万人，与2010年的133 972万人相比，增加了7 206万人，增长5.38%；年平均增长率为0.53%，比2000年到2010年的年平均增长率0.57%下降0.04个百分点。数据表明，我国人口10年来继续保持低速增长态势。

具有大学文化程度的人口为21 836万人。与2010年相比，每10万人中具有大学文化程度的由8 930人上升为15 467人，15岁及以上人口的平均受教育年限由9.08年提高至9.91年，文盲率由4.08%下降为2.67%。受教育状况的持续改善反映了10年来我国大力发展高等教育以及扫除青壮年文盲等措施取得了积极成效，人口素质不断提高。

背景资料

国际标准职业分类把职业由粗到细分为4个层次，即8个大类、83个小类、284个细类、1 506个职业项目，共列出职业1 881个。其中8个大类是：(1) 专家、技术人员及有关工作者；(2) 政府官员和企业经理；(3) 事务工作者和有关工作者；(4) 销售工作者；(5) 服务工作者；(6) 农业、牧业、林业工作者及渔民、猎人；(7) 生产和有关工作者、运输设备操作者和劳动者；(8) 不能按职业分类的劳动者。这种分类方法便于提高国际职业统计资料的可比性和国际交流。

加拿大《职业岗位分类词典》把分属于国民经济中主要行业的职业划分为23个主类、81个子类、489个细类、7 200多个职业。此种分类对每种职业都有定义，逐一说明了各种职业的内容及从业人员在普通教育程度、职业培训、能力倾向、兴趣、性格以及体质等方面的要求，有较高的参考价值。

二、人力资源的时间利用统计

人力资源的时间利用，既可以从宏观方面研究，也可以从微观方面探索。从宏观方面看，分析国民时间利用，对于研究国民消费、扩大内需以及相关产业发展具有重要价值。从微观方面看，分析企业人力资源时间利用，对于研究劳动时间的合理利用以及企业效率提高具有现实意义，分析劳动时间的利用程度，对企业的生产经营和服务成果有着重要影响。

人力资源的时间利用主要包括三个方面的统计指标：第一，工作时间，主要包括日历工日、日历工时、制度工作工日、制度工作工时等指标；第二，工作时间的利用指标，主要包括出勤率、出勤时间利用率、制度时间利用率等指标；第三，非工作时间指标，如休闲率、个人生活必需时间占用率、家务劳动时间占用率、工作时间与休闲时间的比率等。

三、人力资源价值统计

人力资源价值统计也就是人力资本统计。人力资源的价值增加是由投资形成的，人力资源的价值不同，其劳动效率也不同。测量人力资源价值的方法很多，但是每一种方法都有局限性。这里首先引入、评价和用实例验证了人力资源个体价值的货币性计量方法（包括未来工资报酬折现法、调整后的未来工资报酬折现法、随机报偿评价法、调整后的随机报偿评价法）以及人力资源群体价值的货币性计量方法（包括非购入商誉法、经济价值法）。其次引入、评价和用实例验证了人力资源个体价值的非货币性计量方法（含信息库法、工作绩效评价法、工作态度测定法、潜力评价法和专家打分法），以及人力资源群体价值的非货币性计量方法（含单方面观察评价法和全面观察评价法）。用这些方法计算的人力资本，都反映了人力资源价值的某一方面，也成为人力资源价值的指标。

四、人力资源的劳动效率统计

人力资源的劳动效率是人力资源使用过程中的效率，一般包括人力资源劳动生产率和人力资源劳动效益两类指标。在生产经营和服务规模一定的条件下，劳动生产率水平的高低决定着人力资源使用数量的多少，同样也决定着职工的劳动报酬水平。提高劳动生产率是节约劳动力、降低生产经营成本、增加盈利和提高经济效益的重要途径。所以说，劳动生产率是综合反映工作质量的极为重要的指标之一。

人力资源统计除研究劳动生产率外，还设立了劳动效益指标来分析劳动效益。劳动效益指标是劳动生产率指标的必要补充，二者相辅相成，经常结合运用。

五、人力资源劳动报酬与收入统计

人力资源劳动报酬是从业人员根据所提供的劳动的数量和质量，从为社会所创造的新价值中取得，并能归个人占有与支配的那部分价值量。从业人员收入的内涵及外延比劳动报酬更广，从广义上讲，一切有形的收入和无形的收入都可视为从业人员的收入。它与劳动报酬的关系是包含与被包含的关系，劳动报酬是从业人员收入的最主要的组成部分；同时，它是属于劳动收入的那一部分，不包括按生产要素分配取得的收入。

企业人力资源劳动报酬与收入统计，可以研究职工平均工资与企业平均利税、劳动生产率等相关联系。这对于处理好企业与劳动者、平均劳动效率提高与平均工资增长等方面的关系，充分调动各方面的积极性，以及促进企业全面发展具有重要作用。另外，研究实际工资和名义工资及其变动，对于研究国民实际生活水平及其变化更具有现实意义。人力资源劳动报酬与收入统计主要包括四个方面的统计指标：工资总额统计、工资结构、工资变动和工资外收入。

六、人力资源成本统计

人力资源成本通常称为人工成本，是指企业（或雇主）在一定时期内、在生产经营和提供劳务活动的过程中使用劳动力而发生的各项直接和间接的费用的总和。其范围包括从业人员劳动报酬、社会保险费、职工福利费、职工教育费、劳动保护费用、职工住房费用和其他人工成本费用七大项。

人工成本统计对职工、企业、国家等有四个方面的意义：第一，有利于企业进行成本核算；第二，有利于增加利润和增加职工收入；第三，是制定宏观政策的重要依据；第四，有利于国际交流与合作，特别是中国加入 WTO 后，WTO 成员之间劳动力的流动比以前大大增强了，所以加强人工成本的研究显得尤为重要。人力资源成本统计要研究企业人力资源成本的结构、总量，研究人力资源成本水平，分析影响人工成本变动的各种因素。

七、人力资源安全与保障统计

人力资源的安全指的是为改变劳动者的工作条件、安全健康等而采取的措施，是提高人作为劳动者在生产中的工作环境与自身健康而采取的一系列手段。人力资源安全统计一般分为劳动环境统计、劳动安全措施统计、伤亡事故统计以及职业病统计四类。

人力资源的保障是国家为保护劳动者权益而制定的一种社会保障制度。社会保障制度，是保障劳动者在特殊情况下的基本生活和改善劳动者生活状况不可缺少的重要制度。人力资源保障统计包括社会保险统计、社会救助统计、社会福利统计、社会优抚统计等。其中，社会保险是保障统计中最为重要的核心部分，主要包括养老保险、医疗保险、失业保险、生育保险、职业伤害保险等统计。

八、人力资源使用中的劳动关系统计

劳动关系统计是人力资源劳动过程中，劳动者与管理者之间发生的争议、仲裁处理、劳动管理参与等方面的统计。劳动合同制度、集体合同制度、职工民主管理制度以及劳动争议的处理制度、工会协调参与等，都是调整劳动关系的内容，通过对双方利益矛盾的调节，使劳动关系正常、健康地发展。劳动关系统计可以从数量上反映劳动关系的现实状况，有利于制定措施促进组织经营活动的正常开展，并缓解和调整组织劳动关系的冲突，最终促进人力资源潜力的最大限度发挥。它主要包括劳动争议仲裁统计和劳动管理参与统计两个方面的统计指标。

本章小结

本章主要讨论了人力资源统计学中的几个基本理论问题。首先，介绍了人力资源统计、统计工作、统计资料、统计学、统计指标等基本概念；其次，分析了人力资源统计学的研究对象等理论问题；再次，概述了人力资源统计中经常使用的统计方法；最后，介绍了人力资源统计的指标体系。

关键概念

人力资源统计　人力资源统计学　人力资源与人力资本　人力资源统计指标

复习题

1. 试述人力资源统计与人力资源统计工作、统计资料、统计学的关系。
2. 试述人力资源和人力资本的关系。
3. 人力资源统计学的研究方法有哪些?

讨论及思考题

1. 你认为人力资源统计学的研究对象是什么?
2. 你认为反映人力资源统计有哪几类指标?
3. 人力资源统计学的研究方法可以研究什么问题?

第二章 人力资源统计数据

要点提示

◇ 人力资源统计数据的特征、种类、作用
◇ 人力资源统计数据的收集方法
◇ 经常性登记和问卷调查
◇ 人力资源统计数据汇总方案的设计
◇ 人力资源统计数据汇总的组织形式
◇ 人力资源统计数据的审核
◇ 人力资源统计表的概念、构成、种类、设计原则和方法
◇ 常用的人力资源统计图

■ 内容引言

人力资源统计数据是人力资源现象的信息载体。人力资源统计学是一门有关人力资源统计数据处理的科学，人力资源统计学与人力资源统计数据密不可分。如何收集到所需数据，并对这些数据进行加工处理，从而形成有用的信息，并用简洁明了的方式表达出来，是本章所要讨论的问题。

第一节 人力资源统计数据概述

一、人力资源统计数据的性质

任何一项人力资源统计数据都是某种现象在一定时间、空间、条件下的数量表现。从各种统计调查中获得的人力资源统计数据都包含着人力资源的总量、结构、变动及人力资源现象的内在规律，并以数字资料形式反映人力资源的本质特征，所以说人力资源统计数据是人力资源现象的信息载体。例如，某一工业企业的年度统计报表资料，可以反映出该企业全年经济活动的总量（如总产量、员工年末总人数、固定资产平均占用额等）、各种产品的结构、经济效益等情况。人力资源统计数据具有如下三个特征。

（一）人力资源统计数据反映人力资源的总体特征

人力资源统计数据必须具有社会意义，关于某一个单位或个人的孤立的数字资料不能被看作是统计数据。人力资源统计数据是把某一单位的人力资源的总体作为观察对象而获得的。当然，构成某个总体的个体总是个人、企业等一个个的单位，也正是这一个个的单位所组成的总体数字资料才是统计数据，这一点在理解统计数据时是非常重要的。在实际运用时，仅从人力资源统计数据的数字本身是不能看出全部内容的，必须了解确定的是什么样的总体，取自什么样的总体单位；另外还要知道通过怎样的调查方法，选定怎样的范围而获得的数字。人力资源统计数据不仅能够反映人力资源的总体特征，还可以通过统计分组揭示人力资源的结构，按照时间顺序进行排列来反映人力资源的动态变化。

（二）人力资源统计数据反映人力资源的数量特征

人力资源统计数据不同于其他资料，它必须反映人力资源的数量特征。世界上任何事物都有量的规定性和质的规定性，二者是统一的，事物的质是通过量表现出来的，因此，没有数量也就没有质量。反之，没有质的规定性的量，就是没有任何有意义的量。但是反映事物的数量并不是目的，而是要通过数量认识客观现象的本质特征及规律性，如在经济领域中，通过反映经济活动的速度、效益、成果等，反映经济规律。而且，任何一项人力资源统计数据都不能脱离人力资源质的方面，因为抽象的量反映不出任何问题。

（三）人力资源统计数据反映人力资源过去的信息特征

人力资源统计数据是通过对人力资源数量的登记和观察取得的。例如，在企业经济活动中，通过对企业人力资源的观察和登记，可以取得一系列反映企业人力资源的统计数据，如员工出勤时间、工资、员工人数及其变动等的具体指标数值。这些统计数据是一种活动结果的数量表现，是过去发生的事物的体现。

二、人力资源统计数据的种类

从不同的角度观察，人力资源统计数据有不同的分类。

（一）按性质分类

人力资源统计数据按其性质可分为一次统计数据、二次统计数据和三次统计数据。

一次统计数据是以获得统计数据为目的，通过统计调查获得的统计数据，所以也称为调查资料。为获得统计数据，可进行普查、重点调查、典型调查、抽样调查等专门调查。一次统计数据的获得是极不容易的，因此应注意以下三个方面的问题：第一，设计调查方案的原则应是指标尽量少，带来的信息量尽量大；第二，减少统计误差，首先是登记误差，其次是抽样调查时的抽样误差；第三，充分运用统计数据所产生的信息进行各种分析。

二次统计数据一般不是通过直接调查获得的统计数据，而是通过收集由行政管理的业务记录、申报资料等统计数据，也称为业务统计数据。对依靠业务记录获得的二次统计数据，更应注意其基础资料的正确性，注意防范因口径、范围以及法令、制度差异所带来的偏差。

三次统计数据是根据一次统计数据、二次统计数据或其他资料进行组合、加工计算的统计数据，也称为加工统计数据。加工统计数据中最有代表性的是各种统计指数。三次统计数据是经过推算、估算等方法得出的，其准确性不仅取决于加工统计信息量的可信赖性，还取决于一次、二次统计数据的精确度，这两个方面都是不可忽视的。三次统计数据多用于国际比较，因此，还应注意各国在计算口径、计算方法等方面的差异。

（二）按表现形式分类

人力资源统计数据按其表现形式不同，可分为人力资源统计数字、人力资源统计表和人力资源统计图。

三、人力资源统计数据的作用

（一）人力资源统计数据是制订计划、发展策略的基础和依据

无论是制订人力资源计划还是发展策略，都不能想当然，而应该建立在科学可靠的基础上，这就需要借助于人力资源统计数据。企业管理层就是依据这些统计数据来制订计划和发展战略的。如果离开了对实际情况的了解，其结果是不可想象的。

（二）人力资源统计数据是监督、检查计划和发展战略执行情况的信息源

人力资源统计数据不仅可以为制订计划和发展战略提供依据，还可以通过它监督、检查计划和发展战略的执行情况，揭露生产、建设、流通领域中的人力资源使用问题，通过经常、及时地提供统计数据，把信息反馈给管理层，可使其总结经验、修订计划、

采取措施，促使企业顺利发展，保证企业的发展战略得以贯彻执行。

（三）人力资源统计数据是经济实证分析的科学材料

众所周知，在人力资源实证分析时，人力资源统计数据是必不可少的。但对作为人力资源实证分析材料的人力资源统计数据，真正理解和关心的人并不太多。在自然科学领域里，科学家通过科学试验进行科学研究，创立理论。在进行科学试验时，严格按照周密的计划实施，通过详细的记录，获得具有科学价值的资料；史学家在研究历史时，非常珍视每一个历史事实和每一页历史资料，他们的研究都有很高的可信赖性。但是在管理学界，将人力资源统计数据作为实证分析、判断现状的材料时，对待统计数据很少像自然科学家注意试验结果、历史学家研究历史史料那样予以充分的关注。如果对人力资源统计数据的性质、人力资源统计方法还不十分清楚，而用人力资源统计数字去分析人力资源情况，就像科学家不尊重科学试验、历史学家不尊重史料一样，很难得出正确的结论。在现实生活中，误用统计数据得出错误结论的论文、评论等并不少见。

拓展阅读

飞机上什么部位应该加装防弹钢板？

第二次世界大战后期，美国空军展开了对德国和日本的大规模战略轰炸。然而，战斗机返回时往往弹痕累累，损失惨重。空军当局因此下决心在飞机上加装防弹钢板以减少损失。可是，如果整个飞机都加装钢板的话，飞行速度、航行距离、载弹量等都会受到影响，势必会降低飞机的战斗性能。防弹钢板应该加装在飞机的什么部位呢？哪儿的防弹效率最高呢？经过研究，美国空军请来了当时有名的统计学家亚伯拉罕·沃尔德帮忙解决防弹钢板加装在何处的问题。沃尔德临阵受命，把统计表发给地勤技师，让他们陆续把返航战斗机上弹孔的位置汇总上来。然后，他在一张大纸上画出飞机的轮廓，把地勤技师汇总上来的弹孔位置一一标出。最后的结果是，除了飞行员座舱和尾翼部位没有标记之外，机身其他位置几乎都被标满了。怎么会偏偏座舱和尾翼两处没有中弹呢？这明显不符合分布规律呀？真是不可思议！据此图分析，是不是除了座舱和尾翼两个地方外，飞机全部加装钢板就解决问题了呢？恰恰相反，沃尔德的直觉告诉自己：座舱中弹，飞航员就会伤亡；尾翼中弹，飞机就会失去平衡而坠落。这两个地方中弹，飞机也就回不来了。因此，正确的结论是：座舱和尾翼两个部位最需要加装防弹钢板。美国空军采纳了沃尔德的建议，挽救了数以万计的美军飞行员的生命。可见，充分利用统计数据信息会为我们认清事情的本质提供很大帮助。

第二节 人力资源统计数据的收集

人力资源统计数据的收集，通常有两个途径：一是经常性登记；二是一次性调查。

一、经常性登记

经常性登记是指根据有关报表制度的要求和企业人力资源管理工作的需要，设置有关的原始记录，对日常发生的人力资源活动进行记载和统计。

（一）原始记录的概念和作用

原始记录是通过一定的表格形式，用数字或文字对企业内部所发生的每一项人力资源活动所做的最初记载。它是反映企业内部人力资源活动的第一手材料，是未经过加工整理的材料。原始记录具有记录内容的广泛性、记录时间的经常性、记录项目的具体性和记录工作的群众性等特点。

原始记录在人力资源管理中的作用主要有以下三个方面：

（1）原始记录是企业人力资源管理统计工作的基础，是人力资源统计资料的来源。

（2）原始记录是企业实行科学管理的基础，是制订合理的劳动计划和规章制度的依据。

（3）原始记录是考核员工工作成绩、贯彻“劳动分配”原则的依据。

（二）原始记录的内容

原始记录的内容，应根据人力资源管理工作的需要和人力资源统计报表制度的要求来确定。通常可以从两个方面来说明原始记录的内容。

1. 原始记录的一般内容

为了满足需要，准确反映企业人力资源活动的具体情况，原始记录的一般内容应包括以下五个方面：

（1）原始记录的名称和编号。企业按各原始记录所反映的活动内容，确定它们的名称。为了方便管理，还应加以编号。

（2）活动内容的记载。这是原始记录内容的主体部分，反映了活动发生的具体情况。记载活动内容时，通常会设置一些指标，并用数字或符号来记载。指标的繁简可根据活动的内容和管理需要来确定。

（3）计量单位。在利用数量反映活动的具体情况时，须明确其计量单位。如反映员工加班加点情况的加班加点通知单中的计量单位应为“工日”或“工时”。

（4）填写时间。即制作原始记录的时间，一般也是该项活动发生的时间。

（5）填表人及责任者的签章。为了保证原始记录的准确和便于核查，在原始记录上应有填表人及相关负责人的签章才能有效。

2. 原始记录的具体内容

根据企业劳动经济活动的范围，一般设置以下两个方面的内容：

（1）劳动管理方面的原始记录，主要包括员工卡片（员工基本情况登记表）、员工到职通知单（见表 2-1）、员工离职通知单、员工考勤表（见表 2-2）、员工伤亡事故登记表、员工奖励表等。

表 2-1 员工到职通知单

年 月 日 到职第 号

<table>
<tr><td>姓名</td><td></td><td>性别</td><td></td><td>年龄</td><td></td><td>文化程度</td><td></td></tr>
<tr><td>政治面貌</td><td colspan="2"></td><td colspan="2">职务</td><td></td><td>工资等级</td><td></td></tr>
<tr><td>参加工作时间</td><td colspan="2"></td><td colspan="2">到职日期</td><td></td><td>工作部门</td><td></td></tr>
</table>

表 2-2 员工考勤表

车间　　　　班组　　　　姓名　　　　　　　　　　　　年　　月

<table>
<tr><td colspan="2">日期</td><td>1</td><td>2</td><td>3</td><td>4</td><td colspan="2">…</td><td>29</td><td>30</td><td>31</td></tr>
<tr><td colspan="2">星期</td><td></td><td></td><td></td><td></td><td colspan="2"></td><td></td><td></td><td></td></tr>
<tr><td rowspan="2">出勤情况</td><td>上午</td><td></td><td></td><td></td><td></td><td colspan="2"></td><td></td><td></td><td></td></tr>
<tr><td>下午</td><td></td><td></td><td></td><td></td><td colspan="2"></td><td></td><td></td><td></td></tr>
<tr><td colspan="2">缺勤项目</td><td>病假</td><td>事假</td><td>产假</td><td>工伤</td><td>公假</td><td>旷工</td><td colspan="3" rowspan="2">备注：</td></tr>
<tr><td colspan="2">累计天数</td><td></td><td></td><td></td><td></td><td></td><td></td></tr>
</table>

（2）工资管理方面的原始记录，主要包括员工工资表、员工工资变动单、员工加班加点通知单和员工完成定额记录等。

二、一次性调查

一次性调查是指在特定时期内对某个专门问题所做的一次性调查，通常采用调查问卷的形式收集资料。

（一）问卷调查

问卷调查是调查者运用统一设计的问卷向被调查者了解情况、收集资料的一种调查方法。它是一种间接的、书面的访问，调查者一般不与被调查者见面，而由被调查者自己填答问卷。问卷调查一般都是标准化的调查。在科学技术日益进步、文化教育日益发达的现代社会，问卷调查法具有广泛的用途和重要的作用。问卷调查按传递方式的不同，又可分为报刊问卷、邮政问卷、送发问卷、访问问卷等。

（二）选取调查对象

问卷调查的对象，可用抽样方法选择，也可把有限范围内的全部成员作为调查对象，如一个工厂、一个学校等。由于问卷调查的回复率和有效率一般都不可能达到100%，因此选择的调查对象应多于研究对象。确定调查对象数量可用如下公式：

$$调查对象=\frac{研究对象}{回复率\times有效率} \tag{2.1}$$

例如，假定研究对象540人，回复率60%，有效率90%，则调查对象为：

$$调查对象=\frac{540}{60\%\times90\%}=1\ 000（人）$$

第三节 人力资源统计数据的汇总

进行人力资源统计调查，不是为了了解某一个调查单位的数字资料，而是为了获得调查单位的人力资源总体统计数据。但是，人力资源统计调查最初获得的资料是一个个具体的调查单位的资料，为取得说明现象总体的人力资源统计数据，就必须进行人力资源统计数据的汇总（简称“统计汇总”）。所谓统计汇总，就是对原始资料（初级资料）的加工、整理过程，它是根据预先设计好的汇总方案进行的。

一、统计数据汇总的方案设计及组织形式

（一）统计数据汇总方案的设计

统计数据汇总方案是根据统计调查的目的，获得预期的统计数据的汇总流程计划。统计数据汇总方案是保证统计数据准确、及时和全面的重要前提。确定统计数据汇总方案包括两方面的设计工作：一是对总体资料的处理方法；二是确定用哪些具体的统计指标来说明总体。

对总体资料的处理方法有三种：（1）总体单位的简单排列；（2）将所有总体单位的资料加以合计；（3）对总体进行各种分组。可以看出，统计数据汇总与统计分组方法是密切相关的。有关统计分组方法将在下一章专门阐述。

统计指标和统计指标体系的设计，有两种处理方法：（1）对所有调查项目全部进行汇总，这种方法比较简单，主要是汇总表格；（2）根据分析研究的需要有选择地加以汇总，这是和分析研究目的相联系的过程。

另外，统计汇总方案还包括整个汇总期间的工作组织形式、统计数据的审核、汇总方式等问题。

（二）统计数据汇总的组织形式

根据对统计数据的要求和具体情况，统计数据的汇总可以采取不同的组织形式。统计数据汇总的组织形式可分为逐级汇总和超级汇总两种。

逐级汇总是按照一定的统计管理制度，自下而上地对调查资料逐级进行汇总。这种组织形式的优点是：能满足各地区、各部门对统计数据的需要，同时便于就地审核和订正原始资料；缺点是耗时较长，发生差错的概率大。

超级汇总是将全部调查资料集中到组织调查的最高一级机关一次性汇总。这种组织形式的优点是：可以缩短汇总时间，减少汇总差错；缺点是原始资料如有差错不能就地更正，整理结果有时不能及时满足各地区、各部门的需要。

除此之外，有时为了及时获得统计数据，以满足各地区、各部门对统计数据的需要，需同时采用逐级汇总和超级汇总两种形式。例如，我国 1990 年第四次人口普查就采用了两种方式相结合的汇总形式，对于主要统计指标实行逐级汇总，对于全部统计指标采用超级汇总形式。

（三）统计数据的审核

审核统计数据是保证统计汇总质量的重要手段，包括汇总前审核和汇总后审核两个环节。

统计数据汇总前审核涉及整个汇总工作过程的质量问题。审核的内容包括三个方面：第一，统计数据的完备性，也就是要核对应调查的单位有否遗漏，应调查的内容是否齐全；第二，统计数据的及时性；第三，统计数据的准确性，这是审核的重点。

统计数据审核具体包括两方面的检查：第一，逻辑检查，主要看调查资料的内容是否合理，指标之间是否有矛盾。例如，在员工普查资料中，有一个 28 岁的人，工龄为

18年，这是不符合逻辑的，二者必有一项是错误的，当然也可能全错。第二，计算检查，这主要是从数字计算上检查，如各分项之和是否等于总计、计量单位是否合适、指标的计算方法是否合理等。

统计数据汇总后的审核是检查汇总工作质量的最后一关，主要包括四个方面的工作：第一，复计审核，是指对每一个指标值重新计算查验；第二，表表审核，是指利用表与表之间的联系，进行审核，如两个表上有同一项统计指标，其指标值是否相等；第三，表实审核，是指把表上的数字资料同实际资料核对，一般是让有实际经验的人来检查，判断其正误；第四，对照审核，是指利用会计、统计、业务三种核算资料进行审核。

二、统计数据汇总方式

统计数据汇总方式从技术复杂程度来看，有手工汇总和电子计算机汇总两种。手工汇总是最原始的汇总方式，随着电子计算机技术的发展，手工汇总方式将渐渐地缩小其使用范围。本书主要介绍电子计算机汇总方式。

电子计算机汇总是20世纪中叶发展起来的进行统计数据汇总的方式。电子计算机的出现，为统计数据的汇总技术及加工技术带来了质的飞跃，提高了统计数据汇总、加工的速度和质量，同时使广大的统计工作者从繁重的汇总工作中解脱出来。电子计算机汇总是目前人类社会进行统计调查活动的主要汇总方式。其步骤如下：

第一，编程序。

所谓程序，是指按计算机语言对统计数据处理工作进行的全面、系统的流程排列。电子计算机将按照程序进行工作运行。但是，编写程序需要许多经费和时间，在条件允许的情况下，可以利用通用的汇总程序，这样既方便又可节约经费。一般在电子计算中心，都存有适用于各方面统计调查的汇总通用程序和加工程序。计算中心的程序，用简单的指令就可以进行各种类型的汇总和加工，可以直接加以利用。一般来说，从调查计划阶段开始，就应和计算中心协商，使用预定程序的代码、栏号、调查表等。这些固定的程序，统计上称为统计软件包，它是关于统计数据输入、检查、修改、追加等数据文件构成的程序。有了它，再配上用于操作的指令参数，便可操作。

第二，编码。

编码是把调查表中的汉字信息符号（代码）化的工作。代码一般使用诸如1，2，3等数字，也可用如A，B，C等英文字母。在机器汇总时，由于所用汇总程序不同，所使用的符号要受到限制，这是在编码时应考虑的。编码方法有两种，即预定代码法和后定代码法。

（1）预定代码法。它是指对调查表中的每一选择项，在设计调查表时确定相应的代码。有了预定代码，可以直接利用代码汇总。下面以中国人民大学休闲经济研究中心《社会生活调查问卷》中的调查资料为例加以说明。表2-3为单项选择问题的编码示例，表2-4为多项选择问题的编码示例，表2-5为顺序选择问题的编码示例。

表 2-3　单项选择问题的编码示例

一问占一栏　　　　　　　　每一选择项用 1，2，3…作代码

	⑩←栏号
第 7 问 本人工作的种类（职别）是什么？请从表中选择一个回答。	1. 农林牧渔者 2. 工商服务业 3. 专业技术人员 4. 工人或一般职员 5. 管理者 6. 文学艺术家 7. 个人职业 8. 其他 ↑预定代码

表 2-4　多项选择问题的编码示例

每一选择项各占一栏　　　　　　是……1　　否……2

第 26 问
去年一年是否通过以下渠道进行过学习研究活动？（不包括小学、中学、大学等的学生预习、复习课程等活动，也不包括成人研修活动，是作为提高修养或从兴趣爱好角度出发的学习活动。）

1. 职业训练学校	1	2
2. 成人高等教育（函授、夜大）	1	2
3. 通过电视、广播学习	1	2
4. 在单位学习	1	2
5. 在俱乐部学习	1	2
6. 自学	1	2
7. 其他（具体填入　　　）	1	2

表 2-5　顺序选择问题的编码示例

第 1 位占 1 栏　　每一选择项用 1，2，3…代码表示
第 2 位占 1 栏　　每一选择项用 1，2，3…代码表示

第 7 问 你平常通过什么方式参与公益活动？请从表中选择最主要的一项。 第 8 问 请你选出一个处于第二位的项目。 请把回答项目的号码填入回答栏□中。	1. 对本地区居民的服务 2. 对福利设施使用人的服务 3. 对老人、儿童、伤残人的服务 4. 对灾区等地人的服务 5. 对一般人的服务 6. 其他（具体填入　　　） ↑代码

	栏号		
（第 7 问）	第 1 位	4	
（第 8 问）	第 2 位	1	

为了便于前后对比，或者是进行各种调查之间的对比，对同一问题最好采用共同的分类标准。

（2）后定代码法。在“自由回答”的情况下很难直接将回答结果进行汇总，这时就要采用“后定代码法”制定一个分类标准，确定分类代码。除了“自由回答”以外，对于用年数、费用、时间数等数量回答的问题也采用“后定代码法”。

“后定代码法”的使用步骤是：首先，在阅读调查表后，制定分类标准；其次，根据分类标准，进行编码。分类标准要求具有客观性和时效性。也就是说，不管由谁分类，都使用同样的分类代码，同时，不管如何修改，分类的代码不能改变，按照这一原则制定一个稳定的分类标准。

“后定代码法”适用于不进行回答分布状况的调查，是在难以预测调查对象对某些调查事项的态度的情况下应用的一种调查方法。当调查的对象较多时，较少使用这种方法。

“自由回答”的内容和“数量”的大小，可通过调查前的试点调查或测试后确定，并由此进行分类。“自由回答”的分类标准的编码是从阅读调查表的自由回答栏，读懂填写的内容开始的。首先，将自由回答的内容转抄到另一张纸上，若样本很多，自由回答比率很高，则可在全部调查表中随机抽取总数1/10～1/2的调查表，仅对这一部分调查表转抄自由回答的内容。其次，通读转抄的内容，根据调查的目的以及调查项目的要求制定分类标准。这一部分工作最好由计划制定者自己进行。同时，为了不因某一特定的分类代码的影响而使回答过于集中或过于分散，制定分类标准时，还要考虑到回答的频率分布状况。如年龄、月收入、支出等数量指标，应把分类组数定得多一些（20～100组），以便调查频数分布。

［例2-1］　自由回答父母对子女的教育。

在日本和美国的比较调查中，就“作为人们基本的生活准则，父母应该教育子女”这句话是指什么意思进行问卷调查，要求自由回答。被调查的大部分人（日本91%，美国98%）都寄来了答案。首先，把每个人的回答分别抄写在一张卡片上，然后用回答中出现的重要的词句（关键字）对卡片进行分类（见表2-6）。

表2-6　自由回答的分类

（作为人们基本的生活准则，父母应该教育子女）　　单位：%

	日本			美国		
	分类用语	男	女	Key Words	男	女
信仰	相信神	0	1	believe in God	11	14
道德	教育、常识、判断好坏	12	6	high morals	10	10
良心	诚实、正直、正确的生活准则	16	17	honest fair	24	23
性格	善良、关怀、讨人喜欢	5	8	respect others	12	10
自立	自立、努力	19	17	positive attitude，responsibility	18	20
学习	学习	1	1	good education	5	4
人际关系	不给别人增加麻烦	31	34	golden rule	13	13
家庭	孝敬父母、家庭和睦	4	5	family important	1	1
社会	使社会更好	8	1	make society better	0.2	0.3
其他		1	2		5	4
不回答		9	9		2	2

资料来源：日本NHK放送研究所．日本人和电视文化．2005.

［例2-2］　数量指标的应用——妇女的月收入。

首先，以1万元为间距进行分组：1万元以下，1万元，2万元，……，40万元以上；然后观察各组的频数。其结果是月收入的分布大部分集中在5万元～14万元，5万元以下、14万元以上的人较少。根据这一现象，可把妇女月收入的分类标准确定为：4万元以下，5万元，6万元，……，14万元以上，共11组。最后，对各样本分别确定相对应组别的代码。

确定了分类标准后，就可以根据调查表的内容，对每个调查表确定相应的代码。这一工作的关键，是制定一个准确、清楚的分类标准解释，有了这样的分类标准解释，即使不是计划的制订者，也能进行编码。

第三，数据录入。

数据录入是指把经过编码后的数据和实际数字通过设备记载到存储介质上的工作。存储介质是指硬盘、U盘、光盘等记录数据和文件的物质材料。将调查资料输入存储介质上，便可制成统计数据。

第四，资料错误信息的检查和修正。

这主要是指对资料进行逻辑检查，按照预先给定的一套逻辑检查规则对进入电子计算机的原始数据进行分析、比较、筛选、整理等。将误差超过允许范围的一组数据退回去，重新检查改正，把在允许范围内的个别错误按编辑规范改正。决定逻辑检查效果的关键是制定的编辑规范是否合乎情理。

第五，运行程序。

运行程序是指按照程序运行规则进行信息处理的过程。

第六，提供统计数据。

这是汇总工作的最后环节，是指把经过运行处理后的统计数据，以汇总表的形式，通过输出设备把结果打印出来，提供运行结果。

第四节 人力资源统计数据的表现

统计人员为了统计数据使用者易于理解和认识统计资料，经常会运用大量的人力资源统计图和人力资源统计表将一些数字资料和信息系统、形象、生动地展现出来。

一、人力资源统计图表的作用

人力资源统计图表是反映人力资源规律的一种重要工具。用图表反映事物规律，具有直观、简洁、明了的特点。用图表表示数据与数据之间的关系，不仅可以给干巴巴的数字增加一些趣味，提高人们对所研究的对象的兴趣，而且可以反映出一些从常规表格中无法看出来的趋势和不规则的变化规律，便于数据分析、辅助决策。特别是随着计算机技术的不断发展，专业软件性能的不断提高和完善，利用计算机辅助来绘制图表既快又准，为人们直观、形象、快捷地认识世界提供了一种有力的工具。

人力资源统计图表的作用可以归纳为以下几点：

（1）人力资源统计图表可以表明各项排列的形式，分析其结果。

（2）人力资源统计图表易引起阅读者的兴趣，不被烦冗的统计数字所困扰。

（3）人力资源统计图表易给阅读者留下深刻的印象。

（4）人力资源统计图表可以明确显示各数量之间的关系。

二、常用的人力资源统计表

人力资源统计数据经过加工后，需要以一定的形式表现出来。科学、美观的数据表现方式，既能有效地反映数据整理的成果，又能为数据分析奠定良好的基础。

（一）人力资源统计表的概念

人力资源统计表是指把获得的数字资料，经过汇总整理后，按一定的顺序填列在一定的表格之内的表格。人力资源统计表能够系统地表述数字资料。广义地说，凡是人力资源统计调查、人力资源统计整理、人力资源统计分析中所用的表式，如调查表、汇总表以及公布资料所用的表式都是人力资源统计表；狭义地说，人力资源统计表是指用以记载人力资源统计汇总结果和公布人力资源统计数据的表式。

任何一种人力资源统计表，都是人力资源统计表格与人力资源统计数字的结合体。人力资源统计表是系统提供资料和积累资料的重要形式。人力资源统计表把大量的统计数字列表后，能使庞杂的资料简单清晰，便于有关资料的对照比较和揭示现象间相互关系及发展趋势。

（二）人力资源统计表的构成

人力资源统计表一般由五部分组成：表头、横标目、纵标目、格线、数字资料。此外，在统计表下的注释、附记、资料来源、某些指标的计算方法、填表单位、填表人员及填表日期等称为表外附加。人力资源统计表示例，如表 2－7 所示。

表 2－7　某企业 2021 年 2 月员工加工零件合格率排名

	排名	员工姓名	合格率（%）	纵标目
横标目	1	赵江	99.89	数字资料
	2	钱河	99.50	
	3	孙湖	98.89	
	4	李海	98.72	
	5	周溪	98.69	

填表人：＿＿＿＿＿＿　　日期：＿＿＿＿＿＿　　表外附加

1. 表头

表头即标题。位置在表格的最上方，应包括时间、地点和要表达的主要内容。通常都会将全文的统计表排序，表头通常先说明表的顺序，比如上面的统计表的例子就是以“表 2－7”开头，注明该表的顺序号，以便于查阅。

2. 横标目

横标目说明每一行要表达的内容，相当于句子的主语，通常在表格的第一列。比如表 2－7 中排名的顺名号即横标目。

3. 纵标目

纵标目说明每一列要表达的内容，相当于句子的谓语。通常在表格的第一行。

4. 格线

格线通常用横线条，少用竖线条、斜线条。用格线可以美化表格，使表格更加整齐，看起来更美观。

5. 数字资料

统计表的主体、横标目和纵标目相结合，就可以确定一个表格。表格中的数字资料即是两者结合的结果。比如，表 2-7 中的“赵江”即是排名第一的员工，其加工零件合格率为 99.89%。

6. 表外附加

其他内容主要显示在表格的下方，合称表外附加。它主要包括表格数据的来源、备注等。

（三）人力资源统计表的种类

1. 按人力资源统计表的用途分类

按人力资源统计表的不同用途，广义的人力资源统计表可以分为调查表、整理表和分析表。

（1）调查表，是在数据收集中用于登记调查项目的表格。

（2）整理表，或称汇总表，是在汇总过程中使用的表格和用于表现统计汇总（或整理结果）的表格。

（3）分析表，是用于统计数据分析的表格，这类表往往与整理表结合在一起，成为整理表的延续。

2. 按主词是否分组及分组的情况分类

按主词是否分组及分组的情况，人力资源统计表可以分为简单表、分组表和复合表。

（1）简单表，是主词未经任何分组的人力资源统计表。例如，有总体单位名称组成的一览表，主词由地区、国家、城市等目录组成的区域表，主词由时间顺序组成的编年表等都是简单表。表 2-8 就是一张简表。

表 2-8　某企业 2020 年第一季度各部门出勤率　　单位：%

月份	部门					
	行政部	人事部	财务部	企划部	生产部	销售部
1	99.1	99.7	99.7	99.8	98.6	98.3
2	99.3	99.8	99.2	98.9	99.1	98.6
3	99.5	99.2	98.5	99.2	98.9	99.1

（2）分组表，是主词按一个标志分组后形成的人力资源统计表。表 2-9 就是一张分组表，是把员工按照学历这个标志分组后形成的统计表。

表 2-9　某企业各学历员工比重表

学　历	人数（人）	占总人数的比重（%）
高中及以下	18	9.73
大专	37	20.00
本科	73	39.46
硕士	32	17.30

续表

学　历	人数（人）	占总人数的比重（%）
博士	25	13.51
合计	235	100.00

（3）复合表，是主词按两个或两个以上标志进行复合分组后形成的人力资源统计表。在一定的分析任务下，复合表可以把更多的标志结合起来，更深入地分析现象的特征和规律（见表2-10）。

表2-10　2020年北京市居民生活时间情况　（单位：小时：分钟）

分类	劳动时间	生活必需时间	休闲时间
男性	8:00	11:34	4:26
19岁以下	8:53	10:59	4:08
20～24岁	8:06	11:31	4:23
25～29岁	8:33	11:34	3:53
30～39岁	9:40	11:03	3:17
40～49岁	9:30	11:16	3:14
50～59岁	7:32	11:44	4:45
60岁以上	4:13	12:29	7:18
女性	8:25	11:43	3:52
19岁以下	9:19	11:09	3:32
20～24岁	8:34	11:44	3:42
25～29岁	8:53	11:43	3:24
30～39岁	9:04	11:27	3:30
40～49岁	9:34	11:13	3:13
50～59岁	7:42	11:52	4:26
60岁以上	5:10	12:37	6:13

（四）人力资源统计表的设计原则和方法

人力资源统计表要根据制表的目的来设计，不同的制表目的会有不同的表格与数字的安排。设计人力资源统计表时，要遵循一定的原则和方法。

1. 人力资源统计表的设计原则

人力资源统计表的设计原则是结构简单、层次清楚、重点突出、一目了然。表的项目按照逻辑顺序合理排列，避免包罗万象。要使统计表的编制达到简明、紧凑、清晰，使读者能一目了然地看出编者所要表达的思想和问题。

2. 人力资源统计表的设计方法

（1）数据计量单位相同时，可放在表的右上角标明，不同时应放在每个指标后或单列出一列标明。

（2）表中的上下左右四条横线一般用粗线，其他线用细线。

（3）通常情况下，统计表的左右两边不封口。

（4）表中的数据一般是右对齐，有小数点时应以小数点对齐，且小数点的位数应统一。

（5）对于没有数字的表格单元，一般用"—"表示，以示与漏填或为零相区别。

（6）必要时可在表的下方加上注释。

三、常用的人力资源统计图

人力资源统计图用几何学的基本度量如点、线、面或具体事物形象，表明人力资源状况及其发展过程。人力资源统计图是统计数据的直观表现形式，可以将较复杂的数据通过生动的图形表现出来，显示事物的全貌及其分布特征，使人一目了然，便于理解，印象深刻，容易记忆。因此，绘制并使用好人力资源统计图会使数据更加生动，增加趣味性和易懂性。

人力资源统计报告中常用人力资源统计图来反映人力资源规模、结构、依存关系，反映其变动程度和发展趋势，检查和分析计划执行情况等。常用的人力资源统计图形有散点图、折线图、曲线图、条形图、饼图、雷达图、气泡图、直方图、统计地图和象形图等。

（一）散点图

散点图又称相关图，是表示两个变量之间关系的图，用于分析两个测定值之间的相关关系，它具有直观、简便的优点。该图形由横坐标和纵坐标组成，分别代表两个指标，图形中的数据点由横坐标值和纵坐标值唯一确定。通过作散布图对数据的相关性进行直观观察，不但可以得到定性的结论，而且可以通过观察剔除异常数据，从而提高用计算法估算相关程度的准确性。该图形主要应用于两指标的关系分析、时间序列变化趋势分析等。

图 2－1 是关于某企业销售额与市场份额的散点图的一个例子，反映了销售额与市场份额的变化关系。从图中可以看出，市场份额有先增后减的趋势。具体来看，随着销售额的增长，市场份额也逐渐增长，到了销售额为 23 亿元的时候，市场份额达到最大值，为 60%。随后，市场份额慢慢地减少了。

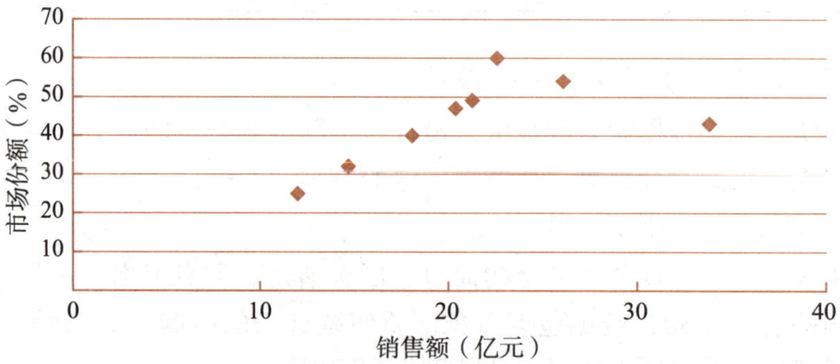

图 2－1　某企业销售额与市场份额的关系

（二）折线图

折线图是在平面坐标上用折线表示数量变化规律的统计图。该图形显示数据的趋势或在连续时间间隔中的变化。数据由连接一系列数据点的线表示。折线图与散点图相似，将散点图中的点用线按顺序连接起来，就成了折线图。折线图更加强调了数量变化的趋势。

图 2－2 是折线图的一个例子，反映了某企业 A 产品和 B 产品的销售额随时间变化的趋势。从图中可以看出，A 产品的销售额在任何时间点都大于 B 产品的销售额，A 产品

的销售额波动幅度也大于B产品的销售额波动幅度；A产品的销售额随时间的变化有增有减，总体来看，是上升的趋势，而B产品的销售额则随着时间的变化呈明显的上升趋势。

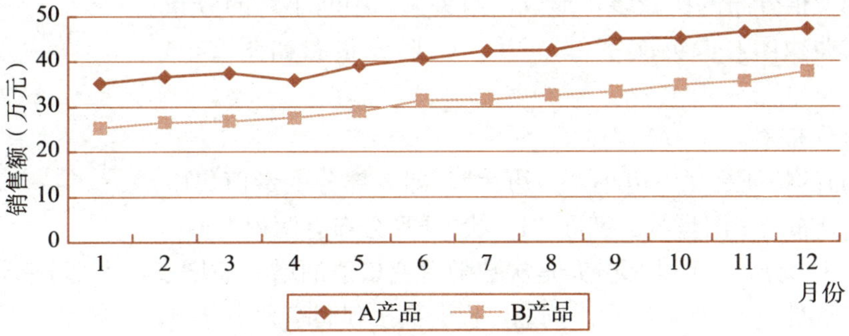

图2-2　某企业A产品和B产品销售额的变化趋势

（三）曲线图

在此，以几种常见的次数分布图来说明曲线图。概括起来，曲线图主要有三类：钟形分布图、U形分布图、J形分布图。

1. 钟形分布图

钟形分布图的特征是“两头小，中间大”，即靠近中间的变量值分布的次数多，靠近两端的变量值分布的次数少，绘成曲线图，宛如一口古钟。钟形分布图如图2－3所示。

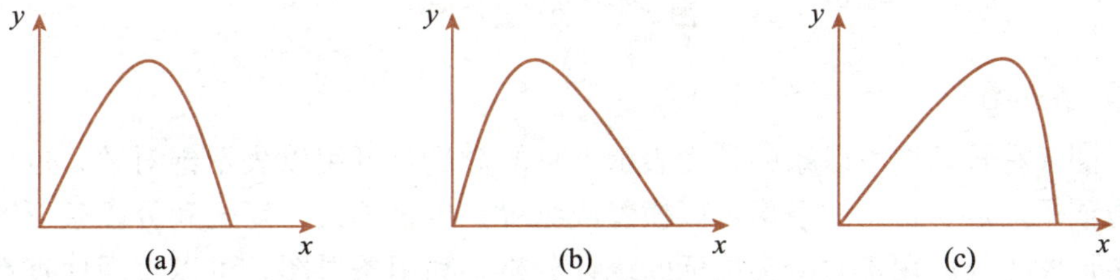

图2－3　钟形分布图

有许多人力资源现象是属于钟形分布的，如员工工资。但由于不同现象有不同的特点以及统计观察数据的多少有所不同，钟形分布又可细分为以下几种：

（1）对称分布。对称钟形分布的特征是，中间变量值分布的次数最多，两侧变量值分布的次数随着与中间变量值距离的增大而减少，并且围绕中心变量值两侧呈对称分布，如图2－3（a）所示。正态分布是最重要的对称分布。

（2）非对称分布。非对称钟形分布是以对称分布为标准而言的，其特征是，中间变量值分布的次数最多，两侧变量值分布的次数逐渐减少，但两侧减少的速度快慢不同，致使分布曲线向某一方向偏斜。当变量值中存在极端值时，现象就会属于非对称分布。分布曲线偏斜分两种情况：第一，右偏（正偏）。当变量值存在极端大值时，次数分布曲线就会向右延伸，这种分布称右偏钟形分布，如图2－3（b）所示。第二，左偏（负偏）。当变量值存在极端小值时，次数分布曲线就会向左延伸，这种分布称左偏钟形分布，如图2－3（c）所示。

2. U形分布图

U形分布图的特征是：靠近中间的变量值分布的次数少，靠近两端的变量值分布的次数多，形成“两头大，中间小”的分布特征，绘成曲线图，像英文字母“U”。U形分布图如图2-4所示。

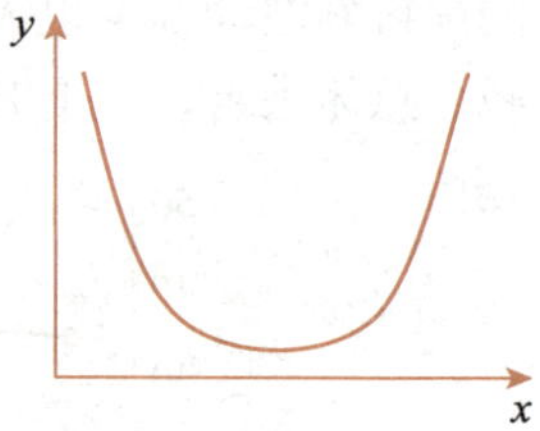

图2-4 U形分布图

3. J形分布图

J形分布的特征是“一边小，一边大”，即大部分变量值集中在某一端，分布曲线图呈英文字母“J”状。J形分布有两种类型：

(1) 正J形分布。正J形分布是次数随着变量值的增大而增多，大部分变量值集中分布在右边，如图2-5(a)所示。例如，投资额按利润率大小分布，一般呈正J形分布。

(2) 反J形分布。反J形分布是次数随着变量值的增大而减少，大部分变量值集中分布在左边，其图形就如反写的“J”，如图2-5(b)所示。例如，人口总体按年龄大小区分，即一般呈反J形分布。

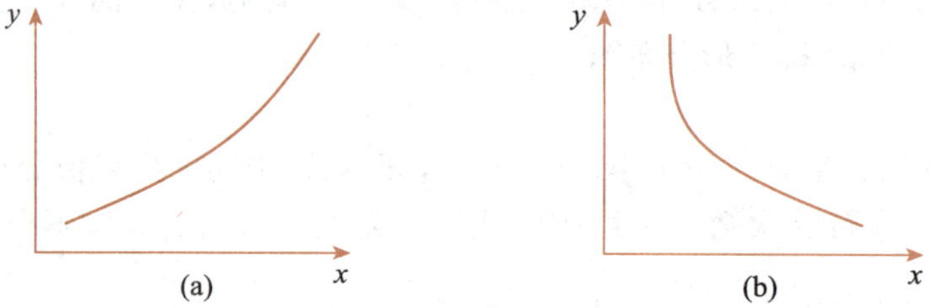

图2-5 J形分布图

(四) 条形图

条形图又称长条图，以条的长度表示事物的数量，可用以表示绝对数，也可用以表示相对数或平均数。常用的条形可以横置或纵置，也有单式、复式和分段条形图等多种形式。条形图主要应用于对分类指标的统计分析，利用条形图，可以直观地查看不同类别的基本统计量的情况。

1. 单式条形图

图2-6所表示的是某地区2018—2020年人均月消费水平。

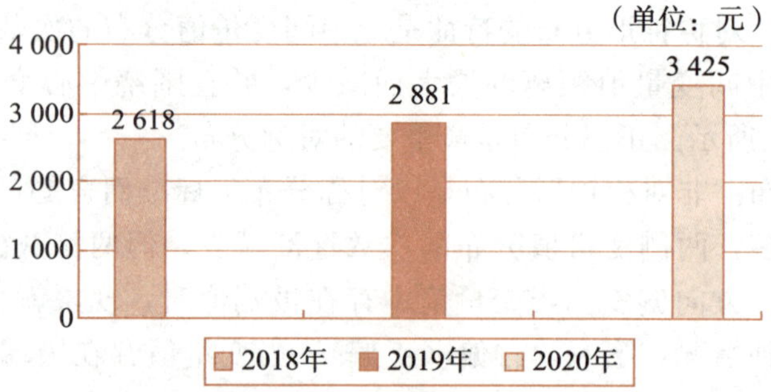

图2-6 某地区2018—2020年人均月消费

2. 复式条形图

复式条形图用以比较两种或两种以上有关事物的数量，如图2-7所示。由图2-7可以看出，城镇人均月消费高于农村人均月消费，而且城镇人均月消费增长明显高于农村。

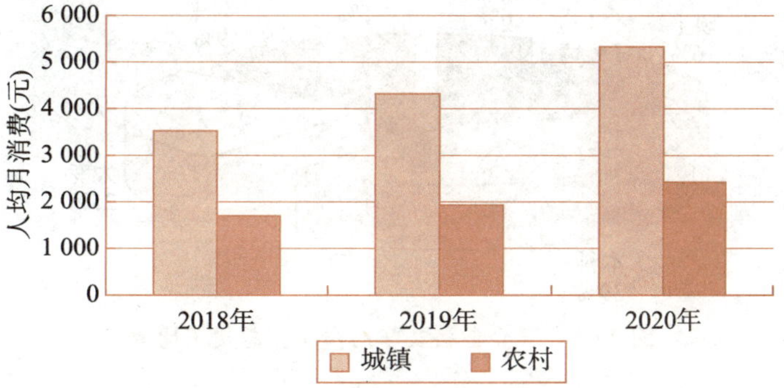

图 2-7 某地区 2018—2020 年城镇和农村人均月消费

3. 分段条形图

分段条形图用以比较事物的全部与其中一部分的数量，如图 2-8 所示。由图 2-8 可以看出，不同地区的人群对其所居住城市的三种不同态度的比例。其中，成都市民对居住城市的满意度最高，上海次之，北京市民对居住城市的满意度最低。

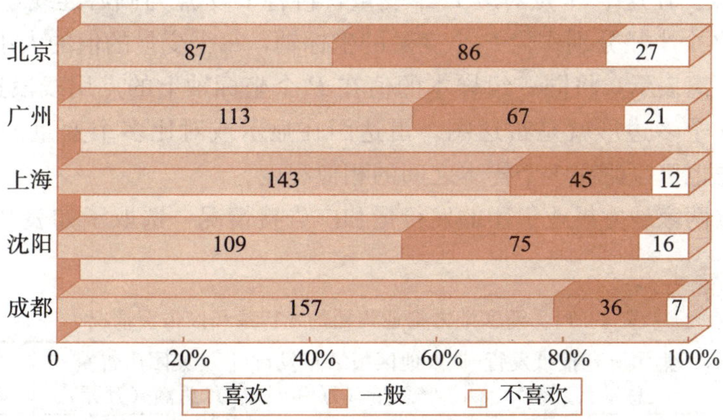

图 2-8 是否喜欢现在居住的城市

绘制条形图时应注意：(1) 图中各条要有同一基线，其尺度必须从“0”开始，否则会改变条间的比例关系；(2) 条的排列顺序由高到低，如事物有自然顺序，也可按自然顺序排列；(3) 各条的宽度要一致，条间的空隙要相等；(4) 尽量避免用折断或回转的条。

(五) 饼图

饼图又称圆形图，用圆形或圆内扇形的面积来表示数据值的大小。在饼图的绘制中，每个圆面积代表 100%，然后分别绘制各部分所占的百分比。饼图主要用于不同分类的结构百分比的展示，它可以直观地看出不同类别在总体中所占的比重，对于结构性研究十分有用。由于在相同半径下，扇形面积与圆心角成正比，所以，各扇形的中心角度为：360°×各组频率。

图 2-9 是关于某企业各类学历员工占总员工比率的饼图。可以看出，本科学历的员工最多，达到了 39%；其次是大专学历，占总数的 25%；硕士、博士学历占 22%。

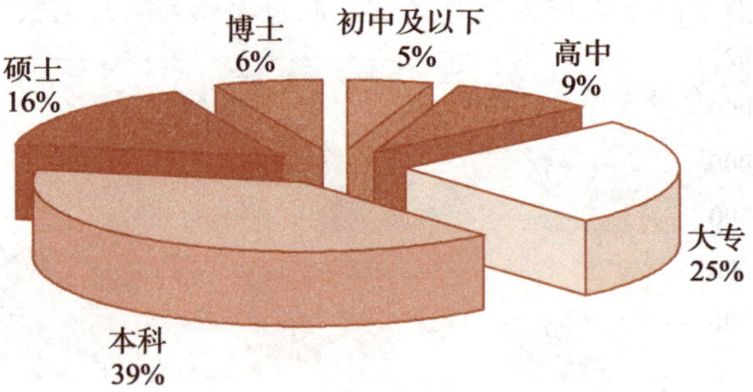

图 2-9　某企业各类学历员工占总员工比率

（六）雷达图

雷达图是把纵向和横向的分析比较方法结合起来的一种展现图形，是一种多指标的图示方法。这种图形既像雷达荧光屏上看到的图像，也像蜘蛛网，因此有人称其为蛛网图。设有 n 组样本 S_1，S_2，…，S_n，每组样本测得 P 个变量，X_1，X_2，…，X_n，共计 nP 个观测值。要绘制这 P 个变量的雷达图，其具体的做法是：先画一个圆饼将圆 P 等分，得到 P 个点。让这 P 个点对应 P 个变量，再将 P 个点与圆心连线，得到 P 个辐射状的半径，这 P 个半径分别作为 P 个变量的坐标轴，每个变量的值的大小用由坐标轴上的点到圆心的距离表示，将同一组样本的值在 P 个坐标轴上的点用线段连接，这样，n 组样本形成的 n 个多边形就是雷达图。雷达图在显示或对比多个变量的数值时非常有用，利用雷达图也可以研究多个样本之间的相似程度。

例如，考察两家地方报业集团的发行量和广告费情况，选取了如表 2-11 所示的四个指标。

表 2-11　两家地方报业集团的发行量和广告费情况

报业集团	集团所有报纸发行总量（万份）	本地区报纸年发行总量（万份）	集团广告费总额（万元）	本地区报纸广告费总额（万元）
北京报业集团	62 132.3	99 067.6	78 859.4	109 162.0
天津报业集团	40 385.0	78 646.0	20 337.0	52 818.0

两家报业集团雷达图如图 2-10 所示，由图可以看出北京报业集团的发行量和广告费金额这些指标明显高于天津报业集团。

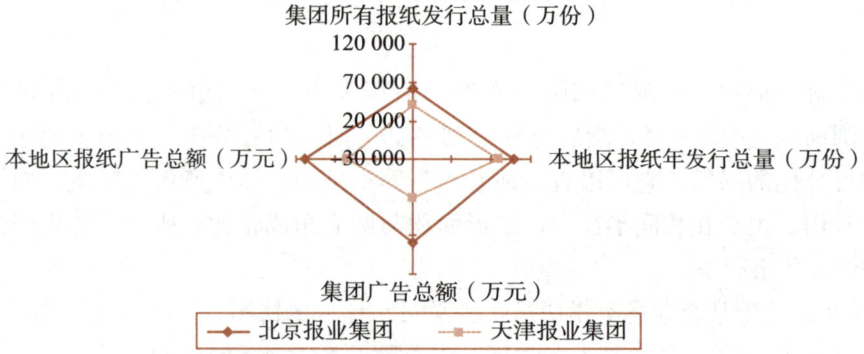

图 2-10　两家地方报业集团雷达图

（七）气泡图

气泡图可以反映三个指标，类似于散点图，第一个指标和第二个指标用坐标反映其值的大小，第三个指标则用气泡的大小来反映，气泡越大，则第三个指标也越大。

图 2－11 为三个企业的劳动强度、人员流动率、员工收入的气泡图，横轴为各企业的人员流动率，纵轴为各企业的劳动强度，气泡的大小反映三个企业的员工工资的高低。从图中可以看出，A 企业的员工薪资最高，为 54（百元），其劳动强度和人员流动率都是最低的；其次是 B 企业；最后是 C 企业，其劳动强度和人员流动率都很高，员工的工资也较低。

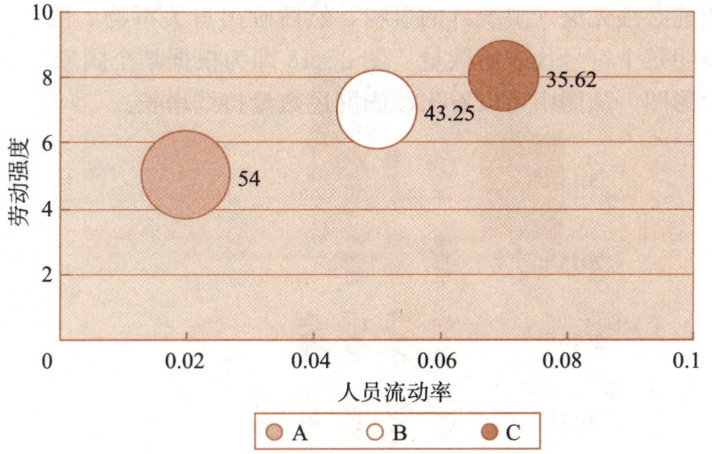

图 2－11　三个企业的劳动强度、人员流动率、员工收入

（八）直方图

直方图是用矩形的宽度和高度来表示频数分布的图形，在直角坐标中，横轴表示数据分组，纵轴表示频数或频率。这样，各组与相应的频数就形成了一个矩形，即直方图。直方图中每组对应的矩形面积越大，则该组的频数或频率就越多，而且直方图的各矩形通常是连续排列的。图 2－12 是某企业各类学历员工占总员工比率的直方图，从图中可以看出，该企业员工学历主要为本科，约占整体的 40%。

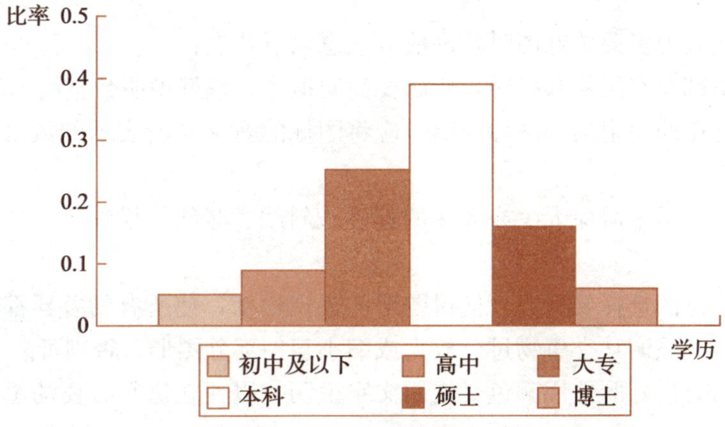

图 2－12　某企业各类学历员工占总员工比率直方图

（九）统计地图

统计地图用以表示事物（或现象）在地域上的分布情况，多用点、线、颜色、符号等在地图上表示某种现象的数量。如为了更加清楚地反映各省（自治区、直辖市）的人口密度，可以采用统计地图。

（十）象形图

象形图是利用形象画来表明统计数据的图形，它给人以直观的感觉。以一个图案代表一定的数量，根据各统计项目的数量多少而叠成不同的高度。通常情况下，图案是根据各统计项目设计的。

制作象形图前必须先决定要统计的事物，然后画出有关事物的图像及数量，并清楚地写上比例以说明每个符号代表的数量。图 2－13 即为根据某个国家 2014—2019 年的网民数量绘制的象形图，从图中可以看出该国网民数量持续增长。

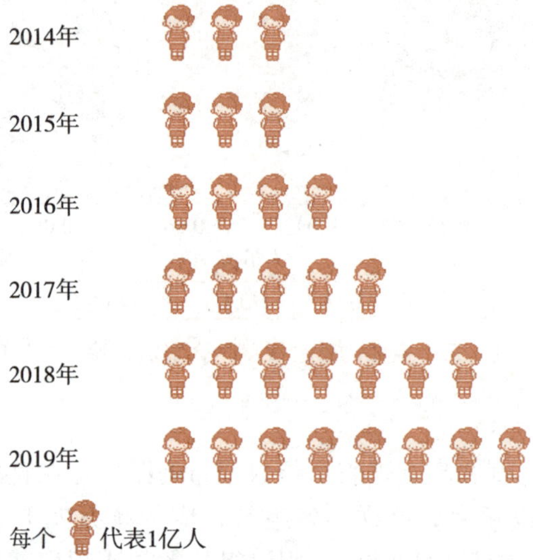

图 2－13　2014—2019 年某国网民数量

四、人力资源统计图制作的注意事项

设计和制作人力资源统计图时，一般应注意以下几点：

（1）每张图都要有图号和标题，标题要简明扼要，最好说明数据的来源。

（2）尽量避免使用附加的图标说明，应将图标的意义及所表示的数量尽可能地标记在对应的位置上。

（3）统计图应尽量避免太少或太多的标注、斜线、竖线、横线等，应做到既要清楚又要简明。

（4）度量单位的选择要适当，使得图形的表现均衡，使所有的差异都是可视的和可解释的。不能为了强调某类事物过分放大或缩小某一部分图形，否则可能会导致误解。

（5）制作图时最好既使用颜色又使用文字说明，以便在进行必要的黑白复印时仍能清晰辨别。

（6）颜色和纹理的选择不是随机的，要有一定的逻辑性。例如，真正重要的部分应该用更突出的颜色、更粗的线条或更大的符号等来表示。

（7）图形的安排要符合人们的阅读习惯。例如，西方人阅读的图形应符合从左到右的顺序；阿拉伯人是从右到左；中国人和日本人可能更习惯从上到下；等等。

本章小结

本章首先介绍了人力资源统计数据的性质、种类、作用以及两种常用的收集方法，即经常性登记和一次性调查；其次从方案设计、组织形式、汇总方式三个方面详细介绍了人力资源统计数据如何进行汇总；最后运用大量的实例描述了人力资源统计数据的表现形式，包括人力资源统计表和人力资源统计图。

关键概念

人力资源统计数据　经常性登记　原始记录　问卷调查
人力资源统计表　人力资源统计图

复习题

1. 简述人力资源统计数据的概念及特征。
2. 按性质来分，人力资源统计数据应分为哪几类？它们各有什么特点？
3. 简述人力资源统计数据的作用。
4. 原始记录的一般内容包括哪些？
5. 请分别用折线图、条形图和直方图表示表 2-12 中的数据。

表 2-12　某企业各类学历员工占总员工比率

学历	初中及以下	高中	大专	本科	硕士	博士
百分比（%）	4.9	8.8	24.9	39.1	15.9	6.4

讨论及思考题

1. 一个完整的统计调查方案应该包括哪些主要内容？
2. 统计调查有哪些主要方式？

第三章 人力资源静态统计分析方法

■ 要点提示

◇ 人力资源总量指标的含义和作用
◇ 时期指标和时点指标
◇ 相对指标的概念
◇ 各相对指标的计算方法和计算公式
◇ 平均数的计算方法
◇ 众数和中位数
◇ 各种变异指标的含义和计算方法以及标准差的计算

■ 内容引言

人力资源综合指标是通过统计调查和统计整理所得到的反映人力资源总体特征的统计指标，按其反映人力资源总体现象数量特征的不同可分为总量指标、相对指标、平均指标、变异指标、偏度与峰度指标五种。静态分析方法就是运用综合指标对某一时间点或某一时间段人力资源基本数量进行分析的最常用的方法。本章主要介绍静态统计分析方法中指标的概念及计算方法，具体应用到人力资源各个领域的方法将在后面几章详细介绍。

第一节 人力资源总量指标

总量指标是反映人力资源总体在一定时间、地点条件下的规模和水平的综合指标，如员工人数、高学历员工数量、劳动报酬、企业生产总值等。由于其表现形式为绝对量，故又称为绝对数，其特点是随着研究范围的变化而变化。

一、人力资源总量指标的作用

人力资源总量指标是综合指标中最基本的指标，在人力资源统计分析中具有十分重要的意义，主要体现在三个方面：

第一，人力资源总量指标是认识人力资源总体现象的起点。例如，欲了解企业的生产规模和经营管理状况，就需要掌握企业的资金总额、利润总额、上缴税收总额、职工人数等总量指标。

第二，人力资源总量指标是计算其他综合指标的基础。相对指标和平均指标一般是由两个有联系的总量指标对比而形成的。例如，企业的劳动生产率、商品流转速度、职工的平均工资、家庭人均收入等都是通过两个相关的总量指标对比后得出的。变异指标也需要以总量指标数据为基础，用以测算数据之间的离散程度，如不同影片票房差异程度、不同职业员工平均收入的代表性的大小等。偏度与峰度指标也可以用来刻画不同总量指标分布的形态特征。因此，人力资源总量指标的正确、科学与否，直接关系到相对指标、平均指标、变异指标、偏度与峰度指标的准确性。

第三，人力资源总量指标是宏观与微观管理的重要依据。无论是宏观还是微观政策的制定、计划的编制与检查、科学的管理都需要心中有数，这个“数”首先就是总量指标的数值。例如，准备制订企业未来的生产计划，就必须掌握企业目前的生产经营数量等。

二、人力资源总量指标的计量单位

人力资源总量指标的计量单位通常采用实物单位、劳动量单位和货币单位三种。

实物单位是根据事物的自然属性和特点而采用的计量单位，包括自然单位（如汽车按辆、机器按台、员工按人）、度量衡单位（如粮食按千克或吨、木材按立方米）、多重单位（如拖拉机按马力/台、电动机按千瓦/台）、复合单位（如货物按吨公里、门诊按人次）。

劳动量单位是以劳动时间表示的计量单位，是一种复合单位，如工时、工日等。一个人做 1 个小时的工称作 1 工时，做 8 个小时的工等于 1 工日。

货币单位，亦称价值单位，是用货币作为价值尺度的一种计量单位，如人民币元、美元、欧元、日元、英镑等。

三、人力资源总量指标的种类

（一）总体（单位）总量与（总体）标志总量

按总量指标说明总体单位内容的不同可分为总体单位总量和总体标志总量。

总体单位总量，简称总体总量，是用来反映总体中单位数总和的总量指标，它表明总体本身规模的大小。例如，企业数、医院数、学校数、职工人数等。

总体标志总量，简称标志总量，是用来反映总体各单位某种标志值总和的总量指标，它表明总体数量特征的总量。例如，企业的总产出、工资总额、利润总额、资金总额等。

一个总量指标究竟属于总体单位总量还是总体标志总量，要依据研究目的的变化而变化。例如，当需要研究平均每一个学校的人数时，应以学校为总体，总体单位总量就是学校总数，总体标志总量就是学生总人数。当需要研究所有学校某门课程的平均考试成绩时，学生总人数就是总体总量，考试总成绩就是标志总量。可见，同样的学生总人数依研究目的的不同就会由标志总量转化为总体总量。

（二）时期指标与时点指标

按总量指标反映的时间状态的不同可分为时期指标和时点指标。

时期指标，亦称时期数或流量，是反映总体现象在一段时间内发展变化的累计结果的总量指标，如一定时期的产品产量、商品销售额、员工在职数和员工离退休数等。

时点指标，亦称时点数或存量，是反映总体现象在某一时刻或瞬间状况的总量指标，如年初或年末员工数、商品库存额、设备台数等。

时期指标与时点指标具有如下三方面不同的特点：

1. 登统方法不同

时期指标的数值可以连续登统，而时点指标常常间断登统。例如，某年的商品销售额是该年中每日零售额的累计总和，因此，商品销售额属于时期指标。而员工总数不需要每天登记，只需要每月或半年登统一次即可，因此，员工数属于时点指标。

2. 可加性不同

时期指标具有可加性，而时点指标不具有可加性。例如，将一年内各月增加值加总为年增加值，直接加总具有实际意义，所以增加值属于时期指标。而将一年内各月月末库存额加总并不等于年末库存额，直接加总没有实际意义，所以库存额属于时点指标。

3. 与时间间隔的关系不同

时期指标数值的大小与时期间隔的长短有关。一般来说，时期指标表现为时期间隔越长，时期指标数值越大；反之，时期间隔越短，时期指标数值越小。例如，年产品产量大于季产品产量，而季产品产量又大于月产品产量，而月产品产量又大于日产品产量，所以产品产量属于时期指标。

时点指标数值的大小与时点间隔长短没有直接关系。时点指标并不表现为时点间隔越长，时点指标数值越大。例如，一个企业年末职工人数并不一定比某月末职工人数多或少，所以职工人数属于时点指标。

（三）实物指标、价值指标与劳动量指标

按人力资源总量指标采用的计量单位不同可分为实物指标、价值指标和劳动量指标。

实物指标是采用实物单位计量的总量指标。它可以反映事物的使用价值或现象的具体内容，但其综合能力有限，不能用于反映复杂现象的总规模、总水平。

价值指标是采用货币单位来度量企业财富或劳动成果的指标。它具有广泛的综合能力和概括能力，因而可以用于反映复杂现象的总规模、总水平。但缺点是比较抽象，可能会发生重复计算，易受价格的影响。

劳动量指标是以劳动单位计量的总量指标。劳动量可以相加，加总的结果就是劳动消耗总量。它可用于分析劳动资源和劳动时间的利用情况，为核算企业职工工资、计算劳动生产率、编制和检查生产经营计划提供重要依据。

第二节 人力资源相对指标

人力资源相对指标是指两个有联系的统计指标数值之比，用以反映某些相关事物之间数量联系程度的综合指标。用来对比的两个数既可以是绝对数，也可以是相对数或平均数。由于相对指标是用相对量表示的，故又称相对数。

一、人力资源相对指标的作用

人力资源相对指标在统计分析中有着广泛的应用，其作用体现在三个方面：

第一，人力资源相对指标可以使不能直接对比的总量指标具有可比性。由于相对指标将现象在总量指标方面的具体差异抽象化，因而使得原来不能直接对比的总量指标可以对比。例如，由于企业规模不同，不能直接用总产出、增加值、净产值来比较企业经营效果的好坏，但如果计算出各指标的计划完成程度、资金产值率、产值盈利率、固定资产利用率等相对指标，就可以在不同规模的企业之间进行对比，并做出恰当的评价。

第二，人力资源相对指标是总量指标的深化。利用相对指标可以综合地表明有关现象之间的联系程度，反映现象和过程的比率、构成、速度、密度等，有助于深入说明总

量指标不能充分说明的问题。

第三，人力资源相对指标是宏观调控与微观考核的重要工具。政府在进行宏观调控的过程中，需要用积累率、消费率、人均国内生产总值等相对指标进行比例关系的研究、检查和监督。考核企业的生产经营成果也要计算计划完成相对数、成本净值率、劳动生产率、产值资金率、设备利用率等一系列相对指标，从而为微观考核提供客观依据。

二、相对指标的计量单位

相对指标的计量单位有两种：一种是无名数，另一种是复名数。

（一）无名数

无名数是一种抽象化的数值，多以系数、倍数、成数、百分数、百分点、千分数、千分点表示。

1. 系数或倍数

系数或倍数是以对比基数为 1 所计算出来的相对数。假设某高校教授年薪 15 万元，工人年薪 3 万元，则教授年薪为工人年薪的 5 倍（15/3）或二者的比例系数为 0.2（3/15）。系数或倍数的区别是当分子比分母大较多时，宜采用倍数；反之，则应采用系数。同时应注意：倍数只用于增加现象，对减少现象不用倍数，而用下降了多少绝对数或多少百分比表示。

2. 成数

成数是以对比基数为 10 所计算出来的相对数。例如，今年粮食产量比去年增加一成，即增加 1/10。人们常说“明天八成要下雨”，即推测明天有 8/10 的可能会下雨。

3. 百分数与百分点

百分数是以对比基数为 100 所计算出来的相对数，通常记为%符号。这是最常用的一种相对数的表现形式。百分点是将两个同类百分数相减求其差率，相差 1%，称为 1 个百分点。例如，某工厂计划工业净产值是去年同期的 115%，而该厂本年实际工业净产值是去年同期的 120%，那么，本年实际比本年计划提高了 5 个百分点。

4. 千分数与千分点

千分数是以对比基数为 1 000 所计算出来的相对数，通常记为‰符号。当分子数值小于分母数值很多时，可用千分数表示。例如，人口出生率、人口死亡率、人口自然增长率、银行月利率等。千分点是将两个同类千分数相减，求其差率，相差 1‰，称为 1 个千分点。例如，两个不同时期的银行月利率相减，用以说明银行月利率上升或下降几个千分点。

（二）复名数

复名数主要是用来表现强度相对数的数值，它将相对指标中分子与分母指标数值的计量单位同时使用，以表现事物的密度、普遍程度和强度等。例如，工资用“元/人”表示；平均每人分摊的产品产量用“吨（或千克）/人”表示。

三、相对指标的种类

由于研究目的和任务的不同，相对指标的对比基础不同，因而就会产生不同类型的相对数，常用的有下述六种。

（一）计划完成相对数

计划完成相对数是某一段时期内实际完成数与计划任务数对比，表明计划完成程度的综合指标，一般用百分数表示。其计算公式为：

$$计划完成相对数=\frac{实际完成数}{计划任务数}\times 100\% \tag{3.1}$$

其特点为同一时间、同一指标、同一总体、不同内容之比；由于计划完成相对数是以计划任务数为标准来检查实际对计划完成的相对程度，因此计算时分子与分母不能相互调换。

对计划完成程度的评价，要以计划指标的要求和性质为标准。若计划指标是作为最低限额任务规定的，而且为越高越好的指标，如产品产量、产值、利润、财政收入、商品销售额等增产增收指标，则计划完成相对数超过100%的部分，表示超额完成计划的程度，等于100%为恰好完成计划，而不足100%的部分表示未完成计划的差距。若计划指标是作为最高限额任务规定的，而且为越低越好的指标，如单位产品成本、单位原材料消耗量、商品流通费用等节约开支指标，则计划完成相对数超过100%的部分，表示未完成计划的差距，等于100%为恰好完成计划，而不足100%的部分则是超额完成计划的程度。

［例3-1］　若已知某厂某年一季度工业净产值计划完成96万元，而实际完成了102万元，则：

$$工业净产值计划完成相对数=\frac{102}{96}\times 100\%=106.25\%$$

$$工业净产值超额完成=106.25\%-100\%=6.25\%$$

$$工业净产值超额完成相对额=102-96=6\text{（万元）}$$

（二）结构相对数

结构相对数是在对总体分组的基础上，将部分数值与总体数值对比而得的比重或比率，用来反映总体内部组成状况的综合指标。其计算公式为：

$$结构相对数=\frac{部分数值}{总体数值}\times 100\% \tag{3.2}$$

它一般用百分数或成数表示。其分子和分母既可以是总体单位数，也可以是总体标志值。由于对比的基础是同一总体总数值，因此同一总体内各部分比重之和应等于100%或1。此外，还要求分子与分母必须属于同一总体、同一时间。

［例3-2］　恩格尔系数是由19世纪德国统计学家恩格尔提出的一个结构相对数，即用食品消费支出占总消费支出的比重来衡量消费水平的高低。其计算公式为：

$$恩格尔系数=\frac{食品消费支出}{总消费支出}\times 100\% \tag{3.3}$$

联合国粮农组织根据恩格尔系数值，大体将居民生活分为若干个档次。其数量界限为：当恩格尔系数>60%，为绝对贫困；当恩格尔系数在50%～60%，为温饱（或勉强度日）；当恩格尔系数在40%～50%，为小康；当恩格尔系数在30%～40%，为富裕；当恩格尔系数<30%，为最富裕。

根据我国官方统计数据显示，2019 年我国居民恩格尔系数为 28.2%。根据联合国粮农组织的划分，我国进入“最富裕”阶段。但应注意，这仅是一个单独的指标，社会经济发展状况应从多个指标进行综合分析。

［例 3－3］ 基尼系数是意大利统计学家基尼（Gini）在 1912 年提出的测度居民收入差异程度的指标。如果把每人平均收入按从小到大的顺序排列，然后用横坐标表示人口数（或户数）累计百分比，用纵坐标表示收入累计百分比，就可以画一条反映收入分配差异状况的曲线，即统计学家洛伦茨（Lorenz）提出的洛伦茨曲线。如图 3－1 所示。

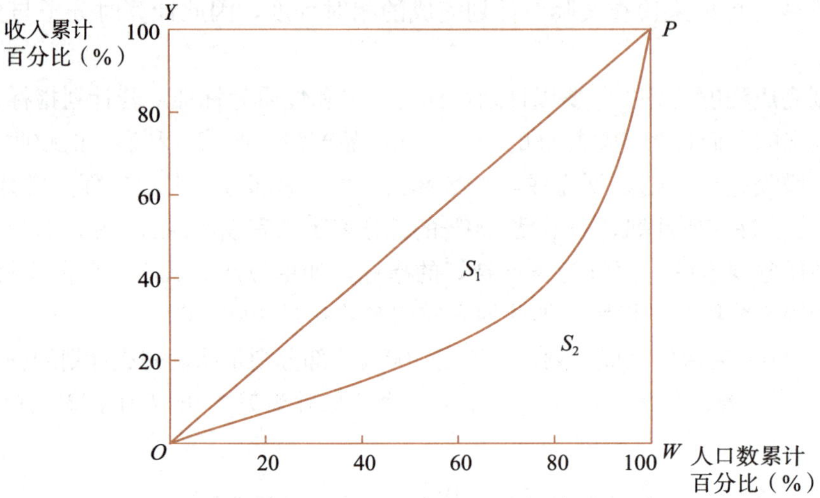

图 3－1 基尼系数几何图形

在图 3－1 中，OW 表示人口数累计百分比；OY 表示收入累计百分比；对角线 OP 是收入分配绝对平均线，表示一定百分比的人口会得到相同百分比的收入。OWP 是绝对不平均线，表示极少数人拥有几乎全部收入，而绝大多数人拥有非常少量的收入；OP 曲线为洛伦茨曲线。基尼系数就是洛伦茨曲线与对角线之间的面积 S_1 与下三角形面积 S_1+S_2 之比的结构相对数，用来表示收入分配的差异程度。一般表达式为：

$$\text{基尼系数}=\frac{S_1}{S_1+S_2} \tag{3.4}$$

如果 S_1 等于 0，基尼系数必为 0，表明收入分配绝对平均；如果 S_2 等于 0，基尼系数必为 1，表明收入分配绝对不平均。因此，基尼系数值域为（0，1）。基尼系数越接近于 0，表明收入分配越平均化；基尼系数越接近于 1，表明收入分配越不平均化。基尼系数的计算公式为：

$$G=\sum W_iY_i+\left[2\sum W_i(1-V_i)\right]-1 \tag{3.5}$$

式中：G——基尼系数；

W_i——各组人口数（或户数）比重；

Y_i——各组收入比重；

V_i——各组收入比重向上累计。

根据全球经济学家和社会学家研究建立的一套预警机制，用基尼系数来衡量贫富差别是否适度的“警戒水位”为0.4。现利用某年某地区相关资料计算基尼系数，如表3-1所示。

表3-1 某年某地区城镇居民基尼系数计算表

按人均月可支配收入分组（元）	人口数比重（%）W_i	月可支配收入比重（%）Y_i	月可支配收入比重向上累计（%）V_i	W_iY_i	$W_i(1-V_i)$
1 000以下	0.18	0.03	0.03	0.000 0	0.001 8
1 000～2 000	5.95	2.45	2.48	0.001 5	0.058 0
2 000～3 000	22.42	14.42	16.90	0.032 3	0.186 3
3 000～4 000	28.77	25.23	42.13	0.072 6	0.166 5
4 000～5 000	21.11	23.70	65.83	0.050 0	0.072 1
5 000～6 000	11.85	16.13	81.96	0.019 1	0.021 4
6 000～8 000	7.61	12.91	94.87	0.009 8	0.003 9
8 000～10 000	1.42	3.13	98.00	0.000 4	0.000 3
10 000以上	0.69	2.00	100.00	0.000 1	0.000 0
合　计	100.00	100.00	—	0.185 8	0.510 3

某年某地区城镇居民基尼系数为：

$$G=\sum W_iY_i+\left[2\sum W_i(1-V_i)\right]-1$$
$$=0.185\,8+2\times 0.510\,3-1$$
$$=0.206\,4$$

结果表明，基尼系数较小，基本属于平均化分配，未发生两极分化现象。

（三）比例相对数

比例相对数是指同一个总体中各个组成部分数量对比所形成的相对数，用以反映总体各部分之间的数量联系程度和比例关系。其计算公式为：

$$\text{比例相对数}=\frac{\text{总体中某一部分数值}}{\text{总体中另一部分数值}}\times 100\% \tag{3.6}$$

显然，比例相对指标与结构相对指标的共同点是都要求对同一总体进行分组，而且分子与分母必须属于同一总体、同一时间；不同点是结构相对指标是总体的一部分数值与总体总数值之比，而比例相对指标则是总体中各组成部分之间的比。

比例相对指标可以用倍数、百分数、列比例的形式表示。其中，列比例有两种基本表现形式：

（1）将被比较基础的数值抽象化为1，10，100，1 000，计算被比较的数值。

［例3-4］ 某企业2020年的收入比例为：

玩具：食品：服装＝8：22：1

这是以服装为对比基数1所计算出来的比例相对数，可用以反映该企业收入的主要渠道和各收入来源间的协调关系。

（2）将总体中各部分占总体的百分比用连比的形式表示出来。

［例3-5］ 某企业员工的学历情况如下：20%为高中学历，50%为本科学历，30%为研究生学历。把不同学历的员工，按照职位要求，分散在不同的职位上。其比例为：

20%：50%：30%

（四）比较相对数

比较相对数是指将两个同类指标作静态对比所得出的相对数，表明同类事物在不同条件下（如不同国家、不同地区、不同单位、不同总体等）的数量对比关系。一般用百分数、倍数、系数或列比例的形式表示。其特点为同一指标、同一时间、不同空间之比。这显然与比例相对指标不同，因为比例相对指标是同一总体或空间内各部分数值之间的比。其计算公式为：

$$比较相对数=\frac{某一条件下某项指标数值}{另一条件下同项指标数值}\times 100\% \quad (3.7)$$

比较相对数的计算有以下两种情形：

（1）比较标准为一般对象，分子、分母可互换。

[例 3-6] 设某企业男性员工为 100 名，女性员工为 80 名，则男性员工的数量是女性员工的数量的 1.25 倍，即

100÷80=1.25（倍）

或女性员工的数量与男性员工的数量的比例系数为 0.8，即

80÷100=0.8

（2）比较标准典型化，分子、分母不可互换。

如果把某企业的各项技术经济指标与国家规定的水平相比或与国际先进水平相比，这时，分子与分母就不能互换，作为分母的只能是国家规定的水平或国际先进水平。

（五）强度相对数

强度相对数是两个不同性质、属于不同总体但又有联系的总量指标之间的对比，说明现象的强度、密度和普遍程度的综合指标。其计算公式为：

$$强度相对数=\frac{某一总量指标数值}{另一有联系而性质不同的总量指标数值} \quad (3.8)$$

计量单位多为复名数，如员工工资用“元/人”表示，主要产品产量用“吨/人”表示，但也有一些用百分数和千分数表示，如流通费用率用百分数表示，不合格产品率用千分数表示等。

[例 3-7] 某年某企业生产总值为 6.79 亿元，该年的员工数为 1 217 人。该年该企业人均生产总值为：

人均生产总值=6.79 亿元÷1 217 人≈55.79（万元/人）

（六）动态相对数

动态相对数，又称发展速度，是同一指标在不同时间上的对比所得出的相对数，是用以反映某种现象的水平在时间上的变动程度的综合指标，通常用百分比或倍数表示。其特点为同一指标、同一空间、不同时间之比，分子、分母不可以互换。其计算公式为：

$$动态相对数=\frac{报告期数值}{基期数值}\times 100\% \quad (3.9)$$

通常把作为对比标准的时间叫作基期，而把同基期比较的时期叫作报告期或计

算期。

[例 3-8] 某企业 2020 年实现利税额为 5.82 亿元，2019 年实现利税额为 4.66 亿元。该企业实现利税额的动态相对数为：

$$动态相对数=\frac{5.82}{4.66}\times100\%\approx124.90\%$$

即说明该地区实现利税额增长 24.90%。

需要指出的是，在进行人力资源分析时，常常要将相对指标与总量指标相结合，才能得出正确的结论。马克思曾经在《工资、价格和利润》中精辟地指出，如果一个人每星期的工资是 2 先令，后来他的工资提高到 4 先令，那么工资水平就提高了 100%。若从工资水平提高的观点来看，工资的这种提高可以说是很大的，但工资的实际数额——每星期 4 先令——仍然是极其微小而不能糊口的一种施舍。所以不应当被工资水平提高的动听的百分比所迷惑。我们必须经常问：原来的工资数是多少？这说明如果用以对比的绝对数过小时，不适宜计算相对数，更不适宜用百分数表示，否则会夸大或歪曲事实，造成虚高的假象。

第三节　人力资源平均指标

人力资源平均指标又称人力资源平均数，是表明同类人力资源数量标志的一般水平的指标。通常有两种：一种是静态上的人力资源平均指标，又称人力资源一般平均数；另一种是动态上的人力资源平均指标，又称人力资源序时平均数。本节所讲的是前者，后者将在时间数列中专门讲述。

一、人力资源静态平均指标的定义和作用

人力资源静态平均指标，通常简称人力资源平均指标，是度量统计分布集中趋势或中心位置的综合指标，它可以反映同质总体内各单位某一数量标志的一般水平。

例如，若以一个企业职工为总体，企业内的每一职工就是总体单位，每一职工的工资水平高低不同，欲综合反映企业职工工资的一般水平，就要用静态平均指标，即用该企业职工工资总额除以职工总人数，就可以得到代表企业工资一般水平的平均工资。

人力资源静态平均指标在人力资源统计研究中具有十分重要的作用，主要体现在以下四个方面：

第一，人力资源静态平均指标是进行动态分析的前提。欲揭示某一现象的一般水平在不同时间上的变动趋势和规律性，就必须首先核算人力资源静态平均指标。例如，考察不同时期的企业职工的平均收入的变化，可以发现其变动轨迹。

第二，人力资源静态平均指标是进行空间比较的基础。欲比较某一时期同类现象在不同地区、不同单位的一般水平，评价总体各单位的工作质量和效果，可以借助于静态平均指标。例如，为考察不同企业员工收入的差异，可以用人均工资这一平均指标来分析说明。

第三，人力资源静态平均指标可用于分析现象间的依存关系。事物都是在一定的条件或一定的环境中相互依存的，为了研究事物之间相互依存关系的数量表现，也常常需要运用静态平均指标。例如，分析商业企业规模的大小与平均商品流通费用率的关系。

第四，人力资源静态平均指标可用于数量上的估计推断。利用样本平均指标对总体平均指标的推断是抽样推断的重要内容。例如，用样本的平均利润率推断总体的平均利润率。

二、人力资源静态平均指标的特点

概括地讲，人力资源静态平均指标具有以下三个特点：

（一）分子与分母必须属于同一总体

例如，甲企业的平均工资就应当用甲企业工人工资总额除以甲企业的工人总数，分子与分母的范围均是甲企业，这是人力资源静态平均指标与强度相对数的重要区别之一，因为强度相对数的分子与分母不属于同一总体。

（二）数量的抽象性

人力资源静态平均指标是用一个数值作为总体的代表性数值，反映总体的一般水平，它把总体内各个单位某一标志数值的差异抽象掉，从而消除了偶然因素的影响，反映出总体的综合特征。例如，某企业每个工人的产量是存在差异的，利用平均产量把每个工人的产量差异抽象化了，从而求得工人总体各单位产量的一般水平。因此，计算静态平均指标的过程就是从个性到共性的抽象过程。

（三）反映现象的集中趋势

即可以测量出变量值集中于哪个数值。一般某一变量值次数越多，静态平均数就越接近于该变量值，数据总是围绕着均值上下波动，所以静态平均数是反映总体各个变量值集中倾向的代表值，是标志值集中趋势的测度数。例如，平均工资或平均产量都是反映该变量的集中趋势的测度值。

三、人力资源静态平均指标的种类

人力资源静态平均数按计算和确定方法的不同，可分为数值平均数和位置平均数两种。数值平均数是根据分配数列中各单位的标志值计算而得到的平均值，包括算术平均数、调和平均数和几何平均数三种，共同特点为易受极端值的影响。位置平均数是根据标志值在分配数列中的位置确定的，包括中位数和众数两种，共同特点为不易受极端值的影响。

（一）算术平均数

算术平均数（Arithmetic Mean）是总体各单位的标志总量除以总体单位数，是同一总体内的标志总量与总体总量之比，反映了社会经济现象的一般水平。其计算公式为：

$$\text{算术平均数}=\frac{\text{（总体）标志总量}}{\text{总体（单位）总量}} \tag{3.10}$$

[例 3－9]　若某集团公司 9 个子公司年营业总额为 9 亿元，则

平均每个子公司的营业额＝9÷9＝1（亿元）

在实际应用中，由于掌握的资料不同，算术平均数需要采用不同的计算形式。通常未分组的资料采用简单算术平均数的形式计算平均数；已分组的资料采用加权算术平均数的形式计算平均数。

1. 简单算术平均数（Simple Arithmetic Mean）

如果掌握了总体各单位的标志数值和总体单位数，没有经过任何分组，则可以利用简单算术平均数的测定形式。其计算公式为：

$$\bar{x}=\frac{x_1+x_2+\cdots+x_n}{n}=\frac{\sum x}{n} \tag{3.11}$$

式中：$\bar{x}$——算术平均数；

x——各标志值；

n——总体单位总数。

[例 3－10]　某科室有 6 名职员，其月奖金分别为：1 000 元、1 200 元、1 500 元、1 600 元、1 800 元、2 000 元。该科室平均每人月奖金为：

$$\bar{x}=\frac{\sum x}{n}=\frac{1\ 000+1\ 200+1\ 500+1\ 600+1\ 800+2\ 000}{6}$$

$$\approx 1\ 516.67\text{（元）}$$

简单算术平均数虽然简单明了，但由于它受极端值影响较大，因此，在应用时应加以注意，尽量剔除其对均值的影响。

2. 加权算术平均数（Weighted Arithmetic Mean）

如果掌握的是经过分组整理编制的单项数列或组距数列的资料，而且每组次数不同时，就需要采用加权算术平均数的方法计算均值。其计算公式为：

$$\bar{x}=\frac{x_1 f_1+x_2 f_2+\cdots+x_n f_n}{f_1+f_2+\cdots+f_n}=\frac{\sum xf}{\sum f}=\sum x\frac{f}{\sum f} \tag{3.12}$$

式中：x——分组数列中各变量值或组中值；

f——分组数列中各组单位数（频数或次数）；

$\frac{f}{\sum f}$——分组数列中各组单位数所占比重（频率）。

由加权算术平均数的公式我们可以看出，它受两个因素的影响：一个是各组变量值，另一个是各组的次数。当变量值较大，且次数较多时，平均数就接近标志值较大的一方；当标志值比较小，且次数较多时，平均数就接近标志值较小的一方。由此，我们可以观察出标志值次数的多少对平均数的影响，具有权衡轻重的作用，所以，统计上把次数又称为权数。权数有绝对数和相对数两种形式。前者是用各组标志值实际出现的次数表示，后者是用各组次数在总次数中所占的比重表示，同一资料两种权数的表示方法计算的结果完全相同。但比重权数更能准确地体现权数的实质，因为权数对平均数的影响是由各组次数占总次数比重的大小决定的。当加权算术平均数的权数相等时，即当

$f_1=f_2=\cdots=f_n=A$ 时，就会演变成简单算术平均数，即

$$\bar{x}=\frac{\sum xf}{\sum f}=\frac{A\sum x}{nA}=\frac{\sum x}{n} \tag{3.13}$$

所以，可以说简单算术平均数是加权算术平均数在权数相等时的特例。

[例 3-11] 某集团公司下属五个子公司的平均工资及员工人数如表 3-2 所示。

表 3-2 某集团公司下属五个子公司工资资料

子公司	平均工资（元）x	员工人数（人）f	总工资额（元）xf
1	2 800	121	338 800
2	2 900	264	765 600
3	3 100	98	303 800
4	2 750	162	445 500
5	2 920	214	624 880
合计	—	859	2 478 580

该集团公司的平均工资为：

$$\bar{x}=\frac{\sum xf}{\sum f}=\frac{2\ 478\ 580}{859}\approx 2\ 885.42\text{（元/人）}$$

[例 3-12] 企业对某部门 10 名员工进行业务考核，其成绩及平均分数计算过程见表 3-3。

表 3-3 业务考核成绩及平均分数计算表

分数	人数 f	组中值 x	xf
70～80	2	75	150
80～90	3	85	255
90～100	5	95	475
合计	10	—	880

该部门业务考核平均分数为：

$$\bar{x}=\frac{\sum xf}{\sum f}=\frac{880}{10}=88\text{（分）}$$

3. 均值的两个重要的数学性质

（1）各个变量值与算术平均数的离差之和等于零，即对于简单算术平均数与加权算术平均数都有：

$$\sum_{i=1}^{n}(x_i-\bar{x})=0 \tag{3.14}$$

（2）各个变量值与算术平均数的离差平方之和为最小，即对于简单算术平均数与加权算术平均数都有：

$$\sum_{i=1}^{n}(x_i-\bar{x})^2=\text{最小值}<\sum_{i=1}^{n}(x_i-x_0)^2 \tag{3.15}$$

这表明在所有可能衡量总体一般水平的代表值中，简单算术平均数与各单位标志值

离差平方和永远是最小的。因此，一般情况下，简单算术平均数是总体的最好的代表值。

（二）调和平均数

调和平均数（Harmonic Mean）是总体各单位标志值倒数的算术平均数的倒数，又称倒数平均数。根据资料是否分组，调和平均数可分为简单调和平均数与加权调和平均数两种。

1. 简单调和平均数（Simple Harmonic Mean）

简单调和平均数适用于未分组的资料，我们先看一个具体的例子。

［例 3-13］　某种水果的价格，甲集市每千克为 4.5 元，乙集市每千克为 5.5 元，丙集市每千克为 6.5 元，若在以上集市各买 1 元的该种水果，则平均每千克价格为多少元？

根据常识可知：平均价格为购买金额与购买数量之比，所以

$$\text{平均价格}=\frac{\text{购买金额}}{\text{购买数量}}=\frac{1+1+1}{\frac{1}{4.5}+\frac{1}{5.5}+\frac{1}{6.5}}\approx 5.38\ (\text{元/千克})$$

将以上过程推广到一般并用符号表示为：

$$H=\frac{1+1+\cdots+1}{\frac{1}{x_1}+\frac{1}{x_2}+\cdots+\frac{1}{x_n}}=\frac{1}{\left(\frac{\sum\frac{1}{x}}{n}\right)}=\frac{n}{\sum\frac{1}{x}} \tag{3.16}$$

式中：H——调和平均数；

x——变量值。

这种方法就称为简单调和平均数，适用于未分组资料。从公式中我们就可以直接观察到调和平均数就是标志值倒数的算术平均数的倒数。

2. 加权调和平均数（Weighted Harmonic Mean）

［例 3-14］　如果在例 3-13 中三个集市购买的金额不同，假设分别为 2 元、3 元和 5 元，则

$$\text{平均价格}=\frac{\text{购买金额}}{\text{购买数量}}=\frac{2+3+5}{\frac{2}{4.5}+\frac{3}{5.5}+\frac{5}{6.5}}\approx 5.68\ (\text{元/千克})$$

进一步将以上过程推广到一般并用符号表示为：

$$H=\frac{m_1+m_2+\cdots+m_n}{\frac{m_1}{x_1}+\frac{m_2}{x_2}+\cdots+\frac{m_n}{x_n}}=\frac{1}{\left(\frac{\sum\frac{m}{x}}{\sum m}\right)}=\frac{\sum m}{\sum\frac{m}{x}} \tag{3.17}$$

式中：H——调和平均数；

x——变量值；

m——权数。

这种计算方法在统计上称作加权调和平均数。显然，它只是在简单调和平均数的基础上加上权数这一因素，适用于分组资料。

[例3-15] 某公司本年度三个企业的资金利润率和利润总额资料如表3-4所示。

表3-4　某公司本年度资金利润率和利润总额资料

企业	资金利润率（%）x	利润总额（万元）m
甲	14	8.4
乙	18	16.2
丙	26	31.2
合计	—	55.8

由于资金利润率为利润总额与平均占用资金之比，而平均占用资金未知，需要用各企业的利润总额与其对应的资金利润率对比后加总求得。因此，应当以利润总额为权数并以资金利润率为变量，采用加权调和平均数计算该公司的总平均资金利润率，即

$$\text{总平均资金利润率}=\frac{\sum \text{利润总额}}{\sum \text{平均占用资金}}=\frac{\sum \text{利润总额}}{\sum \dfrac{\text{利润总额}}{\text{资金利润率}}} \tag{3.18}$$

用符号表示并代入数据进行计算，求得的总平均资金利润率为：

$$H=\frac{\sum m}{\sum \dfrac{m}{x}}=\frac{8.4+16.2+31.2}{\dfrac{8.4}{14\%}+\dfrac{16.2}{18\%}+\dfrac{31.2}{26\%}}\approx 20.67\%$$

在本例中，如果缺少利润总额资料，而掌握资金利润率与平均占用资金资料，如表3-5所示。

表3-5　某公司本年度资金利润率和平均占用资金资料

企业	资金利润率（%）x	平均占用资金（万元）f
甲	14	60
乙	18	90
丙	26	120
合计	—	270

由于资金利润率为利润总额与平均占用资金的比，而利润总额未知，需要用各企业的平均占用资金与其对应的资金利润率相乘后加总求得。显然，应当以平均占用资金为权数并以资金利润率为变量，采用加权算术平均数计算该公司的总平均资金利润率，即

$$\begin{aligned}\text{总平均资金利润率}&=\frac{\sum \text{利润总额}}{\sum \text{平均占用资金}}\\&=\frac{\sum \text{资金利润率}\times\text{平均占用资金}}{\sum \text{平均占用资金}}\end{aligned} \tag{3.19}$$

用符号表示并代入数据进行计算，求得的总平均资金利润率为：

$$\bar{x}=\frac{\sum xf}{\sum f}=\frac{14\%\times 60+18\%\times 90+26\%\times 120}{60+90+120}\approx 20.67\%$$

从上述计算结果可以看出，同样是计算总平均资金利润率，其结果均为20.67%，但当已知各企业的利润总额和资金利润率时，应采用加权调和平均数进行计算；而当已

知各企业的平均占用资金和资金利润率时，应采用加权算术平均数进行计算，据此，我们可以归纳出计算算术平均数与调和平均数的一般原则：

第一，确定平均数基本公式中子项与母项的经济含义。例如，平均价格$=\sum$销售额/$\sum$销售量；平均计划完成程度$=\sum$实际产量/$\sum$计划产量；劳动生产率$=\sum$增加值/$\sum$职工人数。

第二，选择公式。当掌握的资料是基本公式的母项资料及各标志值时，则采用算术平均数的方法计算均值；当掌握的资料是基本公式的子项资料及各标志值时，则采用调和平均数的方法计算均值。

可见，算术平均数与调和平均数计算的基本公式是相同的，只是因掌握的资料不同而采取不同的计算形式。因此，调和平均数也是一种均值，是算术平均数这种均值的一种变形。

（三）几何平均数

几何平均数（Geometric Mean）是 n 个变量值乘积的 n 次方根，适合于计算平均比率、平均速度或总变量值等于各单位变量值连乘积，而且没有等于零的标志值的数列。根据资料加权与否，可分别采用简单几何平均数和加权几何平均数。

1. 简单几何平均数（Simple Geometric Mean）

简单几何平均数适用于未分组资料。其计算公式为：

$$G=\sqrt[n]{x_1\cdot x_2\cdot x_3\cdots x_n}=\sqrt[n]{\prod x} \tag{3.20}$$

式中：G——几何平均数；

$x_1\cdot x_2\cdot x_3\cdots x_n$——各变量值或发展程度；

$\prod$——连乘符号。

[例3-16] 设某企业近三年员工增长率分别为5.9%、4.6%、2.7%，求这三年的员工年平均增长率。

$$\begin{aligned}G&=\sqrt[n]{x_1\cdot x_2\cdot x_3\cdots x_n}\\&=\sqrt[3]{105.9\%\times 104.6\%\times 102.7\%}\\&\approx 104.39\%\end{aligned}$$

即近三年员工的年平均增长率为：

$$104.39\%-100\%=4.39\%$$

2. 加权几何平均数（Weighted Geometric Mean）

当各个变量值的次数不同时，应采用加权几何平均数。其计算公式为：

$$G=\sqrt[\sum f]{x_1^{f_1}\cdot x_2^{f_2}\cdot x_3^{f_3}\cdots x_n^{f_n}}=\sqrt[\sum f]{\prod x^f} \tag{3.21}$$

式中：G——几何平均数；

$x_1^{f_1}\cdot x_2^{f_2}\cdot x_3^{f_3}\cdots x_n^{f_n}$——各个变量值或发展程度及对应的权数；

$\prod$——连乘符号。

[例3-17] 某笔投资，贷款10年，以复利计息。10年的年利率分别为：第1年～

第 4 年的利率为 2%，第 5 年～第 7 年的利率为 4%，第 8 年～第 9 年的利率为 7%，第 10 年的利率为 9%。求平均的年利率。

$$平均的年本利率=\sqrt[\sum f]{x_1^{f_1}\cdot x_2^{f_2}\cdot x_3^{f_3}\cdots x_n^{f_n}}$$
$$=\sqrt[4+3+2+1]{(102\%)^4\times(104\%)^3\times(107\%)^2\times(109\%)^1}$$
$$\approx 104.27\%$$

平均的年利率=104.27%－100%=4.27%

(四) 中位数

中位数（Median）是将总体各单位的某一数量标志的各个变量值按大小顺序排列，处于中间位置的那个变量值。它最突出的优点是不受数据极端值的影响，从而在一定程度上提高了平均水平的代表性。由于资料的不同，确定中位数的方法也就不同。

1. 由未分组资料确定中位数

（1）确定中位数的位置。在资料未分组的情况下，首先将总体各单位的标志值按大小顺序排列，然后用下列公式确定中位数的位置，即

$$Q_m=\frac{n+1}{2} \tag{3.22}$$

式中：Q_m——中位数的位次；

n——总体单位数的项数。

（2）计算中位数。

当 n 为奇数时，则居于中间位置的那个标志值就是中位数 M_e。用公式表示为：

$$M_e=x_{\frac{n+1}{2}} \tag{3.23}$$

当 n 为偶数时，则居于中间位置的两个标志值的算术平均数就是中位数 M_e。用公式表示为：

$$M_e=\frac{1}{2}(x_{\frac{n}{2}}+x_{\frac{n}{2}+1}) \tag{3.24}$$

[例 3-18] 某公司各部门经理某年的实际年收入如表 3-6 所示。

表 3-6 各部门经理某年的实际年收入

职位	实际年收入（万元）
生产部经理	6.4
研发部经理	7.5
人事部经理	4.8
市场部经理	33.2
统计部经理	5.9
财务部经理	5.7

根据上述资料，确定部门经理实际年收入的中位数。

首先，将六位经理的实际年收入按升序排列。

4.8　5.7　5.9　6.4　7.5　33.2

其次，确定中位数的位置。

$$Q_m=\frac{n+1}{2}=\frac{6+1}{2}=3.5$$

这意味着中位数的位置在第三个数据与第四个数据之间。

最后，确定中位数的数值。

由于 $n=6$ 为偶数，故中位数的数值：

$$M_e=\frac{1}{2}(x_{\frac{n}{2}}+x_{\frac{n}{2}+1})$$

$$=\frac{5.9+6.4}{2}=6.15\text{（万元）}$$

即处于中间位置的年收入为 6.15 万元，因而可将此值作为该公司各部门经理实际年收入一般水平的代表值。

2. 由分组资料确定中位数

根据分配数列的种类，可分别按以下两种情况处理：

（1）由单项数列确定中位数。

［例 3-19］ 根据某企业工人按技术级别分组的资料（见表 3-7）确定技术级别的中位数。

表 3-7　某企业工人按技术级别分组资料

级别	工人数	向上累计	向下累计
1	17	17	300
2	38	55	283
3	61	116	245
4	73	189	184
5	56	245	111
6	29	274	55
7	16	290	26
8	10	300	10
合计	300	—	—

对于此类问题，通常需要四个步骤：

第一步：确定中位数的位置。由于 $\sum f/2=300\div2=150$，因而第 150 个工人的技术级别就是中位数。

第二步：确定中位数所在的组。为此需进行向上累计或向下累计，从而找到中位数所在的组。从表 3-7 中可以看出，向上累计列中的 189 和向下累计列中的 184 分别包括第 150 个工人，说明中位数在第四组。

第三步：确定中位数的数值。由于与 189、184 对应的技术级别为 4 级，故 $M_e=4$（级）。

第四步：解释结果。由于处于中间位置的工人技术级别为 4 级，所以可用此值代表工人技术级别的一般水平。

（2）由组距数列确定中位数。

［例 3-20］ 某集团公司所属企业某年利润资料如表 3-8 所示，由此确定企业利润的中位数。

表 3-8　某集团公司所属企业年利润中位数计算表

按企业利润分组（万元）	企业数（家）f	企业数累计（家）	
		向上累计数	向下累计数
30 以下	3	3	36
30～50	5	8	33
50～70	7	15（S_{m-1}）	28
70～90（L～U）	16（f_m）	31	21
90～100	4	35	5（S_{m+1}）
100 以上	1	36	1
合计	36（$\sum f$）	—	—

对于此类问题，仍需要四个步骤，只不过中位数数值的确定需要借助于公式计算：

第一步：确定中位数的位置。由于 $\frac{\sum f}{2}=\frac{36}{2}=18$，所以第 18 个企业的利润就是中位数。

第二步：确定中位数所在的组。为此，要进行向上累计和向下累计（见表 3-8 第 3 栏），可见 31 和 21 分别包含第 18 个企业，故中位数在第四组，即 70 万元～90 万元。

第三步：测算中位数的数值。可分别采用下限公式或上限公式进行计算，其结果应当是一致的。

下限公式为：

$$M_e=L+\frac{\frac{\sum f}{2}-S_{m-1}}{f_m}\times i \tag{3.25}$$

式中：M_e——中位数；

L——中位数所在组的下限；

$\sum f$——次数之和；

S_{m-1}——中位数所在组的向下累计数；

f_m——中位数所在组的次数；

i——中位数所在组的组距。

代入数据：

$$M_e=70+\frac{\frac{36}{2}-15}{16}\times(90-70)=73.75\text{（万元）}$$

上限公式为：

$$M_e=U-\frac{\frac{\sum f}{2}-S_{m+1}}{f_m}\times i \tag{3.26}$$

式中：M_e——中位数；

U——中位数所在组的上限；

$\sum f$——次数之和；

S_{m+1}——中位数所在组的向上累计数；

f_m——中位数所在组的次数；

i——中位数所在组的组距。

代入数据：

$$M_e=90-\frac{\frac{36}{2}-5}{16}\times(90-70)=73.75\text{（万元）}$$

第四步：解释结果。由下限公式和上限公式分别测定结果表明：处于中间位置的企业利润为 73.75 万元，所以可将此值作为 36 家企业利润平均水平或一般水平的代表值。

（五）众数

众数（Mode）是指总体中出现次数最多的变量值。它最突出的优点也是不受数据极端值的影响，从而在一定程度上提高了平均水平的代表性。此外，充当众数的标志值反复出现的频数或频率越大，说明众数的代表性就越高，表明分组数列集中趋势越显著。确定众数的方法也要根据掌握资料的不同而有所变化。

1. 由未分组资料确定众数

［例 3-21］　10 名员工月组装机器数量分别为 610 台、595 台、620 台、550 台、665 台、640 台、620 台、500 台、620 台、530 台。由于 620 台出现了 3 次，其他台数仅出现 1 次，因而月组装机器台数的众数就为 620 台，即 $M_0=620$（台）。

2. 由分组资料确定众数

（1）根据单项数列确定众数。

［例 3-22］　由表 3-7 可知，该企业第四技术级别的工人数为 73 人，显然超过其他技术级别的工人数，所以众数 $M_0=4$（级）。

（2）根据组距数列确定众数。

［例 3-23］　根据表 3-8 的资料确定众数。

第一步：找出众数组。从表 3-8 中可以看出，第四组出现的企业数 16 家为最多，所以第四组就为众数组。

第二步：测算众数值。可分别用下限公式或上限公式进行计算，其结果应当是一致的。

下限公式为：

$$M_0=L+\frac{\Delta_1}{\Delta_1+\Delta_2}\times i \tag{3.27}$$

式中：M_0——众数；

L——众数所在组的下限；

Δ_1——众数所在组的次数与相邻的前一组的次数之差；

Δ_2——众数所在组的次数与相邻的后一组的次数之差；

i——众数所在组的组距。

代入数据：

$$M_0=70+\frac{16-7}{(16-7)+(16-4)}\times(90-70)\approx 78.57\text{（万元）}$$

上限公式为：

$$M_0 = U - \frac{\Delta_2}{\Delta_1 + \Delta_2} \times i \tag{3.28}$$

式中：M_0——众数；

U——众数所在组的上限；

Δ_1——众数所在组的次数与相邻的前一组的次数之差；

Δ_2——众数所在组的次数与相邻的后一组的次数之差；

i——众数所在组的组距。

代入数据：

$$M_0 = 90 - \frac{16-4}{(16-7)+(16-4)} \times (90-70) \approx 78.57（万元）$$

第三步：解释结果。由下限公式和上限公式分别测定结果表明企业利润为 78.57 万元的企业数最多，所以可用此值作为 36 家企业利润平均水平或一般水平的代表值。

拓展阅读

根据我国《2020 年国民经济和社会发展统计公报》数据显示，2020 年国内生产总值1 015 986 亿元，比上年增长 2.3%。其中，第一产业增加值 77 754 亿元，增长 3.0%；第二产业增加值 384 255 亿元，增长 2.6%；第三产业增加值 553 977 亿元，增长 2.1%。第一产业增加值占国内生产总值比重为 7.7%，第二产业增加值比重为 37.8%，第三产业增加值比重为 54.5%。全年最终消费支出拉动国内生产总值下降 0.5 个百分点，资本形成总额拉动国内生产总值增长 2.2 个百分点，货物和服务净出口拉动国内生产总值增长 0.7 个百分点。分季度看，一季度国内生产总值同比下降 6.8%，二季度增长 3.2%，三季度增长 4.9%，四季度增长 6.5%。预计全年人均国内生产总值 72 447 元，比上年增长 2.0%。国民总收入 1 009 151 亿元，比上年增长 1.9%。全国万元国内生产总值能耗比上年下降 0.1%。预计全员劳动生产率为 117 746 元/人，比上年提高 2.5%。

根据上述材料，请说出哪些指标是总量指标、相对指标和平均指标。

第四节 人力资源变异指标

人力资源变异指标，又称人力资源标志变异指标或人力资源标志变动度，是度量人力资源统计分布离中趋势的综合指标，可用来反映总体中各单位标志值的差异程度、均衡性和平均数的代表程度。

人力资源变异指标与人力资源静态平均指标是一对相互联系的综合指标，从不同的角度反映了同质总体的共同特征。静态平均指标是反映总体各单位某一数量标志的共性，说明分配数列中变量值的集中趋势，它把总体各单位的差异抽象化了，用一个数值代表总体的一般水平。但总体中各单位的差异是客观存在的。平均数代表性的大小也因总体各单位数值的差异程度而有所不同。而变异指标正是用来反映总体各单位标志值的差异性，说明变量值的离中趋势的综合指标。

一、人力资源变异指标的作用

（一）人力资源变异指标是衡量均值代表性高低的尺度

变异指标越大，均值代表性就越低；反之，变异指标越小，则均值代表性就越高。例如，虽然甲、乙两个企业的平均收益相同，但甲企业的收益在某一时期内波动较大，变异指标必然偏大，平均收益的代表性必然较低，该企业的风险也相应较大；而乙企业的收益在某一时期内比较平稳，变异指标必然偏小，平均收益的代表性必然较高，该企业的风险也相应较小。

（二）人力资源变异指标可以反映企业人力资源的均衡性、节奏性和稳定性

变异指标越大，表明人力资源的均衡性、节奏性和稳定性越差；变异指标越小，则表明人力资源的均衡性、节奏性和稳定性就越好。例如，在检查生产计划执行情况时，要用变异指标分析计划执行过程中的均衡性和节奏性，看是否存在前松后紧或时紧时松现象。又如，进行产品质量检查时，如果变异指标较大，说明产品质量稳定性较差；如果变异指标较小，说明产品质量稳定性较好。

（三）人力资源变异指标可以揭示数据分布的离中趋势

一般来说，变异指标数值越大，说明总体各变量值平均来说离中心点越远；反之，变异指标数值越小，说明总体各变量值平均来说离中心点越近。由此，可以更好地认识数据的分布特征及变动规律。

二、人力资源变异指标的种类

（一）绝对离中趋势的度量

1. 全距

全距（Range），又称极差，是数列中两个极端数值之差，借以表明总体标志值最大可能的差异范围。全距越大，说明标志值越离散；全距越小，说明标志值越集中。全距的计算分如下两种情况。

（1）未分组资料或单项数列。

计算公式为：

$$全距=最大标志值-最小标志值 \tag{3.29}$$

用符号表示为：

$$R=\max(x)-\min(x) \tag{3.30}$$

［例 3-24］　假定甲、乙两名员工 5 日内产品销售量如下：

甲员工：50 台、60 台、70 台、80 台、90 台。

乙员工：60 台、65 台、70 台、75 台、80 台。

由此计算甲、乙两名员工 5 日内某种产品的平均销售量均为 70 台。

虽然这两名员工的平均日销售量都是 70 台，但他们日销售量的变异程度不同，甲员工逐日销售量相差 10 台，乙员工逐日销售量相差 5 台。由于甲员工日销售量差异较

大，故其平均销售量的代表性就较小；而乙员工日销售量差异较小，故其平均销售量的代表性就较大。

若用全距进行测算，则

$R_{甲}=90-50=40$（台）

$R_{乙}=80-60=20$（台）

从这里可以看出：虽然两人的平均日销售量均是 70 台，但由于甲的全距大于乙的全距，故乙的平均日销售量代表性较高。

(2) 组距数列。

计算公式为：

$$全距=最高组上限-最低组下限 \tag{3.31}$$

用符号表示为：

$$R=U_{max}-U_{min} \tag{3.32}$$

［例 3－25］ 根据表 3－8 资料测算某集团公司所属企业某年利润的全距。

由于表 3－8 资料为开口组，故应先求出所缺下限和上限，即

第一组的下限为：30－（50－30）＝10

最后一组的上限为：100＋（100－90）＝110

所以，该集团公司所属企业某年利润的全距为：

$R=U_{max}-U_{min}=110-10=100$（万元）

全距的优点是计算方便，易于理解，可以反映变量值在一定范围内的波动情况，并可应用于产品的质量控制和检查。全距的缺点是方法粗略，因为它只考虑两端数值差异，没有考虑中间数值差异的情况，也不受次数分配的影响，所以它是测定标志变异程度的一种粗略的方法，不能全面反映总体各单位标志的差异程度。

2. 平均差

平均差（Average Deviation）是数列中各单位标志值与其算术平均数之间绝对离差的平均数，反映数列中相互差异的标志值的平均离散水平或差异程度。平均差越大，表示标志变异程度越大，各数据离均值越远，则平均数代表性就越低。反之，平均差越小，表示标志值的变异程度越小，各数据密集于均值周围，则平均数代表性就越高。所以，平均差可以计量数据的离中趋势或平均的差异程度。根据掌握的资料不同，平均差有简单与加权两种计量形式。

(1) 简单平均差（Simple Average Deviation）。

简单平均差适用于未分组的资料。其计算公式为：

$$A\cdot D=\frac{\sum|x-\bar{x}|}{n} \tag{3.33}$$

式中：$A\cdot D$——平均差；

x——各变量值；

$\bar{x}$——算术平均数；

n——变量值的个数。

［例 3－26］ 仍利用例 3－24 的资料，采用平均差方法分析甲、乙两名员工 5 日内某

种产品销售量的离散程度及平均销售量的代表性。

首先，计算简单算术平均数。据例 3-24 计算知：

$$\bar{x}_{甲} = \bar{x}_{乙} = 70 \text{（台）}$$

其次，计算离差及绝对值（见表 3-9）。

表 3-9　产品销售量平均差计算表

甲			乙		
日销量（台）x	离差 $x-\bar{x}$	离差绝对值 $\mid x-\bar{x} \mid$	日销量（台）x	离差 $x-\bar{x}$	离差绝对值 $\mid x-\bar{x} \mid$
50	−20	20	60	−10	10
60	−10	10	65	−5	5
70	0	0	70	0	0
80	10	10	75	5	5
90	20	20	80	10	10
合计	—	60	合计	—	30

最后，计算简单平均差。

$$A \cdot D_{甲} = \frac{\sum |x-\bar{x}|}{n} = \frac{60}{5} = 12 \text{（台）}$$

$$A \cdot D_{乙} = \frac{\sum |x-\bar{x}|}{n} = \frac{30}{5} = 6 \text{（台）}$$

在甲、乙两名员工平均日销量相等的情况下，甲的平均差大于乙的平均差，故甲的平均日销量的代表性比乙的平均日销量的代表性小。

（2）加权平均差（Weighted Average Deviation）。

加权平均差适用于已分组的资料。其计算公式为：

$$A \cdot D = \frac{\sum |x-\bar{x}| \cdot f}{\sum f} \tag{3.34}$$

式中：$A \cdot D$——平均差；

x——各变量值；

$\bar{x}$——算术平均数；

$\sum f$——权数之和。

[例 3-27]　根据例 3-12 业务考核资料计算成绩的平均差，不妨将这一总体设为甲总体，同时假设存在着另一个类似的乙总体，平均分数也为 88 分，平均差为 7.5 分，试比较甲、乙两个总体平均分数代表性的大小。

已知甲总体的平均分数为 88 分，其平均差计算过程见表 3-10。

表 3-10　业务考核成绩平均差计算表

分数	人数 f	组中值 x	离差绝对值 $\mid x-\bar{x} \mid$	离差绝对值乘次数 $\mid x-\bar{x} \mid f$
70～80	2	75	13	26
80～90	3	85	3	9

续表

分数	人数 f	组中值 x	离差绝对值 $\|x-\bar{x}\|$	离差绝对值乘次数 $\|x-\bar{x}\|f$
90～100	5	95	7	35
合计	10	—	—	70

则业务考核成绩的平均差为：

$$A \cdot D=\frac{\sum|x-\bar{x}| \cdot f}{\sum f}=\frac{70}{10}=7\ （分）$$

又已知乙总体的平均分数也为 88 分，其平均差为 7.5 分，显然在两个总体均值相等的条件下，因为甲总体的平均差小于乙总体的平均差，所以可以得出结论：由于甲总体的业务考核成绩的离散程度小于乙总体，因而甲总体的业务考核平均成绩的代表性高于乙总体。

平均差的优点在于：由于它是根据全部标志值与平均数绝对离差计算出来的变异指标，因而能全面反映标志值的差异程度，而且它没有扩大和缩小离差，只是消除了离差的正负号；含义简明，易于理解；平均差比全距精确得多。平均差的缺点在于：由于数学处理上要考虑绝对值，计算中有诸多不便；统计量在性质上不是最优或最灵敏的，因而在实际中使用得不多。

3. 标准差

标准差（Standard Deviation）是数列中各单位标志值与其算术平均数离差平方和的算术平均数的开平方。标准差的平方即为方差。虽然标准差有计量单位，而方差无计量单位，但二者的作用一样，故在此仅介绍标准差。与平均差相比，标准差是用平方的方法消除正负号的。

标准差越大，表示标志值变异程度越大，各数据离均值越远，则平均数代表性就越低；反之，标准差越小，表示标志值变异程度越小，各数据密集于均值周围，则平均数代表性就越高。所以，标准差也可以计量数据的离中趋势或平均的差异程度。根据掌握的资料不同，标准差也有简单与加权两种计量形式。

（1）简单标准差（Simple Standard Deviation）。

简单标准差适用于未分组的资料。其计算公式为：

$$\sigma=\sqrt{\frac{\sum(x-\bar{x})^{2}}{n}} \tag{3.35}$$

式中：σ——标准差；

x——变量值；

$\bar{x}$——变量值的均值；

n——变量值的个数。

[例 3-28] 仍利用例 3-24 的资料，采用标准差方法分析甲、乙两名员工 5 日内某种产品销售量的离散程度及平均销售量的代表性。

第一步：计算简单算术平均数。据例 3-26 计算知：

$\bar{x}_{甲}=\bar{x}_{乙}=70$（台）

第二步：计算离差及离差的平方（见表 3-11）。

表 3-11 产品销售量标准差计算表

甲			乙		
日销量（台）x	离差 $x-\bar{x}$	离差的平方 $(x-\bar{x})^2$	日销量（台）x	离差 $x-\bar{x}$	离差的平方 $(x-\bar{x})^2$
50	−20	400	60	−10	100
60	−10	100	65	−5	25
70	0	0	70	0	0
80	10	100	75	5	25
90	20	400	80	10	100
合计	—	1 000	合计	—	250

第三步：计算简单标准差。

$$\sigma_{甲}=\sqrt{\frac{\sum(x-\bar{x})^2}{n}}=\sqrt{\frac{1\ 000}{5}}\approx 14.14\text{（台）}$$

$$\sigma_{乙}=\sqrt{\frac{\sum(x-\bar{x})^2}{n}}=\sqrt{\frac{250}{5}}\approx 7.07\text{（台）}$$

在甲、乙两名员工平均日销量相等的条件下，甲的标准差大于乙的标准差，故甲的平均日销量的代表性比乙的平均日销量的代表性小。

（2）加权标准差（Weighted Standard Deviation）。

加权标准差适用于已分组的资料。其计算公式为：

$$\sigma=\sqrt{\frac{\sum(x-\bar{x})^2 f}{\sum f}} \tag{3.36}$$

式中：σ—— 标准差；

x—— 变量值；

$\bar{x}$—— 变量值的均值；

$\sum f$——权数之和。

［例 3-29］ 根据例 3-12 业务考核资料计算成绩的标准差，不妨也将这一总体设为甲总体，同时假设存在着另一个类似的乙总体，其平均分数也为 88 分，其标准差为 8.26 分，试比较甲、乙两个总体平均分数代表性的大小。

由已知甲总体的平均分数为 88 分，甲总体的标准差计算过程见表 3-12。

表 3-12 业务考核成绩标准差计算表

分数	人数 f	组中值 x	离差平方 $(x-\bar{x})^2$	离差平方乘次数 $(x-\bar{x})^2 f$
70～80	2	75	169	338
80～90	3	85	9	27
90～100	5	95	49	245
合计	10	—	—	610

则业务考核成绩的标准差为：

$$\sigma=\sqrt{\frac{\sum(x-\bar{x})^2f}{\sum f}}=\sqrt{\frac{610}{10}}\approx 7.81\text{（分）}$$

又已知乙总体的平均分数也为 88 分，其标准差为 8.26 分，显然在两个总体均值相等的条件下，因为甲总体的标准差小于乙总体的标准差，所以可以得出结论：由于甲总体的业务考核成绩的离散程度小于乙总体，因而甲总体的业务考核平均成绩的代表性高于乙总体。

由两名员工日销售量及业务考核成绩的实例可以看出：只要两个总体的数据变动是均匀的，那么，无论是用全距，还是用平均差或标准差进行测算，其结论应当是一致的，尽管平均差或标准差对数据的处理更为全面。

标准差的优点是：由于它能充分地利用每一个变量值提供的信息，因此，它可以全面反映标志值的差异程度。利用平方的方法解决正负号的问题，便于进一步的数学运算。经过开方和平方的过程，增强了极端值对变异测度值的影响。正因为标准差与全距和平均差相比有这么多的优点，因而获得了广泛的应用。在实践中，常用标准差来测定员工收入分配的差异程度、劳动生产率的变异程度等。

4. 四分位差

将总体各单位的标志值按大小顺序排列，然后将数列分为四等分，形成三个分割点，即 Q_1，Q_2，Q_3，这三个分割点称为四分位数（quartile），其中第二个四分位数 Q_2 就是数列中的中位数 M_e。

四分位差就是第三个四分位数与第一个四分位数之差，用 Q. D.（Quartile Deviation）表示，公式为：

$$Q.D.=Q_3-Q_1 \tag{3.37}$$

或四分位差就是第三个四分位数与第一个四分位数之差的 1/2，其公式为：

$$Q.D.=\frac{Q_3-Q_1}{2} \tag{3.38}$$

这两种四分位差定义的统计意义类似，在此拟采用前者。四分位差舍去数列中最低的 1/4 和最高的 1/4 数值，仅用中间那部分标志值的全距来反映集中于数列中间 50%数值的差异程度。四分位差越大，表明 Q_1 与 Q_3 之间变量值分布越远离中点 Q_2（或 M_e），说明中位数的代表性越低；反之，四分位差越小，表明中位数的代表性越高。四分位差的计算分两种情况：

（1）根据未分组资料计算的四分位差。

［例 3-30］ 某部门 7 名员工的年龄分别为 17 岁、19 岁、22 岁、24 岁、25 岁、28 岁、34 岁，求其年龄的四分位差。

计算步骤为：

第一步：计算 Q_1 与 Q_3 的位置。

$$Q_1\text{ 的位置}=\frac{n+1}{4}=\frac{7+1}{4}=2$$

$$Q_3\text{ 的位置}=\frac{3(n+1)}{4}=\frac{3\times(7+1)}{4}=6$$

即 Q_1 与 Q_3 的位置分别为第二位和第六位。

第二步：确定 Q_1 与 Q_3 的数值。

$Q_1=19$（岁）

$Q_3=28$（岁）

即第二位和第六位对应年龄分别为 19 岁和 28 岁。

第三步：计算四分位差。

$Q.D.=Q_3-Q_1=28-19=9$（岁）

第四步：说明该部门有 50%的人年龄集中在 19 岁～28 岁，最大差异为 9 岁。

(2) **根据分组资料计算的四分位差。**

[例 3-31] 根据某车间工人日产量分组资料，如表 3-13 所示，计算四分位差。

表 3-13　某车间工人日产量分组资料

按日产量分组（个）	工人数（人）f	向上累计工人数（人）F
5～10	12	12
10～15	46	58
15～20	36	94
20～25	6	100
合计	100	—

计算步骤为：

第一步：确定 Q_1 与 Q_3 的位置。

$$Q_1\text{的位置}=\frac{\sum f}{4}=\frac{100}{4}=25$$

根据向上累计工人数可知 Q_1 在第二组，即 10～15 人。

$$Q_3\text{的位置}=\frac{3\sum f}{4}=\frac{3\times 100}{4}=75$$

根据向上累计工人数可知 Q_3 在第三组，即 15～20 人。

第二步：计算 Q_1 与 Q_3 的数值。

$$Q_1=L_1+\frac{\frac{\sum f}{4}-F_{Q_1-1}}{f_1}\times d_1$$

$$=10+\frac{\frac{100}{4}-12}{46}\times(15-10)\approx 11.4\text{（个）}$$

$$Q_3=L_3+\frac{\frac{3\sum f}{4}-F_{Q_3-1}}{f_3}\times d_3$$

$$=15+\frac{\frac{3\times 100}{4}-58}{36}\times(20-15)\approx 17.4\text{（个）}$$

式中：L_1 与 L_3——Q_1 与 Q_3 所在组的下限；

f_1 与 f_3——Q_1 与 Q_3 所在组的次数；

d_1 与 d_3——Q_1 与 Q_3 所在组的组距；

F_{Q_1-1} 与 F_{Q_3-1}——Q_1 与 Q_3 所在组的前一组的向上累计次数；

$\sum f$——总次数。

第三步：计算四分位差。

$$Q.D.=Q_3-Q_1=17.4-11.4=6\text{（个）}$$

第四步：分析计算结果。结果表明，有50%（一半）的工人的日产量分布在11.4～17.4个，且最大差异为6个。

四分位差的优点表现为不受两端各25%数值的影响，能对开口组数列的差异程度进行测度，可以衡量中位数代表性的高低。其缺点为不能反映所有标志值的差异程度。

（二）相对离中趋势的度量

1. 变异系数

绝对离中趋势度量的变异指标具有如下两个共性问题：

第一，绝对变异指标的大小与变量值平均水平有关。如果变量值的平均水平越大，绝对变异指标就会越大；反之亦然。所以，若两个总体的平均水平不等，就不能用绝对变异指标比较变量值的离散程度及平均指标的代表性。例如，我们不能直接用外企人员的年平均收入与工薪阶层人员的年平均收入进行对比，说明哪一个群体的平均收入代表性强或离散程度大，因为这两个群体的平均收入不同，不具有直接可比性。

第二，绝对变异指标的大小受计量单位、研究现象的影响。这是由于绝对变异指标的计量单位为有名数，因而不同现象、不同单位的绝对变异指标不能直接对比。例如，比较某一群体的平均身高和平均体重，问哪一个代表性强，就不能直接用绝对变异指标进行对比，因为这是两种不同的现象，而且计量单位也不同，前者用米，后者用千克。

为了解决这两个问题，于是引出了变异系数的概念。所谓变异系数（Coefficient of Variation）又称离散系数（Coefficient of Dispersion），是用以测定数据相对离差大小的变异指标。常用的有如下四种：

（1）全距系数（极差系数）（Coefficient of Range）。全距系数或极差系数就是将全距或极差除以相应的算术平均数，用以反映变量值离差的相对水平，其计量单位为百分比。其计算公式为：

$$V_R=\frac{R}{\bar{x}}\times 100\% \tag{3.39}$$

式中：V_R——全距系数或极差系数；

R——全距或极差；

$\bar{x}$——均值。

［例3-32］ 根据对某企业50名男员工及50名女员工工资的抽样调查资料显示：男员工组的平均月工资约为5 800元，月工资的全距为200元；女员工组的平均月工资约为4 600元，月工资的全距为150元。试问：男员工组与女员工组相比，哪组的平均

月工资代表性较强？

由于男员工组与女员工组的平均月工资不同，因此，应当用全距系数来比较两组平均月工资的代表性，即

$$V_{R男}=\frac{R_{男}}{\bar{x}_{男}}\times100\%=\frac{200}{5\,800}\times100\%\approx3.45\%$$

$$V_{R女}=\frac{R_{女}}{\bar{x}_{女}}\times100\%=\frac{150}{4\,600}\times100\%\approx3.26\%$$

可见，女员工组的全距系数小于男员工组的全距系数，故相对而言，女员工组的平均工资的代表性较强。

(2) 平均差系数（Coefficient of Average Deviation）。平均差系数就是将简单平均差及加权平均差分别除以相应的算术平均数，用以反映变量值离差的相对水平，其计量单位为百分比。其计算公式为：

$$V_{A\cdot D}=\frac{A\cdot D}{\bar{x}}\times100\% \tag{3.40}$$

式中：$V_{A\cdot D}$——平均差系数；

$A\cdot D$——简单平均差或加权平均差；

$\bar{x}$——均值。

[例 3-33] 根据某一抽样调查资料显示，熟练工组与新手组日加工零件资料如下：

熟练工组日加工零件（个）：161、163、165、167、169。

新手组日加工零件（个）：73、74、75、76、77。

经计算：

$\bar{x}_{熟}=165$（个）　　$A\cdot D_{熟}=2.4$（个）

$\bar{x}_{新}=75$（个）　　$A\cdot D_{新}=1.2$（个）

熟练工组的 $A\cdot D$ 大于新手组的 $A\cdot D$，能否说明熟练工组平均日加工零件数的代表性比新手组的平均日加工零件数的代表性弱呢？否。因为两组的平均日加工零件数不同，不宜直接对比，而应计算平均差系数，才能将二者进行对比，即

$$V_{A\cdot D熟}=\frac{A\cdot D_{熟}}{\bar{x}_{熟}}\times100\%=\frac{2.4}{165}\times100\%\approx1.45\%$$

$$V_{A\cdot D新}=\frac{A\cdot D_{新}}{\bar{x}_{新}}\times100\%=\frac{1.2}{75}\times100\%=1.60\%$$

计算结果表明，熟练工组的平均日加工零件数的代表性比新手组平均日加工零件数的代表性强，因为熟练工组的平均差系数小于新手组的平均差系数。

(3) 标准差系数（Coefficient of Standard Deviation）。标准差系数就是将简单标准差及加权标准差分别除以相应的算术平均数，用以反映变量值离差的相对水平，其计量单位为百分比。其计算公式为：

$$V_{\sigma}=\frac{\sigma}{\bar{x}}\times100\% \tag{3.41}$$

式中：V_{σ}——标准差系数；

σ——简单标准差或加权标准差；

$\bar{x}$——均值。

标准差系数是对相对离差的计量，是以算术平均数为中心，反映相对离差的大小。显然，标准差系数越小，数据分布就越集中；反之，数据分布就越分散。

[例 3-34] 某年某公司所有雇员的平均年薪金为 56 400 元，标准差为 4 089 元。这些雇员平均受教育年限为 16 年，标准差为 2 年。试问：雇员年薪金与受教育年限哪一个差异更大，均值的代表性更强？

由于年薪金与受教育年限的均值、计量单位、研究现象都不同，因此不能用标准差直接比较，而应当用标准差系数进行对比，即

$$V_{\sigma 年薪金}=\frac{\sigma}{\bar{x}}\times 100\%=\frac{4\ 089}{56\ 400}\times 100\%=7.25\%$$

$$V_{\sigma 受教育年限}=\frac{\sigma}{\bar{x}}\times 100\%=\frac{2}{16}\times 100\%=12.50\%$$

可见，年薪金的标准差系数小于受教育年限的标准差系数，因而年薪金的变异程度小于受教育年限的变异程度，雇员之间年薪金的差异程度小于受教育年限的差异程度，年薪金均值的代表性高于受教育年限均值的代表性。

（4）四分位差系数（Coefficient of Quartile Deviation）。四分位差系数就是将四分位差除以相应的中位数，用以反映变量值离差的相对水平，计量单位为百分比。其计算公式为：

$$V_{Q.D.}=\frac{Q.D.}{M_e}\times 100\% \tag{3.42}$$

式中：$V_{Q.D.}$——四分位差系数；

$Q.D.$——四分位差；

M_e——中位数。

[例 3-35] 甲部门 7 名员工和乙部门 8 名员工年龄的四分位差分别为 9 岁和 12.75 岁，中位数分别为 24 岁和 24.5 岁，求其年龄的四分位差系数，并说明哪个部门员工年龄的中位数的代表性较强。

由于两个部门员工年龄的中位数不同，因此，应当用四分位差系数来比较其年龄的中位数的代表性，即

$$V_{Q.D.甲}=\frac{9}{24}\times 100\%=37.50\%$$

$$V_{Q.D.乙}=\frac{12.75}{24.5}\times 100\%\approx 52.04\%$$

可见，甲部门员工年龄的四分位差系数小于乙部门员工年龄的四分位差系数，故相对而言，甲部门员工年龄的中位数代表性较强。

2. 异众比率

异众比率（Variation Ratio）是指非众数组次数与全部变量总次数的比率。比率越大，众数的代表性越弱；比率越小，众数的代表性越强。其计算公式为：

$$V_r=\frac{\sum f-f_m}{\sum f}=1-\frac{f_m}{\sum f} \tag{3.43}$$

式中：$\sum f$——全部变量值次数；

f_m——众数组次数。

［例 3－36］ 根据表 3－8 的数据资料计算异众比率。

$$V_r = \frac{36-16}{36} \approx 55.56\%$$

这说明非众数组次数与全部变量总次数的比率为 55.56%，异众比率相对较大，众数代表性不是很强。此外，也可以利用异众比率对不同总体或样本的离散程度进行比较。

本章小结

本章主要介绍的是人力资源静态统计分析方法，包括人力资源总量指标、人力资源相对指标、人力资源平均指标和人力资源变异指标四部分内容。其中，人力资源总量指标包括总体（单位）总量与（总体）标志总量，时期指标与时点指标，实物指标、价值指标与劳动量指标等内容。人力资源相对指标主要介绍了计划完成相对数、结构相对数、比例相对数、比较相对数、强度相对数、动态相对数等六种相对指标。人力资源平均指标主要介绍了算术平均数、调和平均数、几何平均数、中位数、众数等五类指标。人力资源变异指标则介绍了绝对离中趋势的度量中的全距、平均差、标准差和四分位差四类变异指标，以及相对离中趋势的度量中的变异系数及异众比率两个指标。

关键概念

人力资源总量指标	总体（单位）总量	（总体）标志总量
时期指标	时点指标	实物指标
价值指标	劳动量指标	人力资源相对指标
计划完成相对数	结构相对数	比例相对数
比较相对数	强度相对数	动态相对数
人力资源平均指标	算术平均数	调和平均数
几何平均数	中位数	众数
人力资源变异指标	全距	平均差
标准差	四分位差	变异系数
异众比率		

复习题

1. 甲公司雇员的平均年薪金为 26 840 元，标准差为 653 元。乙公司雇员的平均年薪金为 32 450 元，标准差为 785 元。试问：哪个公司雇员年薪金差异更大，均值的代表性更高？

2. 设某企业近 5 年产值增长率分别为 2.7%、4.6%、5.9%、6.1%、5.8%，则这 5 年的产值年平均增长率是多少？

讨论及思考题

1. 总量指标有哪几种分类？
2. 运用相对指标时应注意哪些问题？
3. 平均指标的作用有哪些？

第四章

人力资源动态统计分析方法

■要点提示

◇ 时间数列

◇ 时期数列和时点数列

◇ 时期指标动态数列序时平均数和时点指标动态数列序时平均数

◇ 相对指标和平均指标序时平均数

◇ 增长量分析

◇ 发展速度分析

◇ 指数分析

■ 内容引言

统计指数从18世纪中叶物价指数产生开始，迄今已有近三百年的历史了。随着历史的推移，统计指数的应用不断推广到经济领域的各个方面，因而统计指数的概念也不断扩大和完善。当今在我国统计界一般认为：统计指数是研究社会经济现象数量方面时间变动状况和空间对比关系的分析方法。本章主要介绍动态统计分析的方法，具体应用到人力资源中各个领域的方法将在后面几章详细介绍。

第一节 时间数列概述

一、时间数列的概念和用途

时间数列是将某种人力资源的指标值按时间的先后顺序进行排列，又称动态数列。编制时间数列的目的在于研究人力资源发展变化的规律，进行趋势预测，为政府或企业制订经济计划、相关政策和经营方针提供依据。

时间数列由两个基本因素构成：一是人力资源所属的时间；二是人力资源某一统计指标在各个时间达到的水平。如表4-1所示，人力资源所属的时间为2013—2020年，指标是员工数量，指标各项数值反映了2013—2020年某企业员工数量的发展变化情况。

表4-1 2013—2020年某企业员工数量

年份	2013	2014	2015	2016	2017	2018	2019	2020
员工人数（百人）	110.4	147.0	125.7	134.1	157.2	189.4	187.6	199.1

时间数列主要有如下用途：

（1）时间数列可以描述现象在具体的时间条件下的发展状况和结果。

（2）利用时间数列资料可进行各种动态对比分析，研究现象发展变化的方向和程度。

（3）利用时间数列可以分析现象的发展变化趋势及其规律，比如事物发展的长期趋势、季节变动规律等。

（4）利用时间数列，根据对现象发展变化趋势与规律的分析，可以进行动态预测。

二、时间数列的种类

人力资源统计指标有三种形式：总量指标、相对指标和平均指标。由这三种指标表现出来的时间数列，相应地也有三种，即总量指标动态数列、相对指标动态数列和平均指标动态数列。总量指标动态数列是最基本的动态数列，相对指标动态数列和平均指标动态数列是由总量指标动态数列派生的。

（一）总量指标动态数列

由总量指标数值构成的动态数列就是总量指标动态数列。表4-1就是一个总量指标动态数列。这种数列表明绝对水平的变化情况。根据指标性质不同，总量指标动态数列可以分为时期数列和时点数列。

1. 时期数列

时期数列是由时期指标构成的动态数列，它反映了现象在各段时期达到的水平和发展变化。时期数列有以下三个特点：

（1）不同时期的统计数据相加具有实际意义。相加后的结果表示现象在更长的时期内发展变化过程的累积总量。

（2）数列中统计数值的大小与时期的长短有直接关系。“时期”是指每一个统计值所涉及的时间长度，即它的计算期。一般来说，时期越长，数据越大。

（3）数列中的统计数据通过连续不断登记得到。

2. 时点数列

由时点指标构成的动态数列称为时点数列，它反映了人力资源在各个时间点上的水平，表4-2就是时点数列。时点数列有以下三个特点：

（1）时点数列中各项数据相加没有实际意义。

（2）时点数列中各数据的大小与间隔长短没有直接关系。

（3）时点数列中的数据是通过间断性调查登记取得的。

表4-2 我国手机用户数量

年份	2011	2012	2013	2014	2015	2016	2017	2018	2019	2020
手机用户（亿户）	0.43	0.85	1.21	2.00	2.50	3.00	3.93	4.40	4.87	4.98

（二）相对指标动态数列

相对指标动态数列是由一系列相对指标构成的动态数列，用来表明现象数量对比关系的发展变化情况，说明人力资源比例关系、结构、速度的发展变化过程。表4-3是由某城市居民不同时间点上网游玩家参与率这一相对指标构成的时间数列，从中可以看出玩家们最喜欢在哪个时段玩游戏。

表4-3 不同时点网游玩家参与率

时间	网游玩家参与率（%）
2:00	5.99
4:00	5.36
6:00	4.85
8:00	4.48
10:00	7.05
12:00	6.80

续表

时间	网游玩家参与率（%）
14:00	7.77
16:00	7.89
18:00	7.12
20:00	14.20
22:00	16.31
24:00	12.11

（三）平均指标动态数列

平均指标动态数列是由平均指标构成的动态数列，表明现象平均水平的变化过程。平均指标动态数列举例，如表 4-4 所示。

表 4-4　某企业员工平均月工资

年份	2015	2016	2017	2018	2019	2020
平均工资（元）	4 354	4 377	4 429	4 512	4 681	4 732

相对指标和平均指标都是由两个指标值相比求得的，所以两个时期数列、两个时点数列或一个时期和一个时点数列都可以编制相对指标数列和平均指标数列。

三、时间数列的编制原则

为使时间数列正确地反映现象的发展变化过程，必须遵循动态数列的编制原则，其中心问题就是要保持数列中各个指标之间的可比性。这里的可比性包括以下三点：

（1）时期数列中各指标的时期长短应当前后一致，这是因为时间数列的大小与现象所属时间的长短密切相关，时间长，指标数值就大，反之就小。时期长短不一，就很难说明问题。时点指标值反映现象在某一时间点的状态，两时点间隔时间长短对时点指标数值影响不大。但也不能把这一原则绝对化，有时为分段说明不同时期的发展水平，也可以编制时期长短不等的时间数列，这需要根据研究问题的目的来确定。

（2）动态数列中各个指标所说明的总体范围应前后一致。例如，要研究一个地区投资额的变化情况，就必须保证该地区在时间前后有相同的管辖范围，如有变动，应进行调整。

（3）动态时间数列计算口径和方法要一致。如果方法不同，各时间点上指标所包含的内容就不一致，这样的动态时间数列就没有意义。例如，员工数是否包括临时雇佣员工，前后应该统一。

第二节　发展水平分析

为了研究人力资源的发展变化情况，需要对时间数列的一些分析指标进行计算。人力资源动态统计分析方法主要包括发展水平分析、发展速度分析和人力资源指数分析三种。本节仅介绍发展水平分析，其余的分析方法将在以后各节分别介绍。

一、发展水平

发展水平是时间数列中每一项具体的指标数值，反映了人力资源在不同时期达到的规模水平。它是分析时间数列的最基本指标，是其他分析指标的基础。

发展水平一般指总量指标，但也包括相对指标和平均指标。表 4－3 和表 4－4 是分别由相对指标和平均指标构成的动态数列，其发展水平就是动态数列的具体数值。如表 4－4 中，2020 年企业员工的平均月工资是 4 732 元，该指标值就是 2020 年的发展水平。

在时间数列里，由于发展水平所处的位置不同，有最初水平和最末水平、报告期水平和基期水平之分。最初水平是指一个时间数列资料中，处在第一个时间上的数值。最末水平是处在最后时间上的数值。在对比两个时间的发展水平时，作为对比基础时期的发展水平称为基期水平，作为研究时期的发展水平称为报告期水平。应该指出，基期水平和报告期水平都不是固定的，要根据研究问题的目的确定。

例如表 4－5 中，1 月份的出勤率 98.2％是最初水平。12 月份出勤率 99.9％是最末水平。在这个资料中，要分析 1—12 月份该企业员工出勤率的发展变化情况，1 月份的出勤率 98.2％是基期水平，和最初水平一致。12 月份的出勤率 99.9％是报告期水平，和最末水平相同。但是，如果对比 2 月份到 11 月份出勤率的变化，则 2 月份的出勤率为基期水平，而报告期是 11 月份的出勤率。由此可见，在一个动态数列中，最初水平和最末水平是固定的，而基期水平和报告期水平会随着研究问题的变化而变化。

表 4－5　某企业某年各月员工出勤率

月份	1	2	3	4	5	6	7	8	9	10	11	12
出勤率（％）	98.2	98.8	99.1	99.5	98.9	99.6	99.9	100.0	100.0	99.3	99.8	99.9

二、平均发展水平

平均发展水平是动态数列中各个不同时期发展水平的平均数，又称为序时平均数。这里所讲的平均数与前面的平均数有共同之处，它们都是将个别的数量差异抽象化，反映特定历史条件下现象的一般水平。而序时平均数所平均的对象是现象在不同时间上的数量，表明在一段时期内现象的一般水平。

序时平均数可以对总量指标动态数列进行计算，也可以对相对指标和平均指标动态数列进行计算。由于相对指标动态数列和平均指标动态数列都是由总量指标派生出来的，因此，解决总量指标序时平均数计算是解决其他两个时间数列平均数计算的关键。

（一）总量平均序时平均数

总量指标按其性质分为时期指标和时点指标，由于两种指标的性质不同，因而在计算序时平均数时采用的方法也不同。下面分别予以介绍。

1. 时期指标动态数列序时平均数

计算时期指标动态数列序时平均数，一般采用简单算术平均数法。其计算公式为：

$$\bar{a}=\frac{a_1+a_2+\cdots+a_n}{n}=\frac{\sum_{i=1}^{n}a_i}{n} \tag{4.1}$$

式中：$\bar{a}$ ——序时平均数；

a_i——各时期发展水平；

n——时期数。

仍以表 4-5 的资料为例，计算时期指标序时平均数。

$$\bar{a}=\frac{98.2+98.8+99.1+99.5+98.9+99.6+99.9+100.0+100.0}{12}$$

$$+\frac{99.3+99.8+99.9}{12}$$

$$\approx 99.42\ (\%)$$

2. 时点指标动态数列序时平均数

由于时点指标表示人力资源在某一时点上的规模或水平，因而不可能取得一段时期内某一现象的全部时点资料。两个相邻的时点指标中间，总是间隔着一段时间。在实际统计工作中，假定在相邻时点之间现象是均匀变动的，时点数列序时平均数是在假定条件下推算出的近似数值。

［例 4-1］ 某一建筑企业流动资金占用情况如表 4-6 所示，计算该企业各季和全年流动资金占用额。

表 4-6　某建筑企业流动资金占用情况

时间	2019 年				2020 年
	1 月 1 日	4 月 1 日	7 月 1 日	10 月 1 日	1 月 1 日
流动资金占用额（万元）	16	15	17	18	16

解：

$$第一季度流动资金平均占用额=\frac{16+15}{2}=15.5\ (万元)$$

$$第二季度流动资金平均占用额=\frac{15+17}{2}=16\ (万元)$$

$$第三季度流动资金平均占用额=\frac{17+18}{2}=17.5\ (万元)$$

$$第四季度流动资金平均占用额=\frac{18+16}{2}=17\ (万元)$$

把上面的结果合并起来计算全面流动资金平均占用额为：

$$全年流动资金平均占用额=\frac{\frac{16+15}{2}+\frac{15+17}{2}+\frac{17+18}{2}+\frac{18+16}{2}}{4}$$

$$=15.5+16+17.5+17$$

$$=16.5\ (万元)$$

上面的计算过程用公式表示为：

$$\bar{a}=\frac{\frac{a_0+a_1}{2}+\frac{a_1+a_2}{2}+\cdots+\frac{a_{n-1}+a_n}{2}}{n} \tag{4.2}$$

应注意式 (4.2) 中分子是 $n+1$ 项，分母是 n，如果分子为 n 项，则分母为 $n-1$，依此类推。可见，其计算特点为分子反映时间数列的项数，分母反映时间数列的间隔数，这是间断时间数列间隔相等条件下计算序时平均数公式的主要特点。

当各个相邻时点的间隔不等时，不能采用上述公式计算序时平均数，应用时间间隔作为权数，计算加权序时平均数。如果以 t 来代表时间间隔数，则其计算公式为：

$$\bar{a}=\frac{\frac{a_0+a_1}{2}t_1+\frac{a_1+a_2}{2}t_2+\cdots+\frac{a_{n-1}+a_n}{2}t_n}{\sum t} \tag{4.3}$$

［例 4－2］　某公司职工人数资料如表 4－7 所示，计算序时平均数。

表 4－7　2020 年某公司职工人数资料

日期	6 月 30 日	10 月 31 日	12 月 31 日
职工人数（人）	1 500	1 480	1 524

$$\text{下半年平均职工人数}=\frac{\frac{1\,500+1\,480}{2}\times 4+\frac{1\,480+1\,524}{2}\times 2}{4+2}$$

$$=\frac{5\,960+3\,004}{6}=1\,494\text{（人）}$$

总量指标动态数列计算序时平均数的三个公式，是计算人力资源平均发展水平的基本方法。计算相对指标和平均指标动态序时平均数，也要以这些方法为基础。

（二）相对指标和平均指标序时平均数

相对指标和平均指标都是由两个指标相比得到的，按照数列的性质，不能把平均指标或相对指标直接进行平均对比，而应分别计算分子、分母两个指标的序时平均数，然后加以对比，即可求出相对指标或平均指标的序时平均数。

（1）由两个时期数列对比形成的相对指标或平均指标动态数列计算序时平均数。设 a 代表分子指标，b 代表分母指标，则序时平均数 $\bar{c}$ 的计算公式为：

$$\bar{c}=\frac{\frac{a_1+a_2+\cdots+a_n}{n}}{\frac{b_1+b_2+\cdots+b_n}{n}}=\frac{\frac{\sum a}{n}}{\frac{\sum b}{n}}=\frac{\bar{a}}{\bar{b}} \tag{4.4}$$

［例 4－3］　根据表 4－8 的数据计算 2016—2019 年某地区研究生入学考试平均录取率。

表 4－8　某地区研究生入学考试录取情况

年份	报名人数（万人）	录取人数（万人）	报名录取比例（%）
2019 年	176.0	53.90	30.63
2018 年	165.6	51.70	31.22
2017 年	151.1	49.50	32.76
2016 年	140.6	47.40	33.71

$$\bar{c}=\frac{\frac{53.9+51.7+49.5+47.4}{4}}{\frac{176+165.6+151.1+140.6}{4}}\approx 31.98\%$$

从上式可以看出，计算程序是先序时平均再对比。

（2）由两个时点指标数列对比形成的相对指标或平均指标动态数列计算序时平均数。时间间隔相等时，可以采用下列公式：

$$\bar{c}=\frac{\dfrac{\dfrac{1}{2}a_0+a_1+a_2+\cdots+a_{n-1}+\dfrac{1}{2}a_n}{n}}{\dfrac{\dfrac{1}{2}b_0+b_1+b_2+\cdots+b_{n-1}+\dfrac{1}{2}b_n}{n}}=\frac{\bar{a}}{\bar{b}} \tag{4.5}$$

［例 4－4］ 根据表 4－9 的资料计算第二季度定额流动资金占全部流动资金的平均比重。

表 4－9 某企业 2020 年第二季度流动资金占用的情况 单位：万元

月份	定额流动资金占用额 a	全部流动资金占用额 b	定额流动资金占用额占全部流动资金的比例（%）$\left(c=\frac{a}{b}\right)$
4 月初	160.00	200.00	80.00
5 月初	199.00	237.00	83.97
6 月初	200.00	216.00	92.60
7 月初	180.00	206.00	87.38
第二季度平均占用	189.67	218.67	86.74

解：

$$\text{第二季度定额流动资金占全部流动资金的平均比重}=\frac{\dfrac{\dfrac{1}{2}\times160+199+200+\dfrac{1}{2}\times180}{3}}{\dfrac{\dfrac{1}{2}\times200+237+216+\dfrac{1}{2}\times206}{3}}$$

$$\approx86.74\%$$

对相邻时点间隔不等的数列，需用时间间隔作为权数，计算加权序时平均数。其计算公式为：

$$\bar{c}=\frac{\dfrac{\dfrac{a_0+a_1}{2}t_1+\dfrac{a_1+a_2}{2}t_2+\cdots+\dfrac{a_{n-1}+a_n}{2}t_n}{\sum t}}{\dfrac{\dfrac{b_0+b_1}{2}t_1+\dfrac{b_1+b_2}{2}t_2+\cdots+\dfrac{b_{n-1}+b_n}{2}t_n}{\sum t}} \tag{4.6}$$

（3）由一个时期数列和一个时点数列对比形成的相对指标或平均指标动态数列计算序时平均数。其方法是首先分别计算时点数列和时期数列序时平均数，然后再对比计算。其计算公式为：

$$\bar{c}=\frac{\dfrac{\sum a}{n}}{\dfrac{\dfrac{1}{2}b_0+b_1+b_2+\cdots+b_{n-1}+\dfrac{1}{2}b_n}{n}} \tag{4.7}$$

或 $$\bar{c}=\frac{\dfrac{\dfrac{1}{2}a_0+a_1+a_2+\cdots+a_{n-1}+\dfrac{1}{2}a_n}{n}}{\dfrac{\sum b}{n}} \tag{4.8}$$

［例 4-5］ 以表 4-10 和表 4-11 的资料为例说明上述公式的应用。

表 4-10 某企业 2019 年 1 月—2020 年 1 月劳动资料

时间	2019 年				2020 年
	1 月 1 日	4 月 1 日	7 月 1 日	10 月 1 日	1 月 1 日
工人人数（人）	100	110	104	112	110

表 4-11 某企业 2019 年产值资料

时间	第一季度	第二季度	第三季度	第四季度
工业总产值（万元）	15	16	15	18

$$全年劳动生产率=\frac{\dfrac{(15+16+15+18)\times 10\ 000}{4}}{\dfrac{\dfrac{1}{2}\times 100+110+104+112+\dfrac{1}{2}\times 110}{4}}$$

$$\approx 1\ 484.92（元/人·年）$$

三、增长量分析

（一）增长量

增长量是用来说明某种人力资源现象在一定时期内增长的绝对量，它是报告期水平与基期水平之差，反映报告期比基期增长的绝对量。如果报告期水平大于基期水平，增长量为正值，说明现象在一定时期内是增长的；反之，则为负值，说明现象水平是下降的。正因如此，增长量有时也称为增减量，其计算公式为：

$$增长量=报告期水平-基期水平 \tag{4.9}$$

由于选择的基期不同，增长量又分为逐期增长量和累积增长量。逐期增长量是报告期与前一期水平的差额，说明现象逐期增长的绝对数量。

逐期增长量计算公式为：

$$a_1-a_0,a_2-a_1,\cdots,a_i-a_{i-1},\cdots,a_n-a_{n-1} \tag{4.10}$$

累积增长量是报告期水平与某一固定时期水平（通常为最初水平）的差额，说明本期比某一固定时期增长的绝对数量，即在某一段较长时期内总的增长量。

累积增长量计算公式为：

$$a_1-a_0,a_2-a_0,\cdots,a_i-a_0,\cdots,a_n-a_0 \tag{4.11}$$

从累积增长量和逐期增长量的公式可以看出，累计增长量等于逐期增长量之和，即

$$\begin{aligned}a_n-a_0&=(a_1-a_0)+(a_2-a_1)+\cdots+(a_n-a_{n-1})\\&=-a_0+(a_1-a_1)+(a_2-a_2)+\cdots+(a_{n-1}-a_{n-1})+a_n\\&=a_n-a_0\end{aligned} \tag{4.12}$$

[例 4-6] 某地区 2014—2019 年研究生入学考试报名情况的增长量，如表 4-12 所示。

表 4-12 某地区 2014—2019 年研究生入学考试报名情况　　单位：万人

年份		2014 年	2015 年	2016 年	2017 年	2018 年	2019 年
报名人数		120.0	124.6	140.6	151.1	165.6	176.0
增长量	逐期	—	4.6	16.0	10.5	14.5	10.4
	累积	—	4.6	20.6	31.1	45.6	56.0

表 4-12 中，2014—2019 年研究生入学考试报名人数逐期增长量之和为：

$$4.6+16+10.5+14.5+10.4=56\text{（万人）}$$

计算表明 2014—2019 年逐期增长量之和等于最末期累计增长量。

（二）平均增长量

平均增长量是用来说明社会经济现象在一定时期内平均每期增长的绝对数量，其计算公式为：

$$\text{平均增长量}=\frac{a_n-a_0}{n} \tag{4.13}$$

式中：a_0——最初水平；

a_n——最末水平；

n——逐期增长量个数，也是 a_n 的序号。

第三节 发展速度分析

反映人力资源在时间上相对变化情况的分析指标有两组：一是发展速度和增长速度；二是平均发展速度和平均增长速度。

一、发展速度和增长速度

（一）发展速度

发展速度是人力资源在一段时期变动程度的相对指标，它反映了现象报告期水平已经发展到基期水平的若干倍（或百分之几），其计算公式为两个时期水平之比。

$$\text{发展速度}=\frac{\text{报告期水平}}{\text{基期水平}}\times100\% \tag{4.14}$$

[例 4-7] 根据表 4-13 的资料计算 2016—2020 年某企业资产的发展速度。

表 4-13 2016—2020 年某企业资产总值

年份	2016	2017	2018	2019	2020
资产总值（亿元）	20.3	25.8	38.8	42.7	65.0

$$\text{发展速度}=\frac{65.0}{20.3}\times100\%\approx320.20\%$$

计算表明，2020 年该企业资产总值相当于 2016 年的 3.202 倍。

根据对比的基期不同，发展速度可以分为定基发展速度和环比发展速度。

定基发展速度是报告期水平与某一固定时期水平之比，用来说明报告期水平已经达到固定时期水平的百分比（或倍数），有时也叫作“总速度”。其计算公式为：

$$\frac{a_1}{a_0},\frac{a_2}{a_0},\frac{a_3}{a_0},\cdots,\frac{a_n}{a_0} \tag{4.15}$$

环比发展速度是报告期水平与其前一期水平之比，基期随着报告期改变而相应变化，用来反映某种现象的逐期发展速度，也可以叫作“年速度”。其计算公式为：

$$\frac{a_1}{a_0},\frac{a_2}{a_1},\frac{a_3}{a_2},\cdots,\frac{a_n}{a_{n-1}} \tag{4.16}$$

[例 4-8] 根据表 4-13 的资料，计算定基发展速度和环比发展速度，如表 4-14 所示。

表 4-14 2016—2020 年某企业资产总值

年份		2016	2017	2018	2019	2020
资产总值（亿元）		20.3	25.8	38.8	42.7	65.0
发展速度（%）	定基	100.00	127.09	191.13	210.34	320.20
	环比	—	127.09	150.39	110.05	152.22

从表 4-14 可以看到，2020 年的定基发展速度为 320.20%，而 2016—2020 年 4 年间的环比发展速度的乘积为：

$$127.09\%\times150.39\%\times110.05\%\times152.22\%\approx320.20\%$$

计算表明，各个环比发展速度的连乘积恰好等于最末期的定基发展速度。

（二）增长速度

增长速度是人力资源的增长量与基期水平之比，用来说明某种人力资源现象的增长程度。其计算公式为：

$$增长速度=\frac{a_n-a_0}{a_0}\times100\%=\frac{a_n}{a_1}\times100\%-100\% \tag{4.17}$$

公式（4.17）表明增长速度与发展速度反映的问题一样，只不过发展速度是包括了基期发展水平在内的报告期水平同基期水平之比，而增长速度则不包括基期水平的增长量同基期水平之比。增长速度同发展速度一样也有定基和环比之分。公式为：

$$定基增长速度=\frac{a_n-a_0}{a_0}\times100\% \tag{4.18}$$

$$环比增长速度=\frac{a_i-a_{i-1}}{a_{i-1}}\times100\%\ (i=1,\ 2,\ \cdots,\ n) \tag{4.19}$$

在计算环比和定基增长速度时，应当特别注意：定基增长速度不等于环比增长速度连乘积。

二、平均发展速度和平均增长速度

为了观察某种人力资源现象在一个较长时期内逐年平均发展变化的程度，需要计算平均发展速度和平均增长速度指标，这是动态统计研究中非常重要的两个指标。平均发展速度和平均增长速度有两种计算方法，即几何平均法（也称水平法）和方程法（也称累计法）。本书主要介绍几何平均法。

现象发展的平均速度，多采用几何平均法计算。因为现象发展的总速度，不等于各年发展速度之和，而等于各年环比发展速度的连乘积。基于这一理论，计算环比发展速度的平均数，不能采用算术平均数法计算，只能用几何平均数公式。

（一）平均发展速度

若以 X 表示各时期环比发展速度，n 表示环比发展速度的时期数，$\prod$ 为连乘积符号。则平均发展速度 $\overline{X_G}$ 的计算公式为：

$$\overline{X}_G = \sqrt[n]{X_1 \cdot X_2 \cdot X_3 \cdots X_N} = \sqrt[n]{\prod X} \tag{4.20}$$

或

$$\overline{X}_G = \sqrt[n]{\frac{a_1}{a_0} \times \frac{a_2}{a_1} \times \frac{a_3}{a_2} \times \cdots \times \frac{a_n}{a_{n-1}}} \times 100\% = \sqrt[n]{\frac{a_n}{a_0}} \times 100\% \tag{4.21}$$

公式（4.20）和公式（4.21）内容一样，可根据占有资料的不同进行选择。当具备各期环比速度资料时，可以采用式（4.20）；当掌握报告期水平和基期水平资料时，采用式（4.21）更为简便。

（二）平均增长速度

平均增长速度的计算公式为：

$$\begin{aligned}\text{平均增长速度} &= \text{平均发展速度} - 100\% \\ &= \sqrt[n]{\frac{a_n}{a_0}} \times 100\% - 100\% \end{aligned} \tag{4.22}$$

[例 4-9] 某产品 2010—2020 年代销点数如表 4-15 所示，计算其平均发展速度。

表 4-15　某产品 2010—2020 年代销点数

单位：个

年份	2010	2011	2012	2013	2014	2015
代销点数	190 057	322 566	315 033	314 097	300 996	324 771
年份	2016	2017	2018	2019	2020	
代销点数	330 348	306 038	291 323	297 540	298 997	

根据表 4-15 中的资料计算平均发展速度：

$$\overline{X}_G = \sqrt[10]{\frac{298\ 997}{190\ 057}} \times 100\% \approx 104.64\%$$

计算表明，2010—2020 年该产品代销点数的平均发展速度为 104.64%，则平均增长速度为：

$$\overline{X}'_G = 104.64\% - 100\% = 4.64\%$$

2010—2020 年，该产品代销点数的平均增长速度为 4.64%。

在计算和利用平均发展速度与平均增长速度分析问题时应注意：平均发展速度大于 100%时，平均增长速度为正数，它表明现象在一定时期内逐期平均递增的程度。当平均发展速度小于 100%时，平均增长速度为负数，表明现象逐期平均递减的程度。另外还要注意，在分析问题时，要把平均速度指标同各期环比速度和绝对量结合起来使用，这是因为平均速度指标的实质是最末期水平同最初期水平之比的平均数，不能反映中间时期的起伏变化。

同时，平均速度指标是一个相对数，不同水平的现象每变化1%的绝对量是不同的，这一点只从平均速度上是看不出来的。

$$增长1\%的绝对值=\frac{逐期增长量}{环比增长速度\times 100}=\frac{前期水平}{100}$$

例如，某建筑公司有甲、乙两个建筑企业，建筑业总产值2019年分别为300万元、700万元，2020年分别为350万元、780万元。根据上述资料可以计算出甲企业年产值增加50万元，增长16.67%，每变化1%的绝对量约为3.00（50÷16.67）万元。乙企业年产值增加80万元，增长11.43%，每增长1%的绝对量约为7.00（80÷11.43）万元。通过上述计算，不仅可以说明各建筑企业每增长1%所增加的产值数，而且反映了不同基期水平建筑企业指标值的增长变化。上面的计算结果表明，甲企业的增长速度虽然快于乙企业，但每增长1%的绝对量不如乙企业，原因是两个建筑企业的基期水平不同。因此，必须把平均速度同环比速度、绝对量指标结合起来使用，以便全面深入地分析问题。

应该指出，在制订长期计划时，常用的方法有水平法和累计法。水平法指规定现象最后一个时期所应达到的水平。累积法指各年根据平均发展速度计算的累计总和与各年实际所具有的水平总和一致。若用水平法确定计划，则计算平均发展速度应采用几何平均数求得。例如，某企业2019年产值为7.4亿元，计划到2025年达到15亿元，计算平均发展速度或平均速度就要用几何平均数法。

平均发展速度为：

$$\overline{X}_G=\sqrt[6]{\frac{15}{7.4}}\times 100\%\approx 112.50\%$$

平均增长速度为：

$$\overline{X}'_G=\sqrt[6]{\frac{15}{7.4}}\times 100\%-100\%\approx 12.50\%$$

如果要按期完成计划，每年年产值要递增12.5%。如果用累计法确定发展计划，需要用方程法计算平均发展速度。

拓展阅读

根据我国《2020年国民经济和社会发展统计公报》数据显示，2020年城镇新增就业1 186万人，比上年少增166万人。年末全国城镇调查失业率为5.2%，城镇登记失业率为4.2%。全国农民工总量28 560万人，比上年下降1.8%。其中，外出农民工16 959万人，下降2.7%；本地农民工11 601万人，下降0.4%。

请分析哪些指标是发展水平、增长量、发展速度、增长速度。

第四节　人力资源指数分析

一、人力资源指数的概念

从广义上讲，凡是反映人力资源变动的相对指标都是人力资源指数。在这种意义上，人力资源统计动态分析法中的发展速度、增长速度也可称为人力资源指数。狭义的人力资源指数，是指研究人力资源综合变动的相对指标。

在人力资源统计中，有些复杂总体是由两个或两个以上的因素构成的。例如，人力资源成本由单位人力资源成本和人数两个因素构成，工资总额是由平均工资和人数两个因素构成，日历工时是由计算期平均人数、计算期日历天数和工作日工作时间三个因素构成等。这种复杂的经济现象，往往表现为：

（1）总量等于影响它的各因素的乘积。

$$人力资源成本=单位人力资源成本\times人数 \tag{4.23}$$

$$日历工时=计算期平均人数\times计算期日历天数\times\begin{matrix}计算期工作日\\工作时间\end{matrix} \tag{4.24}$$

$$工资总额=平均工资\times人数 \tag{4.25}$$

（2）构成总体的各要素不能直接相加。

如不同产品产量、价格、原材料等不能直接相加。这是因为不同产品具有不同的使用价值，不同价格水平的产品其计算单位和经济含义也各不相同，因此，将各种产品的产量或价格直接相加不具有任何经济意义。这种不能直接相加对比的情形，统计上称为不可同度量。但是，在人们的认识活动中，又需要从总体上反映和认识这类现象的变动，统计指数就是要对这些不能直接相加的人力资源现象进行综合分析，以反映现象的总体变动情况。

二、人力资源统计指数的种类

（一）个体指数和总指数

按照指数研究对象所包括范围的不同，可以把指数分为个体指数和总指数。

个体指数是说明个别现象变动的相对指标。例如，个体建筑材料价格指数，是说明某一种原材料价格变动情况的。计算个体指数是比较简单的，只需要直接把某一指标的报告期水平与基期水平进行对比就可以得到。总指数是表明总体现象变动的相对指标。例如，建筑产品产量总指数，是说明多种建筑材料价格的平均变动情况的。由于不同产品的使用价值不同、计量单位不同，因而各产品的产量、价格是不能直接相加的。把这些不能直接相加的经济现象过渡到可以直接相加，是指数分析法的任务。

（二）简单指数和加权指数

在计算总指数时，有简单指数和加权指数之分。

1. 简单指数

所谓简单指数，就是以某项指标的报告期水平与基期水平简单地综合对比的方法。以计算价格指数为例，在历史上曾提出过六种方法。

（1）简单综合法。该方法由法国人杜托（Dutor）于1738年提出，其计算公式为：

$$\overline{K}_p=\frac{p_{11}+p_{12}+p_{13}+\cdots+p_{1n}}{p_{01}+p_{02}+p_{03}+\cdots+p_{0n}}=\frac{\sum P_{1i}}{\sum P_{0i}} \tag{4.26}$$

式中：p_{1i}——各种商品的报告期单价；

p_{0i}——各种商品的基期单价；

$\overline{K}_P$——价格指数。

（2）简单算术平均法。简单算术平均法由意大利人卡里（Carii）于1746年提出并应用，其计算公式为：

$$\overline{K}_p=\frac{K_1+K_2+K_3+\cdots+K_n}{n}=\frac{\sum K_i}{n}\quad(i=1,2,3,\cdots,n)\tag{4.27}$$

式中：K_i——各种商品的个体价格指数；

n——计算价格指数的商品数。

（3）几何平均法。几何平均法由英国人杰文斯（W. S. Jevons）于1863年提出并应用，其计算公式为：

$$\overline{K}_p=\sqrt[n]{K_1\cdot K_2\cdot K_3\cdots K_n}=\sqrt[n]{\prod K_i}\tag{4.28}$$

式中：$\prod$——连乘符号；

K_i——第i种商品价格指数。

（4）简单调和平均数法。简单调和平均数法是根据商品单项价格指数，按照调和平均的算法计算简单平均数。其计算公式为：

$$\overline{K}_p=\frac{n}{\sum\frac{1}{K_i}}\tag{4.29}$$

式中：K_i——第i种单项商品价格指数。

（5）简单中数法。简单中数法也称为中价法，是以商品单项价格指数中的中位数作为各单项价格指数的总指数。其计算公式为：

$$\overline{K}_p=\left(\frac{p_1}{p_0}\right)_{M_e}\tag{4.30}$$

式中：M_e——中位数。

（6）简单众数法。简单众数法是以商品单项价格指数的众数作为各单项价格指数的总指数。其计算公式为：

$$\overline{K}_p=\left(\frac{p_1}{p_0}\right)_{M_0}\tag{4.31}$$

式中：M_0——众数价格指数。

应当指出，这些方法意义明确、简便易行，但是缺点甚多，如个别商品价格的大小直接影响指数，对于商品的相对重要性未予以考虑。因此，简单指数已不大为人所用。

2. 加权指数

所谓加权指数，就是将个体指数运用加权平均方法计算总指数。如综合指数、加权平均指数、平均指标指数等都是加权指数。

人力资本指数也是一种加权指数，其计算公式为：

$$人力资本指数=\frac{\dfrac{\sum nf_1}{\sum f_1}}{\dfrac{\sum nf_0}{\sum f_0}}\times 100\% \tag{4.32}$$

式中：n——该学历的权重；

f_0——该学历基期的人数；

f_1——该学历报告期的人数。

［例 4－10］ 已知某企业员工学历情况如表 4－16 所示，计算该企业的人力资本指数。

表 4－16 某企业员工学历情况

学历	权重 n	基期人数 f_0	nf_0	报告期人数 f_1	nf_1
初中及以下	1.0	36	36.0	32	32.0
高中	1.5	57	85.5	55	82.5
专科	2.0	132	264	116	232
本科	2.5	325	812.5	408	1 020
硕士	3.0	165	495	183	549
博士	4.0	88	352	105	420
合计	—	803	2 045	899	2 335.5

解：

$$人力资本指数=\frac{\dfrac{\sum nf_1}{\sum f_1}}{\dfrac{\sum nf_0}{\sum f_0}}\times 100\%=\frac{\dfrac{2\ 335.5}{899}}{\dfrac{2\ 045}{803}}\approx\frac{2.60}{2.55}\times 100\%\approx 101.96\%$$

因此，该企业的人力资本指数为 101.96%，即报告期比基期人力资本水平提高了 1.96%。

（三）质量指标指数和数量指标指数

用来计算指数的指标称指数化指标。按照指数化指标性质的不同，统计指数分为质量指标指数和数量指标指数。前者用来综合反映质量指标的总变动，后者用来研究数量指标的总变动。例如，建筑材料价格指数、投资价格指数等就是质量指标指数；建筑材料消耗量指数、投资总量指数等就是数量指标指数。

（四）定基指数和环比指数

按时间顺序将不同时期的某种指数排列起来所形成的数列称指数数列。在指数数列中，常用的基期有两种形式：一种是将整个数列中每一个指数的基期都选择的是同一个时期，即所有各个时期指数的基期都是同一个固定的时期，这种基期称为固定基期；另一种就是变动基期，即指数数列中每一个指数的基期各不相同，最常用的是各期指数都是以上一个时期为基期。如表 4－17 所示。

表 4-17　2009—2020 年某企业年产值情况

年份	绝对额（万元）	定基指数（%） （以 2009 年为 100%）	环比指数（%） （以前一年为 100%）
2009	58 478.1	110.5	110.5
2010	67 884.6	121.1	109.6
2011	74 462.6	131.8	108.8
2012	78 345.2	142.1	107.8
2013	82 067.5	152.3	107.1
2014	89 468.1	164.4	108.0
2015	97 314.8	176.8	107.5
2016	105 172.3	191.4	108.3
2017	117 390.2	209.6	109.5
2018	136 875.9	229.5	109.5
2019	182 321.0	311.8	109.9
2020	209 407.0	358.1	110.7

三、人力资源统计指数的作用

（一）综合研究人力资源现象的变动方向和变动程度

通过人力资源统计指数可以研究人力资源现象的综合变动方向和程度。例如，在研究员工工资变动时，有的员工工资上涨了，有的员工工资下降了，工资上涨的员工其工资上涨的幅度是不同的，同样，工资下降的员工其工资下降的幅度也不一样。那么，综合来讲员工工资是上涨了还是下降了呢？如果上涨了，上涨了多少？如果下降了，下降了多少？通过统计指数可以综合地加以反映，其计算结果一般用百分比表示，百分数大于（或小于）100%，表示上升（或下降）的方向，其具体数值就是上升（或下降）程度。

（二）可以进行因素分析

运用人力资源统计指数，可以分析受多种因素影响的现象总变动中，各个因素对总指数的变动影响。这种影响可以从相对数和绝对数两个方面进行研究，分析各种因素的影响方向和程度。例如，工资总额的变动受平均工资变动和员工人数变动两个因素的影响，运用人力资源统计指数就可以分别分析出平均工资变动和员工人数变动对工资总额变动的影响方向和影响程度。

（三）可以研究人力资源现象在长时期的变动趋势

将各时期的人力资源统计指数加以排列，形成指数数列，运用指数数列可以反映人力资源现象发展变化趋势。这种方法特别适用于对比分析有联系而性质又不同的时间数列之间的变动关系，因为用指数的变动进行比较，可解决不同性质数列之间不能对比的困难。

四、综合指数

综合指数也称加权综合指数，是总指数的基本形式。综合指数是通过综合两个总量指标对比计算出来的，它对统计资料的要求是全面。

（一）数量指标指数的编制方法

数量指标指数简称数量指数，是综合反映数量指标变动的相对指标。为了说明数量指标指数的编制原则和方法，下面以表 4-18 中的资料为例进行阐述。

表 4-18　某地区三种商品价格和销售量资料

商品名称	计量单位	单价（元）		销售量	
		基期	报告期	基期	报告期
甲	千克	20	22	300	280
乙	尺	5	5	400	400
丙	条	12	10	100	200

1. 计算各个数量指标的个体指数

如果 K_q 为个体销售量指数，q_1 为报告期商品的销售量，q_0 为基期商品的销售量，则商品销售量个体指数公式为：

$$K_q=\frac{q_1}{q_0}\times 100\% \tag{4.33}$$

三种商品销售量指数分别为：

甲种商品：$K_q=\frac{280}{300}\times 100\%\approx 93.33\%$

乙种商品：$K_q=\frac{400}{400}\times 100\%=100.00\%$

丙种商品：$K_q=\frac{200}{100}\times 100\%=200.00\%$

上述计算表明，甲种商品报告期比基期少销售 6.67%（100%－93.33%），其绝对量为－20（280－300）千克；乙种商品报告期与基期相比，没有变化；丙种商品报告期比基期多销售 100%（200%－100%），其绝对量为 100（200－100）条。

2. 借助于同度量因素进行综合对比

表 4-18 中的三种商品销售量，报告期与基期相比，有的多销售了，有的少销售了，有的持平。如果要研究总的情况是多销售了还是少销售了，就需要计算三种商品销售量的总指数来反映三种商品销售量的综合变动情况。在编制三种商品销售量总指数时，不能将三种商品销售量简单相加综合对比，因为不同商品的使用价值不同、计量单位不同。要解决这个问题，就需要把不能同时度量的现象过渡到能够进行对比的总体现象。为此，只要将商品销售量乘以单位商品价格，变成商品销售额即可。这里的单位商品价格就起到了过渡作用，也就是把不能直接综合对比的商品销售量过渡到能够直接综合对比的商品销售额指标。统计上把这种不能直接综合对比的现象过渡到能够直接综合对比的总体现象的因素，叫作同度量因素。这里的价格便是同度量因素。

表 4-19 将不能综合比较的销售量过渡到能够综合比较的销售额。

表 4-19 某地区三种商品价格和销售量指数计算表

商品名称	计量单位	按基期价格计算的销售额（元）		按报告期价格计算的销售额（元）	
		基期	报告期	基期	报告期
甲	千克	6 000	5 600	6 600	6 160
乙	尺	2 000	2 000	2 000	2 000
丙	条	1 200	2 400	1 000	2 000
合计	—	9 200	10 000	9 600	10 160

3. 同度量因素必须固定在同一时期

为了排除价格因素变动的影响，在编制商品销售量指数时，作为同度量因素的价格，报告期和基期水平是不同的。为了单纯地反映销售量的变动，排除价格因素变动的影响，就要把价格固定起来，使价格只起同度量的作用。固定价格因素时有两种可能：一是以基期价格作同度量因素；二是以报告期价格作同度量因素。若以 $\overline{K}_q$ 代表商品销售量指数，就会有两个公式：

$$\overline{K}_q=\frac{\sum q_1p_0}{\sum q_0p_0}\times 100\% \tag{4.34}$$

$$\overline{K}_q=\frac{\sum q_1p_1}{\sum q_0p_1}\times 100\% \tag{4.35}$$

其中式（4.34）的指数称为拉氏销售量指数，式（4.35）的指数称为帕氏销售量指数。

根据表 4-19 中的资料，运用式（4.34）和式（4.35）计算三种商品的销售量指数可得：

$$\overline{K}_q=\frac{\sum q_1p_0}{\sum q_0p_0}\times 100\%=\frac{5\,600+2\,000+2\,400}{6\,000+2\,000+1\,200}\times 100\%=\frac{10\,000}{9\,200}\times 100\%$$
$$\approx 108.70\%$$

$$\overline{K}_q=\frac{\sum q_1p_1}{\sum q_0p_1}\times 100\%=\frac{6\,160+2\,000+2\,000}{6\,600+2\,000+1\,000}\times 100\%=\frac{10\,160}{9\,600}\times 100\%$$
$$\approx 105.83\%$$

上述按式（4.34）计算表明，该地区三种商品销售量提高了 8.7%（108.70%－100%），由于商品销售量变化，报告期比基期商品销售额增加 800（10 000－9 200）元。按式（4.35）计算，该地区三种商品销售量提高了 5.83%（105.83%－100%），报告期比基期商品销售额增加 560（10 160－9 600）元。可以看出，按两个公式计算的结果是不同的，其原因在于采用了不同时期的价格结构，在表 4-18 中，如把甲商品单价看作 1，则三种商品价格结构为 1∶0.25∶0.6，报告期价格结构为 1∶0.23∶0.45，正是因为采用不同时期的价格结构，才产生了差异。

4. 一般情况下，数量指标指数的同度量因素固定在基期

在实际工作中，在计算商品销售量指数时，一般采用基期价格作同度量因素，即采用拉氏数量指标指数。这是因为：第一，编制销售量指数的目的是排除价格因素（包括

报告期和基期价格结构）变动影响，单纯反映商品销售量的总变动。要假定价格不变，就应该采用没有包含价格结构变动的基期价格，才符合经济现象的客观实际。第二，若以报告期价格作同度量因素，在计算和对比历年数量指数时，则要逐年变换价格，这是非常不方便的。

因此，在计算数量指标指数时，一般情况下，同度量因素固定在基期，也就是说选择式（4.34）的拉氏指数计算数量指标指数。

（二）质量指标指数的编制方法

质量指标指数又称质量指数，是综合地反映质量指标变动的相对指标。为了说明质量指标指数的编制原则和方法，仍采用表 4-18 中的资料加以阐述，其步骤与数量指标指数的编制相同。

1. 计算各个质量指标的个体指数，即各种商品的价格指数

如果以 K_p 代表个体指数，即商品价格指数，以 p_1 代表报告期单位商品价格，p_0 代表基期单位商品价格，则价格指数公式为：

$$K_q=\frac{p_1}{p_0}\times 100\% \tag{4.36}$$

三种商品的价格指数为：

甲商品：$K_p=\frac{22}{20}\times 100\%=110\%$

乙商品：$K_p=\frac{5}{5}\times 100\%=100\%$

丙商品：$K_p=\frac{10}{12}\times 100\%=83.33\%$

上述计算表明，甲种商品的价格报告期比基期上涨了 10%（110%－100%），绝对额为 2（22－20）元；乙种商品的价格报告期与基期相比没有变化，其指数值为 100%；丙种商品的价格报告期比基期下降了 16.67%（83.33%－100.00%），即单位商品价格下降 2（10－12）元。

2. 编制质量指标总指数，也要借助于同度量因素

计算出的三种商品价格指数，有涨有落，为了研究三种商品价格总变动趋势，就需要计算三种商品价格总指数。计算三种商品价格总指数时，同样不能将三种商品价格简单相加综合对比，这是因为各种商品的价格反映了不同使用价值的实物量的价格水平，彼此直接加总和对比是毫无实际经济意义的，因而各种商品的单价是不能同度量的。但是，若以商品销售量乘以单价变成商品销售额就可以加总和对比了。因而商品销售量成为同度量因素（又称权数）。同度量因素的运用可参见表 4-19 中的资料。

3. 为消除数量指标（商品销售量）的变动影响，同度量因素必须固定在同一时期

在编制商品价格指数时，采用报告期的商品销售量和基期的商品销售量作为同度量因素是不同的。为了单纯地反映价格的变动，就要将商品销售量固定，以排除商品销售量变动的影响。因此，同编制商品销售量指数一样也有两个计算公式：一个是以基期商品销售量为同度量因素；另一个是以报告期商品销售量为同度量因素。用 $\overline{K}_p$ 代表价格总指数，其计算公式为：

$$\overline{K}_p=\frac{\sum p_1 q_1}{\sum p_0 q_1}\times 100\% \tag{4.37}$$

$$\overline{K}_p=\frac{\sum p_1 q_0}{\sum p_0 q_0}\times 100\% \tag{4.38}$$

其中，式（4.37）中的指数称为帕氏价格指数，式（4.38）中的指数称为拉氏价格指数。

根据表 4-18 中的资料，运用式（4.37）和式（4.38）计算三种商品的价格总指数，可得：

$$\overline{K}_p=\frac{\sum p_1 q_1}{\sum p_0 q_1}\times 100\%=\frac{22\times 280+5\times 400+10\times 200}{20\times 280+5\times 400+12\times 200}\times 100\%=\frac{10\ 160}{10\ 000}\times 100\%$$

$$=101.60\%$$

$$\overline{K}=\frac{\sum p_1 q_0}{\sum p_0 q_0}\times 100\%=\frac{22\times 300+5\times 400+10\times 100}{20\times 300+5\times 400+12\times 100}\times 100\%=\frac{9\ 600}{9\ 200}\times 100\%$$

$$\approx 104.35\%$$

上述按式（4.37）计算的结果表明，三种商品价格综合上涨 1.60%（101.60%－100.00%），由于价格上涨，商品销售额增加（或该地区居民多支付）160（10 160－10 000）元。

4. 一般情况下，计算质量指标指数的同度量因素固定在报告期

在实际工作中，在计算价格指数等质量指标指数时，一般采用报告期同度量因素（数量指标）作为权数，这是由计算指数的目的决定的。在计算价格指数时，其目的是反映价格总变动方向和程度，反映价格变动对国家财政收支和居民收支的实际影响。以报告期销售量作为同度量因素，能够较正确地反映当前现实生活中全部商品价格总变动，使价格指数具有现实的经济意义。如果采用基期销售量作为同度量因素，就会脱离现实经济生活，因此，一般采用式（4.37）的帕氏价格指数来计算。

综合上述商品销售量指数和商品价格指数的编制过程可以看出，反映复杂经济现象各构成因素变动程度的相对指标，是两个可以相互对比、有现实经济意义的绝对值的比值。综合指数的同度量因素固定的时期，取决于综合指数的编制目的。确定经济指数同度量因素的一般原则是：在编制质量指标指数中，以报告期（计算期）的数量指标为同度量因素；在编制数量指标指数中，以基期质量指标为同度量因素。

五、加权平均指数

综合指数是一种理论指数，它要求以全面资料为基础编制。在实际工作中，用综合指数公式编制指数，研究社会经济现象，常常遇到因为资料的限制计算假定价值指标困难的问题。例如，在编制销售量指数和价格指数时，无论选择哪一个公式，都要计算假定销售额，即 $\sum p_1 q_0$ 和 $\sum p_0 q_1$。这就需要有各种商品不同时期的价格和销售量资料，但有的商品的销售量资料是很难取得的。因此，直接用综合指数公式编制指数是困难

的，往往需要用加权平均指数公式来计算。

综合指数与加权平均指数既有区别又有联系。在一定的权数下，两类指数之间存在变形关系，但加权平均指数不只是作为综合指数的变形使用，它在计算指数中，具有独立的意义，能解决综合指数所无法解决的问题，具有广泛的应用价值。加权平均指数通常有加权算术平均指数和加权调和平均指数。

（一）加权算术平均指数

加权算术平均指数是个体指数的加权算术平均数。其计算公式为：

$$\text{加权平均质量指数：}\overline{K}_p=\frac{\sum K_p p_0 q_0}{\sum p_0 q_0}\left(\text{其中}K_p=\frac{p_1}{p_0}\right) \tag{4.39}$$

$$\text{加权平均数量指数：}\overline{K}_q=\frac{\sum K_q p_0 q_0}{\sum p_0 q_0}\left(\text{其中}K_q=\frac{q_1}{q_0}\right) \tag{4.40}$$

其中，式（4.39）、式（4.40）均为拉氏指数的变形。

从式（4.39）和式（4.40）来看，如果把 K_p 或 K_q 看成是变量 x，把 $\frac{p_0 q_0}{\sum p_0 q_0}$ 看作比重，其形式类似于加权算术平均指数，所以称式（4.39）和式（4.40）为加权算术平均指数。

如果将 $K_p=\frac{p_1}{p_0}$ 和 $K_q=\frac{q_1}{q_0}$ 分别代入式（4.39）和式（4.40），可得：

$$\overline{K}_p=\frac{\sum \frac{p_1}{p_0} p_0 q_0}{\sum p_0 q_0}=\frac{\sum p_1 q_0}{\sum p_0 q_0}=\text{综合质量指标指数} \tag{4.41}$$

$$\overline{K}_q=\frac{\sum \frac{q_1}{q_0} p_0 q_0}{\sum p_0 q_0}=\frac{\sum q_1 p_0}{\sum q_0 p_0}=\text{综合数量指标指数} \tag{4.42}$$

上述变换过程表明，只有用 p_0q_0 这个特定权数加权下，加权算术平均指数才可变成综合指数；反之，如果使用 p_0q_0 以外的任何其他权数加权，加权算术平均指数就不会等于综合指数，这就是加权平均指数独立意义之所在。

现以表 4-20 和表 4-21 为例，说明式（4.39）和式（4.40）的应用。

表 4-20　某地区甲、乙两种商品的销售量指数和销售额资料

商品名称	个体指数 $K_q=q_1/q_0$	基期销售额（元） p_0q_0	报告期销售额（元） p_1q_1
甲	1.08	6 040	6 900
乙	0.94	19 080	23 000

算术平均销售量指数：

$$\overline{K}_p=\frac{\sum K_q p_0 q_0}{\sum p_0 q_0}=\frac{1.08\times 6\ 040+0.94\times 19\ 080}{6\ 040+19\ 080}$$

$$=\frac{24\ 458.4}{25\ 120.0}\approx 97.37\%$$

计算表明，商品销售量约下降 2.63%（97.37%－100%），由于销售量下降，销售额减少 661.6（24 458.4－25 120.0）元。

表 4-21 某地区甲、乙、丙三种商品的价格和销售资料

商品名称	计量单位	销售量		基期价格	个体指数 $\frac{q_1}{q_0}$	p_0q_0	$p_0q_0\frac{q_1}{q_0}$
		q_0	q_1	p_0			
甲	匹	1 000	1 150	100	1.15	100 000	115 000
乙	吨	2 000	2 200	50	1.10	100 000	110 000
丙	件	3 000	3 150	20	1.05	60 000	63 000
合计	—	—	—	—	—	260 000	288 000

在国内外统计工作实践中，计算指数时，为了简化计算，常常使用经过调整的不变权数，即用比重指标，设 W 为固定权数，其计算公式为：

$$拉氏质量指标指数：\overline{K}_p=\frac{\sum K_pW}{\sum W}\quad\left(其中K_p=\frac{p_1}{p_0}\right)\tag{4.43}$$

$$拉氏数量指标指数：\overline{K}_q=\frac{\sum K_qW}{\sum W}\quad\left(其中K_q=\frac{q_1}{q_0}\right)\tag{4.44}$$

现以表 4-22 和表 4-23 的资料为例予以说明。

表 4-22 某地区各类商品价格指数及商品销售额比重资料

商品类别	个体指数（%）K_q	固定权数（%）W
粮食	120.0	23
副食品	131.0	35
日用品	101.3	26
衣服	115.0	10
燃料	98.0	6
合计	—	100

$$\begin{aligned}固定权数销售量指数&=\frac{1.20\times23\%+1.31\times35\%+1.013\times26\%+1.15\times10\%+0.98\times6\%}{23\%+35\%+26\%+10\%+6\%}\\&\approx117.17\%\end{aligned}$$

表 4-23 某地区轻重工业发展速度及产值各自在工业中的比重

部门	类指数（%）K_q	固定权数（%）W
轻工业	115.2	45
重工业	105.3	55
合计	—	100

$$全部工业生产指数=\frac{1.152\times0.45+1.053\times0.55}{0.45+0.55}\times100\%\approx109.76\%$$

应该指出，从指数计算的目的及数学表达式的相互关系出发，计算数量指标指数多采用加权算术平均指数的形式，即经常采用式（4.43）和式（4.44）。

（二）加权调和平均指数

加权调和平均指数是将个体指数的倒数通过加权平均方法计算的总指数。其计算公式为：

$$\text{数量指标指数：}\overline{K}_q = \frac{\sum p_1 q_1}{\sum \frac{1}{K_q} p_1 q_1} \quad \left(\text{其中}K_q = \frac{q_1}{q_0}\right) \tag{4.45}$$

$$\text{质量指标指数：}\overline{K}_p = \frac{\sum p_1 q_1}{\sum \frac{1}{K_p} p_1 q_1} \quad \left(\text{其中}K_p = \frac{p_1}{p_0}\right) \tag{4.46}$$

其中，式（4.45）、式（4.46）均为帕氏指数的变形。

从式（4.45）和式（4.46）来看，如果把 K_p或K_q看成是变量 x，把 p_1q_1看作权数，其形式如调和平均数，所以称式（4.45）和式（4.46）为加权调和平均指数。

如果将 $K_q = \frac{q_1}{q_0}$ 和 $K_p = \frac{p_1}{p_0}$ 分别代入式（4.45）和式（4.46），可得：

$$\overline{K}_p = \frac{\sum p_1 q_1}{\sum \frac{p_0}{p_1} p_1 q_1} = \frac{\sum p_1 q_1}{\sum p_0 q_1} = \text{综合质量指标指数} \tag{4.47}$$

$$\overline{K}_q = \frac{\sum p_1 q_1}{\sum \frac{q_0}{q_1} p_1 q_1} = \frac{\sum p_1 q_1}{\sum p_1 q_0} = \text{综合数量指标指数} \tag{4.48}$$

从上述变换过程看，只有用 p_1q_1 作为权数时，加权调和平均指数才可变成综合指数，用其他权数，则不存在这种关系，因而有其独立意义。

在国内外统计工作实践中，也采用固定权数，其计算公式为：

$$\text{数量指标指数：}\overline{K}_q = \frac{\sum W}{\sum \frac{W}{K_q}} \quad \left(\text{其中}K_q = \frac{q_1}{q_0}\right) \tag{4.49}$$

$$\text{质量指标指数：}\overline{K}_p = \frac{\sum W}{\sum \frac{W}{K_p}} \quad \left(\text{其中}K_p = \frac{p_1}{p_0}\right) \tag{4.50}$$

应该指出，从指数计算的目的及数学表达式的相互关系出发，计算质量指标指数多采用加权调和平均指数的形式，即经常使用式（4.49）和式（4.50）。

在统计实践中，加权平均指数可以使用代表性资料，即非全面调查资料，选取有代表性的单位，按照它们在总体中的地位加权平均，计算总指数。权数可以使用同时期实际的总量资料，而不必用两个不同时期的资料相乘来计算假定的总量指标（如 $\sum p_0 q_1$），可以节省很大的工作量并且简便、快速，有较大的灵活性。因此，在统计工作中，加权平均指数被广泛地加以应用。

六、指数体系

（一）指数体系的概念

社会经济现象之间存在着广泛的联系，依据社会经济现象各构成因素之间的联系，可以编制具有相互联系的若干个指数。这些在经济上具有联系、在数量上保持一定关系的两个以上的指数所组成的整体，称为指数体系。例如：

人力资源成本＝单位人力资源成本×人数　　(4.51)

工资总额＝平均工资×人数　　(4.52)

日历工时＝计算期平均人数×计算期日历天数×计算期工作日工作时间　　(4.53)

利用指数体系可以测定复杂现象总变动中，各个因素变动的影响方向和影响程度，分析影响总变动的原因。统计上把用于分析现象总变动中各因素的影响方向和程度的方法称为因素分析法。利用指数体系除了用于因素分析，还可以进行推算。例如，利用商品销售额指数和商品价格指数，对商品销售量指数进行推算。其计算公式为：

$$\text{商品销售量指数}=\frac{\text{商品销售额指数}}{\text{商品价格指数}} \tag{4.54}$$

（二）指数体系的内容

指数体系的内容可以概括为：社会经济现象总量变动（指数）等于影响它的各个因素变动（指数）的乘积。社会经济现象总量变动差额等于影响它的各个因素变动差额之和。以销售额指数为例，其计算公式为：

$$\frac{\sum p_1 q_1}{\sum p_0 q_0}=\frac{\sum p_0 q_1}{\sum p_0 q_0}\times\frac{\sum p_1 q_1}{\sum p_0 q_1} \tag{4.55}$$

$$\sum p_1q_1-\sum p_0q_0=\left(\sum p_0 q_1-\sum p_0 q_0\right)+\left(\sum p_1 q_1-\sum p_0 q_1\right) \tag{4.56}$$

如用表 4-19 资料计算结果为例，则：

$$\frac{10\ 160}{9\ 200}=\frac{10\ 000}{9\ 200}\times\frac{10\ 160}{10\ 000}$$

$$110.43\%\approx108.70\%\times101.60\%$$

$$10\ 160-9\ 200=(10\ 000-9\ 200)+(10\ 160-10\ 000)$$

$$960=800+160$$

计算表明，商品销售额指数为 110.43%，销售额增加 960 元。商品销售额的变动受两个因素的影响：一个因素是商品销售量的变动，指数为 108.70%，由于商品销售量报告期比基期增加，使销售额增加 800 元；另一个因素是商品价格变动，指数为 101.60%，由于价格上涨，使销售额报告期比基期增加了 160 元。从相对量和绝对量两个方面看都是成体系的。

在具体运用指数体系时，还要注意如下三个问题：

第一，必须遵守指数体系中指数之间在数量上的对等关系。所谓对等关系，是指总量指数等于它的因素指数之间的乘积，总量指数相应的绝对量差额等于它的各个因素指数所引起的绝对量差额之和。在一个指数体系中的数量指标指数用基期指标作同度量因素时，质量指标指数就要用报告期指标作同度量因素。反之亦然。这是因为只有这样，这些指数才能保持数量上的对等关系，正因为如此，才能称其为指数体系，这是指数因素分解分析的要求。

第二，进行多因素分析时，同度量因素的固定问题。在进行多因素现象的变动分析中，为了测定某一因素的变动影响，要把其他两个或两个以上因素固定不变。例如，建筑材料消耗额可以分解为产品数量、单位产品原材料消耗量与原材料价格三个因素的乘积，利用它们的数量关系，可以分析原材料支出总额变动受产量、单位产品原材料消耗量及原材料价格三因素变动的影响程度。若设 q 表示产量，m 表示单位产品原材料消耗量，p 表示单位原材料价格，则 qmp 为原材料支出额，它们形成以下指数体系：

$$\frac{\sum q_1 m_1 p_1}{\sum q_0 m_0 p_0}=\frac{\sum q_1 m_0 p_0}{\sum q_0 m_0 p_0}\times\frac{\sum q_1 m_1 p_0}{\sum q_1 m_0 p_0}\times\frac{\sum q_1 m_1 p_1}{\sum q_1 m_1 p_0} \tag{4.57}$$

$$\begin{aligned}\sum q_1 m_1 p_1-\sum q_0 m_0 p_0 &= \left(\sum q_1 m_0 p_0-\sum q_0 m_0 p_0\right)\\ &\quad+\left(\sum q_1 m_1 p_0-\sum q_1 m_0 p_0\right)\\ &\quad+\left(\sum q_1 m_1 p_1-\sum q_1 m_1 p_0\right)\end{aligned} \tag{4.58}$$

第三，对多因素现象分析时，质量指标和数量指标的判断问题。在进行多因素分析时，确定数量指标和质量指标非常重要，以选择不同时期的资料作为权数。如工业企业原材料支出额受产量、单位产品消耗量、单位原材料价格三个因素的影响，其关系为：

$$\text{原材料支出额}=\overbrace{\text{产量}\times\text{单位产品消耗量}}^{\text{原材料消耗量}}\hspace{-6em}\underbrace{\hphantom{\text{单位产品消耗量}}\times\text{单位原材料价格}}_{\text{单位产品原材料消耗额}}$$

在进行动态分析时，生产量是数量指标，对于生产量来讲，单位产品原材料消耗额是质量指标，因此，当分析生产量影响时，要将它们固定在基期。又如，单位产品消耗量对于生产量来讲是质量指标，而对于单位原材料价格来讲，它是数量指标。因此，分析单位产品消耗量对于支出总额的影响时，要将生产量固定在报告期，而将单价固定在基期。对于单位原材料价格来讲，原材料消耗总量是数量指标，单价是质量指标。因此，分析单价对支出总额的影响时，要将产量和单位产品消耗量固定在报告期。

七、平均指标动态分析

（一）平均指标指数的概念和计算方法

总平均指标的数值受两个因素的影响：一是受平均指标本身水平高低的影响；二是受不同水平各个组的次数分配，即各组单位数在总体中的比重的影响。在分析总平均数的变动时，也有两个因素：一个是各组平均指标本身水平的变动影响；另一个是各组单位数在总体中比重变动（又称为结构变动）的影响，如式（4.56）。本节就是要通过对变量、现象结构的因素分析，来测定这两个因素变动对总平均指标变动的影响程度和影响方向。

总平均数指数是对存在结构的总平均指标值在两个不同时期之比。其计算公式为：

$$K=\frac{\bar{x}_1}{\bar{x}_0}=\frac{\dfrac{\sum x_1 f_1}{\sum f_1}}{\dfrac{\sum x_0 f_0}{\sum f_0}}=\frac{\sum x_1\dfrac{f_1}{\sum f_1}}{\sum x_0\dfrac{f_0}{\sum f_0}} \tag{4.59}$$

式中：$\bar{x}_1$——报告期总平均数；

$\bar{x}_0$——基期总平均数；

x_1——报告期组平均数；

x_0——基期组平均数；

f_1——报告期各组次数；

f_0——基期各组次数。

下面以某企业两个工区工人月平均工资（见表4-24）为例，来说明总平均数指数的运用。

表4-24　某企业两个工区工人人数及月平均工资资料

工区	月平均工资（元）		工人人数（人）	
	基期	报告期	基期	报告期
甲	90	100	40	80
乙	110	115	60	65
合计	—	—	100	145

根据表4-24中的资料可以计算总平均数工资指数：

$$K=\frac{\bar{x}_1}{\bar{x}_0}=\frac{\dfrac{\sum x_1 f_1}{\sum f_1}}{\dfrac{\sum x_0 f_0}{\sum f_0}}=\frac{\sum x_1 \dfrac{f_1}{\sum f_1}}{\sum x_0 \dfrac{f_0}{\sum f_0}}$$

$$=\frac{\dfrac{100\times 80+115\times 65}{145}}{\dfrac{90\times 40+110\times 60}{100}}\approx 104.63\%$$

$$\frac{\sum x_1 f_1}{\sum f_1}-\frac{\sum x_0 f_0}{\sum f_0}=106.72-102.00=4.72\text{（元）}$$

计算表明，该企业职工工资约增长了4.63%（104.63%-100%），绝对数约为4.72元。该指数形式在统计上称为可变组成指数。

（二）总平均数指数的分析

在分析总平均数变动时，不仅要分析其总的变动，还要分析其变动影响因素。在对总平均数的变动分析中，还要分析甲、乙两个工区工人月平均工资变动和职工人数比重变动对总平均指标变动的影响。

1. 固定组成指数

根据表4-24中的资料可以计算出甲、乙两个工区工人工资指数。

$$\text{甲工区：}K=\frac{\bar{x}_1}{\bar{x}_0}=\frac{100}{90}=111.11\%$$

$$\text{乙工区：}K=\frac{\bar{x}_1}{\bar{x}_0}=\frac{115}{110}\approx 104.55\%$$

为了分析甲、乙两工区工人平均工资总变动，就需要按照统计指数原理，固定同度量因素，单纯反映平均工资的变动。在此把平均工资看成是质量指标，把结构（各工区职工比重）看成是数量指标。在反映平均工资变动时，同度量因素（结构）固定在基期。正是由于把结构固定下来计算指数，因此该指数为固定构成指数。其计算公式为：

$$固定构成指数=\frac{\dfrac{\sum x_1 f_1}{\sum f_1}}{\dfrac{\sum x_0 f_1}{\sum f_1}} \tag{4.60}$$

以表 4-24 中的资料为例来说明固定构成指数的计算：

$$总平均工资固定构成指数=\frac{\dfrac{\sum x_1 f_1}{\sum f_1}}{\dfrac{\sum x_0 f_1}{\sum f_1}}=\frac{\dfrac{100\times 80+115\times 65}{145}}{\dfrac{90\times 80+110\times 65}{145}}\approx 107.84\%$$

$$\frac{\sum x_1 f_1}{\sum f_1}-\frac{\sum x_0 f_1}{\sum f_1}=106.72-98.97=7.75\ (元)$$

计算结果表明，由于各组工人工资水平的变动，使该企业总的平均工资提高了 7.84%，每人增加了 7.75 元。

2. 结构影响指数

为了反映甲、乙两个工区工人人数比重变动对总平均数的影响，就要计算结构影响指数。按统计指数编制原理，将同度量因素（平均工资指标）固定在基期，即可得出结构影响指数，其计算公式为：

$$结构影响指数=\frac{\dfrac{\sum x_0 f_1}{\sum f_1}}{\dfrac{\sum x_0 f_0}{\sum f_0}} \tag{4.61}$$

仍以表 4-24 中的资料说明结构影响指数的计算。

$$结构影响指数=\frac{\dfrac{\sum x_0 f_1}{\sum f_1}}{\dfrac{\sum x_0 f_0}{\sum f_0}}=\frac{\dfrac{90\times 80+110\times 65}{145}}{\dfrac{90\times 40+110\times 60}{100}}=97.03\%$$

$$\frac{\sum x_0 f_1}{\sum f_1}-\frac{\sum x_0 f_0}{\sum f_0}=98.97-102.0=-3.03\ (元)$$

计算结果表明，甲、乙两个工区职工比重的变动对总平均工资的影响是负影响，使平均工资下降了 2.97%（97.03%−100%），绝对数为 3.03 元。

总平均指标指数分析，无论是从相对数还是从绝对数上看，都是成体系的。其指数体系公式为：

$$\frac{\dfrac{\sum x_1 f_1}{\sum f_1}}{\dfrac{\sum x_0 f_0}{\sum f_0}} = \frac{\dfrac{\sum x_1 f_1}{\sum f_1}}{\dfrac{\sum x_0 f_1}{\sum f_1}} \times \frac{\dfrac{\sum x_0 f_1}{\sum f_1}}{\dfrac{\sum x_0 f_0}{\sum f_0}}$$

↓　　　　　　　↓　　　　　　　↓

（可变构成指数）　（固定构成指数）　（结构影响指数）

$$\frac{\sum x_1 f_1}{\sum f_1} - \frac{\sum x_0 f_0}{\sum f_0} = \left[\frac{\sum x_1 f_1}{\sum f_1} - \frac{\sum x_0 f_1}{\sum f_1}\right] + \left[\frac{\sum x_0 f_1}{\sum f_1} - \frac{\sum x_0 f_0}{\sum f_0}\right] \quad (4.62)$$

根据表 4-24 中的资料计算可得：

104.63%＝107.84%×97.03%

106.72－102.0＝（106.72－98.97）＋（98.97－102.0）

↓　　　↓　　　　　　↓

4.72 元＝　7.75 元　＋　　　－3.03 元

结果表明，总平均工资报告期比基期提高了 4.63%，是各组平均工资变动和工人结构变动两个因素共同作用的结果。其中，各组平均工资提高，使总平均工资提高了 7.84%，增长的绝对额为 7.75 元；职工结构的变化，使总平均工资下降了 2.97%，下降的绝对额为 3.03 元。两个因素共同作用的结果使总平均工资增长了 4.63%，增长的绝对额为 4.72 元。

可以看出，总平均工资的变动受两个因素的影响。而这两个因素又反映了不同的经济内容。固定构成指数的变动反映的是各组实际工资水平的增减变化情况；结构影响指数反映的是在平均工资水平不变的情况下，职工结构的变动对总平均工资变动的影响程度（这一指数只反映工人总体结构的变化，即各组人数比重的变化，不反映工人总数的变化情况）；可变构成指数则综合反映了上述两个因素的变动，说明总平均工资的变化情况。由于这些指标各有其独立含义，因此，可以根据不同的分析目的加以计算和应用，也可以通过指数体系来分析前面两个因素对总平均数的影响方向和影响程度。

本章小结

本章介绍了人力资源动态统计分析方法，主要包括发展水平分析、发展速度分析和人力资源指数分析三部分内容。发展水平分析这部分从总量平均序时平均数、相对指标及平均指标序时平均数、增长量三个方面介绍了发展水平的计算方法。发展速度分析这部分则介绍了发展速度、增长速度、平均发展速度和平均增长速度的计算方法。人力资源指数分析部分介绍了个体指数和总指数、简单指数和加权指数、数量指标指数和质量指标指数、定基指数和环比指数、综合指数、加权平均指数、指数体系、平均指标动态分析等内容。

关键概念

时期数列和时点数列　　发展水平和平均发展水平　　增长量和平均增长量
发展速度　　增长速度　　简单指数
加权指数　　指数数列

复习题

1. 某地区2016—2020年国民生产总值资料见表4-25。

表4-25　某地区2016—2020年国民生产总值资料

年份	2016	2017	2018	2019	2020
国民生产总值（亿元）	50	60	56	80	94

要求：

（1）计算累积增长值和逐期增长量。

（2）计算平均增长量。

（3）计算定基发展速度和环比发展速度。

（4）计算定基增长速度和环比增长速度。

（5）用水平法计算2016—2020年该地区国民生产总值的平均发展速度和平均增长速度。

2. 某地区三种产品销售资料见表4-26。

表4-26　某地区三种产品销售资料

产品名称	计量单位	单价（元）		销售量	
		基期	报告期	基期	报告期
布上衣	件	20	30	100	100
鞋	双	25	20	100	150
帽	顶	4	4	10	20

要求：

（1）计算各种商品的个体价格指数和综合价格指数。

（2）计算各种商品的个体销售量指数和综合销售量指数。

（3）计算并分析商品销售额变动的影响因素。

3. 某地区工业企业使用的原材料资料见表4-27。

表4-27　某地区工业企业使用的原材料资料

材料	价格指数（%）	消耗额（万元）	
		基期	报告期
A	98	70	100
B	104	120	110

要求：

(1) 计算原材料价格总指数。

(2) 分析价格变动对消耗额的影响。

4. 某机电公司下属 A 和 B 两企业成本资料见表 4 - 28。

表 4 - 28　某机电公司下属 A 和 B 两企业成本资料

企业	单位成本（元/台）		总成本（万元）	
	基期	报告期	基期	报告期
A	50	50	20	19
B	50	80	16.4	32

要求：

(1) 计算该公司平均单位成本总指数。

(2) 分析影响该公司平均单位成本变动的影响因素。

讨论及思考题

1. 什么叫指数？狭义的指数和广义的指数有什么不同？
2. 将综合指数变为平均指数时，应注意什么问题？
3. 进行因素分析时应注意什么问题？
4. 什么是指数体系？指数体系有什么作用？

第五章

人力资源总量统计

■要点提示

◇ 人力资源统计的意义与内容
◇ 在业人力资源统计
◇ 失业人力资源统计
◇ 人力资源变动统计

■内容引言

通过本章的学习，明确人力资源的概念及统计的重要意义；重点掌握人力资源统计范围的界定及构成指标，如熟悉人力资源、就业人口、失业人口构成的内容，分组分析的目的和意义及经济活动人口、在业人口、失业人口等指标的含义；学会计算人力资源增减变动和人力资源流动状况统计指标，掌握统计方法。

第一节 人力资源统计概述

我国经济发展最大的优势就是人力资源优势。因此，人力资源统计和涉及人力资源的有关统计不仅是国民经济统计体系的一个重要组成部分，也逐渐成为政府和社会各界关注的热点问题。全面准确的人力资源统计资料能为国家、各级政府在制定各项政策时提供可靠的参考依据。

一、人力资源统计的意义

在社会经济运行过程中，物质资源和人力资源是两个极其重要的要素。其中，人力资源是最重要、最活跃的资源。在市场经济条件下，任何一个国家、地区要想持续稳定发展，都要重视人力资源的开发和利用。人力资源统计主要是反映人力资源的总量水平、人力资源潜力、构成比例及增减变动利用情况，分析在业人员和失业人员在国民经济各部门、各行业及各种职业间的分布以及与社会经济发展之间的关系，为研究如何充分合理地开发利用人力资源提供客观依据。同时，人力资源统计也是计算和分析其他各项相关业务的前提和基础。

对人力资源状况进行统计调查和分析研究，是人力资源统计的一项重要任务。在社会经济运行中，劳动力和物质资源是两个极其重要的要素。从经济学角度分析，每一个生产要素都应在可能的条件下得以充分利用，并和其他要素结合成一种合理的比例关系，以期获得最大的经济效果。在社会主义市场经济体制下，企业间的平等竞争，实质上是拥有的人力资源的竞争。

从全社会看，人力资源的合理配置主要表现在以下几个方面：一是要适应社会经济发展水平的要求；二是要能满足国民经济建设的需求；三是要能取得较大的经济效益；四是要能使国民经济各部门在较长时期内保持协调。因此，人力资源的配置和使用，要向高效劳动逐步转化，建立一支结构规范、布局合理、素质上乘的人力资源队伍。

二、人力资源的核算

（一）人力资源及其特点

人力资源是一个涵盖很广的概念，它的提出开拓了经济学、社会学对劳动力资源研究的新领域。然而，十分遗憾的是，在现实经济生活中，人们常常把人力资源和人口资源相等同，把人力资源与劳动力资源、人才资源相混淆。实际上，人力资源包括数量和质量两个方面，虽然它与人口资源、劳动力资源、人才资源、人力资本等有一定的内在联系，但它们之间也有着严格的区别。

人口资源主要表现的是一个数量观念，它是指一个国家或地区的人口总体。一个人从出生到死亡的整个生命存续时期，都可以看作人口资源的有机组成部分。人口资源是一个最基本的基数。它是人力资源、劳动资源的基础。我国有 14 亿人口，可谓人口资源大国，但从人力资源方面看仍属于欠发达国家，从人口资源大国迈向人力资源强国，这是我们 21 世纪前 50 年所追求的目标。

从数量的角度来说，劳动力资源小于我们所说的人力资源的数量，它是指一个国家或地区有劳动能力并在法定劳动年龄范围之内的人口总和。

与其他生产要素相比较，人力资源的特点主要有以下几个方面：

（1）人力资源是一种具有生命周期的资源。通常情况下，人力资源的生命周期是 40 年左右。如果在这个生命周期中不及时地加以开发利用就会随着时间的推移而浪费和损失，它的效用会递减甚至消失。

（2）与其他资源不同，人力资源是一种能动的资源。它不仅是被开发的客体和对象，而且是开发的主体和动力。开发人力资源既要由社会进行，又要依靠人力资源的主观能动性的发挥。

（3）人力资源的再生产周期较长。人力资源培养并非易事，需要长期的努力。从婴儿出生到成长为一个具有中等文化程度的人力资源需要近 20 年的时间。

人力资源按劳动力资源与非劳动力资源进行区分，构成状况如图 5－1 所示。

- 人力资源
  - 劳动力资源
    - 经济活动人口
      - 就业人口
        - 有酬从业人员
        - 自营从业人员
        - 其他人员
      - 失业人口
        - 城镇失业人员
        - 乡村失业人员
    - 非经济活动人口
      - 16 周岁以上的在校生
      - 家务劳动者
      - 无就业愿望的其他人员
  - 非劳动力资源
    - 离休、退休、退职后不再从业的人口
    - 16 岁以下的人口

图 5－1　人力资源分类

（二）劳动力资源的概念

从统计核算的角度，本章着重从劳动力资源概念出发，来探讨人力资源活动总量统计。

劳动力资源是指一定劳动年龄以上有劳动能力的人口。

其中，劳动年龄是指法定劳动年龄。各国对可以参加社会劳动的起始年龄的规定有所不同，但普遍没有年龄上限的规定。在 1993 年以前，我国对劳动年龄的规定有上下限。1996 年我国对劳动统计制度进行了改革，取消了劳动力资源的年龄上限。由此，我国的劳动力资源是指 16 岁及以上有劳动能力的人口。

除了年龄因素外，劳动力资源还应具备劳动能力。从理论上讲，丧失劳动能力是指在体力和智力上均不能从事社会劳动。但在实际上是否丧失劳动能力往往不易界定，而且，16 岁以上人口中，丧失劳动能力的人口实际所占的比重很小。因此，参照目前国际多数国家的通行计算方法，自 1999 年起，我国计算劳动力资源时，也不再扣除丧失劳动能力人口。

综上所述，劳动力资源的定义是：16 岁及以上年龄人口的总和。可见，与过去相比，目前应用的劳动力资源统计的口径简单明了，很容易从人口统计的数据中取得，可操作性强，更加符合国际惯例。

三、人力资源规模的计算

根据研究目的的不同，对人力资源规模进行统计，主要是对人力资源的时点数和平均人数加以计算。

人力资源的时点数是指某一时刻的人力资源数量，一般用来反映一个国家的潜力和实力。由于是时点指标，它具有不能相加的特点。在人力资源统计实践中，人力资源总量通常用期末或期初人力资源数表示，它表明人力资源在某一时点上的规模。

除了人力资源的时点数以外，一般还要计算人力资源平均人数指标。它是指在报告期内平均人力资源的拥有量，是反映报告期内人力资源总量的一般水平的指标。计算平均人数指标，便于和有关指标进行对比分析。例如，将它与进入劳动年龄的人数比较，观察人力资源的新增程度；它和社会产品产量相除的结果，反映了人均占有社会产品产量等。人力资源平均人数的计算公式为：

$$\text{人力资源平均人数}=\frac{\text{期末人力资源数}+\text{期初人力资源数}}{2} \tag{5.1}$$

四、人力资源结构统计

研究人力资源状况，除了反映配置总量情况外，还应将其按一定标志进行分组，观察人力资源的种种结构情况，展现其配置比例是否合理，使其能够适应社会生产经营活动的客观需求，为人力资源的协调配置和科学调整提供可靠的依据。

根据研究的目的不同，可对人力资源按照不同的分组进行统计分析。目前最常用的分组有下述四种。

（一）按是否具有参与社会经济活动的愿望分组

按是否具有参与社会经济活动的愿望将人力资源分为经济活动人口与非经济活动人口。根据我国统计制度，经济活动人口是指在 16 岁以上、有劳动能力、参加或要求参加社会经济活动的人口，包括就业人口和失业人口，即经济活动人口＝从业人口＋失业人员。也就是说，经济活动人口是反映一个国家或地区劳动力市场总供给状况的重要指标。非经济人口是指在 16 岁以上、有劳动能力、未参加或不要求参加社会经济活动的人口，包括在校、离退休未再就业人员、其他丧失劳动能力人员和没有就业愿望的人员。

通过分组，可以分析计算经济活动人口和非经济活动人口占劳动年龄人口的百分比，表明人们参与社会经济活动的愿望。

通过表 5－1 可以看出，2019 年 10 月至 12 月香港特别行政区从业人员为 374.69 万人，失业人员为 11.87 万人，经济活动人口达到 386.56 万人。

表 5-1　香港特别行政区劳动力、从业及失业统计

	2019 年 10 月至 12 月	2020 年 1 月至 3 月
人力资源（labour force）（万人）	386.56	383.39
从业人员（employed persons）（万人）	374.69	371.48
失业人员（unemployed persons）（万人）	11.87	11.91
失业率（underemployment rate）（%）	3.2	3.1

说明：数字来源于香港统计调查署。

（二）按人力资源的受教育程度分组

受教育程度是人力资源素质的重要标志。人力资源按受教育程度可以分为文盲、半文盲、小学、初中、高中、中专、大专、大学本科、研究生及以上。受教育程度越高，表明劳动力文化素质越高；反之越低。近些年来，我国通过扩大高等教育和中等专业技术教育规模（见图 5-2），为解决劳动力供求的结构性矛盾奠定基础。受过良好教育的年轻劳动者更容易与新出现的工作岗位相匹配。

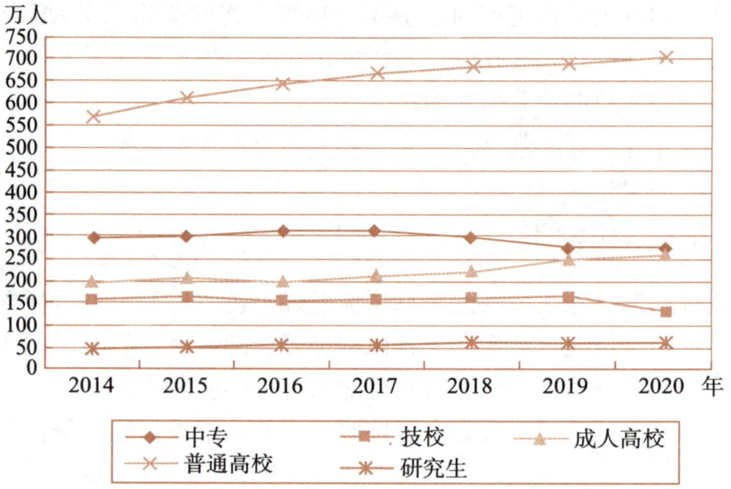

图 5-2　某地区高等教育与中等专业技术教育入学人数

一个国家或地区人力资源文化素质的整体状况，可以通过平均受教育年限指标来表示，其计算公式为：

$$平均受教育年限=\frac{\sum(某学生的受教育年限\times受该教育的人数)}{人力资源总数} \tag{5.2}$$

（三）按人力资源自然分布状况分组

1. 按人力资源的年龄分组

按人力资源的年龄分组，可以从侧面表明其素质状况和发展趋势。当一个国家的人力资源中青壮年人口所占的比例较高时，则表明该国人力资源素质相对较高且发展平稳；反之，老年人口所占的比重高，则表明该国人力资源素质相对较低且呈现减少趋势。研究人力资源的年龄结构，对于说明劳动力“年轻化”程度或“老龄化”程度很有意义。按年龄分组可以一岁一组，也可以划分为若干组。反映人力资源年龄状况的统计指标主要有人力资源年轻化程度、人力资源老龄化程度、人力资源的平均年龄。它们的

计算公式如下：

$$人力资源年轻化程度=\frac{人力资源的年轻组人数}{人力资源总量} \tag{5.3}$$

$$人力资源老龄化程度=\frac{人力资源的老年组人数}{人力资源总量} \tag{5.4}$$

$$人力资源的平均年龄=\frac{\sum(各年龄组中值\times该年龄组人口数)}{人力资源总数} \tag{5.5}$$

2. 按人力资源的性别分组

按照人力资源的性别分组，主要表明人力资源的性别构成情况，观察一定时期性别构成特点，为合理安排与分配人力资源提供依据。

分析劳动力性别构成，可以研究妇女地位的实现和提高程度，如就业的性别区别与歧视等，也可以研究产业结构的调整对不同性别的劳动力需求的变化。例如，劳动密集型行业对女性人力资源的需求要远远高于男性。

表 5－2 为 2015—2019 年城镇单位女性三个产业就业人数占比情况，可以看出女性就业人员在第三产业集中的程度提高，在第一、第二产业从业的数量和比例大幅度下降。

表 5－2　2015—2019 年城镇单位女性分行业就业人数占比　（单位：%）

产业分类	2015 年	2016 年	2017 年	2018 年	2019 年
第一产业	1.49	1.43	1.37	1.02	0.64
第二产业	38.93	37.16	35.31	32.70	28.34
第三产业	59.58	61.40	63.32	66.28	71.02

说明：数据来源于《中国人口和就业统计年鉴—2020》。

（四）按人力资源的城乡分组

人力资源的城乡分组，表明了社会人力资源在城乡的分布状况。其计算公式为：

$$城镇（乡村）人力资源比重=\frac{城镇（乡村）人力资源数}{人力资源总数} \tag{5.6}$$

2012—2019 年我国城乡劳动力状况见表 5－3。

表 5－3　2012—2019 年我国城乡劳动力状况

类别	2012 年	2013 年	2014 年	2015 年	2016 年	2017 年	2018 年	2019 年
城镇就业人数（万人）	37 102	38 240	39 310	40 410	41 428	42 462	43 419	44 247
乡村就业人数（万人）	39 602	38 737	37 943	37 041	36 175	35 178	34 167	33 224

说明：数据来源于《中国人口和就业统计年鉴—2020》。

五、人力资源利用情况统计

反映人力资源利用情况的指标有人力资源可能利用率指标、人力资源实际利用率指标、就业率指标、失业率指标、人力资源可能潜力程度和就业弹性。在这里重点介绍前两种指标。

（一）人力资源可能利用率指标

人力资源可能利用率（劳动力参与率或经济活动参与率）是指经济活动人口与人力资源之比，它反映了人力资源参与经济活动的程度。其计算公式为：

$$人力资源可能利用率=\frac{从业人员+失业人员}{人力资源总量}\times 100\% \tag{5.7}$$

这个指标反映了一定时期内在人力资源总数中，最大可能参与社会经济活动的人数所占比重。

（二）人力资源实际利用率指标

人力资源实际利用率是就业人数同人力资源总数的对比，以表明人力资源实际参与社会经济活动的程度。其计算公式为：

$$人力资源实际利用率=\frac{就业人数}{人力资源总数}\times 100\% \tag{5.8}$$

人力资源实际利用率的高低，主要受失业人数变动的影响。此外，也间接受 16 岁以上在校学生和家务劳动者两个因素的影响。

第二节 在业人力资源统计

失业与就业是表现一个国家或地区经济状况的一个重要方面，充分就业历来就是各国政府所期望达到的经济目标。随着我国经济的发展，就业以及进城务工人员等非正规就业问题正逐步受到人们的关注和重视。认真研究就业现状，深入分析存在的问题，及时提出有效的政策措施，对于切实保障就业者的合法权益、促进就业具有重要意义。

一、在业人力资源的概念

在业人力资源（在业人员）是指经济活动人口中从事一定社会劳动并取得劳动报酬或经营收入的人员。一般来说，主要指在劳动年龄内，有劳动能力并参加社会劳动取得劳动报酬或经营收入的人员。这一指标反映了一定时期内全部劳动力资源的实际利用情况，是研究我国人力资源状况的重要指标。具体指标如下：

（1）就业率指标。这是就业人数与劳动力资源总数的比率，表明就业的充分程度。其计算公式为：

$$就业率=\frac{就业人数}{劳动力资源总数}\times 100\% \tag{5.9}$$

（2）就业增长率指标。这是报告期从业人数与基期从业人数的比率，用相对数表明一定时期内就业人数增长变动的情况。其计算公式为：

$$就业增长率=\frac{报告期从业人数}{基期从业人数}\times 100\% \tag{5.10}$$

（3）就业弹性指标。这是劳动就业增长率与经济增长率的比率，表明经济增长对劳动就业的带动程度。就业弹性的经济含义是：经济的发展产生了对劳动力的需求，经济的增长引起了就业人数的增加。因此，通过就业弹性还可进一步计算经济每增长一个百分点所吸纳的劳动力的绝对数。其计算公式为：

$$就业弹性=\frac{劳动就业增长率}{经济增长率}\times 100\% \tag{5.11}$$

就业弹性计算公式中用到了经济增长率指标。经济增长率指标反映一个国家或地区，在一定时期内经济增长的变动情况，是国民经济核算的重要指标。其计算公式为：

$$经济增长率=\frac{报告期\ GDP}{基期\ GDP}\times 100\% \tag{5.12}$$

在市场经济正常发展的情况下，经济的增长与对劳动力的需求是成正比例的。企业要发展，就要增加劳动力的投入；相反，企业不景气，也会排斥劳动力。因此，劳动力就业状况既是经济发展的一种反映，也是经济景气与否的一个“晴雨表”。

在一个地区、一个部门或一个单位，也可计算就业弹性，研究这一指标变动的内在原因，寻找增加就业的正确途径。

统计数据显示，我国新增加劳动力就业从 1998 年起进入高峰期，并一直持续到 2006 年。第十个五年计划期间，城镇每年新增加劳动力 1 000 万人，农村富余劳动力大规模向城镇转移进入高峰期。其中，大学生就业问题在全社会就业总量矛盾和结构性矛盾并存的背景下，随着 1998 年以来高校扩招而入学的学生陆续毕业而显得尤其突出。据教育部统计，从 2005 年开始，中国大学生的就业率基本在 70%上下浮动，就业压力有所缓解。表 5-4 为 2015—2019 年我国高等院校毕业生的情况。

表 5-4　2015—2019 年我国高等院校毕业生情况表

年份	2015	2016	2017	2018	2019
毕业生数（万人）	680.89	704.18	735.83	753.31	758.53
比上年增加（万人）	21.52	23.29	31.65	17.48	5.22

说明：数据来源于教育部《教育发展公报》。

在业人力资源在人口统计中又称就业人口。这些统计数据可以从人口普查中获得。在人口普查中，就业人口的普查标准为：从普查时间前一周算起，凡 15 岁及 15 岁以上的人口，工作或劳动时间累计达到 1 小时，且由此取得一定报酬的，均视为就业人口。

二、企业的在业人员核算

企业的在业人员是在业人员中重要的组成部分。在人力资源统计实践中，通过企业劳动情况表来获得企业在业人员相关统计数据。具体统计指标如表 5-5 所示。

表 5-5　企业劳动情况表（样表）

单位法人代码：□□□□□□□□—□

单位名称：

指标名称	计量单位	代码	本年实际	指标名称	计量单位	代码	本年实际
甲	乙	丙	1	甲	乙	丙	1
一、年末人数	人	1		四、减少和调出的从业人员	人	30	

续表

指标名称	计量单位	代码	本年实际	指标名称	计量单位	代码	本年实际
甲	乙	丙	1	甲	乙	丙	1
1. 在岗职工	人	2		1. 离休、退休、退职	人	31	
其中：女性	人	3		2. 开除、除名、辞退	人	32	
长期职工	人	4		3. 终止、解除合同	人	33	
专业技术人员	人	5		4. 在岗职工无岗	人	34	
其中：女性	人	6		5. 调到本市外单位	人	35	
使用的农村劳动力	人	7		6. 调到外省、自治区、直辖市	人	36	
2. 聘用、留用的离退休人员	人	8		7. 其他	人	37	
3. 外籍及港澳台方人员	人	9		五、全年劳动报酬总额	元	38	
4. 人事档案关系保留在原单位人员	人	10		其中：住房提租补贴	元	39	
其中：女性	人	11		代扣的住房公积金	元	40	
5. 不在岗职工	人	12		1. 在岗职工工资总额	元	41	
其中：离岗休养人员	人	13		2. 聘用、留用的退离休人员劳动报酬	元	42	
长期病、休假职工	人	14		3. 外籍及港澳台人员劳动报酬	元	43	
二、年平均人数	人	15		4. 人事档案关系保留在原单位人员劳动报酬	元	44	
1. 在岗职工	人	16		5. 不在岗职工生活费	元	45	
2. 聘用、留用的离退休人员	人	17		其中：退岗休养职工生活费	元	46	
3. 外籍及港澳台方人员	人	18		六、在岗职工工资总额以外的其他收入	元	47	
4. 人事档案关系保留在原单位人员	人	19		1. 支付给个人的医疗卫生补贴	元	48	
5. 不在岗职工	人	20		2. 冬季取暖补贴	元	49	
其中：离岗休养人员	人	21		3. 防暑降温费	元	50	
三、新增和调入的从业人员	人	22		4. 其他	元	51	
1. 从农村招收的人员	人	23		七、支付给外单位人员的劳动报酬	元	52	
2. 从城镇招收的人员	人	24		1. 稿费	元	53	
3. 录用的退伍军人	人	25		2. 讲课费	元	54	
4. 录用的大学、中专、技校毕业生	人	26		3. 翻译费、课题费、评审费	元	55	
5. 由本市外单位调入	人	27		4. 其他	元	56	
6. 由外省、自治区、直辖市调入	人	28		八、在岗职工年平均工资	元	57	
7. 其他	人	29					

注：从业人员为代码 2+代码 8+代码 9+代码 10。

企业劳动情况表中人数统计主要指标解释如下：

（1）年末人数：指填报单位年末的总人数。包括：1）在岗职工；2）聘用、留用的离退休人员；3）人事档案关系保留在原单位的人员；4）不在岗职工；5）外籍及港澳台方人员。

统计时应注意：1）年末人数不计算利用课余时间打工的学生及在本单位实习的各类在校学生人数；2）根据国家统计局的规定，参军人员无论原单位是否仍发生活费或补贴，都不统计在年末人数范围内；3）不包括本单位的离退休人员。

（2）在岗职工：指在本单位工作并由单位支付工资的人员，以及有工作岗位，但由于学习、病伤、产假（6个月以内）等原因暂未工作，仍由单位支付工资的人员，包括使用的无单位的临时职工。

按照“谁发工资谁统计”的原则，在单位领取劳动报酬（生活费）的人数都应由发放单位统计。

下列人员应统计为在岗职工：

1）招用的劳动关系保留在各类人才服务中心及职业介绍所的人员。

2）招用的自存档案的各类人员或虽未转档案但与原单位已没任何关系的人员。

3）机关事业单位在编制外自行招用的失业人员。

4）街道招聘的事业编制的居委会干部。

5）再就业中心、职业介绍所等机构派遣或输出劳务，由再就业中心、职业介绍机构统计为在岗职工并支付劳动报酬的人员。

（3）长期职工：指用工期限在1年以上（含1年）的在岗职工。当年新分配的大学、中专、技校毕业生虽在当年用工期限不满1年，但应视同长期职工。

（4）专业技术人员：指在岗职工中在专业技术岗位上工作的人员。专业技术岗位包括：工程技术人员；农业技术人员；科学研究人员；卫生技术人员；教学人员；民航飞行技术人员；经济人员；会计人员；翻译人员；统计人员；图书、档案人员；新闻出版人员；律师、公证人员；播音人员；工艺美术人员；体育人员；艺术人员；海关专业人员；政工人员；等等。

（5）使用的农村劳动力：指在岗职工中保留农村户籍关系的在岗农民工。

（6）聘用、留用的离退休人员：指本单位使用的已办理离退休手续并支付劳动报酬的人员。包括留用的本单位的离退休人员和聘用的外单位的离退休人员。不包括聘用的社会上在法定劳动年龄之内的各类人员。此类人员应按实际情况填报在岗职工指标或人事档案关系保留在原单位人员指标。

（7）外籍及港澳台方人员：指在本单位工作的外籍及港澳台方人员。不包括临时访问、讲学和以从事某一课题（或任务）进行短期（半年以内）研究或工作的人员。该指标是按国籍或身份统计的。

（8）人事档案关系保留在原单位的人员：指填报单位招用的没有与原单位办理正式调出手续，仍由原单位缴纳社会保险基金或人事档案关系仍保留在原单位的人员。包括使用的下岗再就业的人员、再就业的离岗休养职工、小时工、借调人员、从事第二职业的人员等。

确定“关系在原单位”这个指标的原则有两个：一是原单位没有为其办理正式调出手续并负担其社会保险；二是仍是原单位在编在册的职工并由原单位作为不在岗职工统计。

（9）不在岗职工：指由于各种原因，已经离开本人的生产或工作岗位，并已不在本单位从事其他工作，但仍与本单位保留人事劳动关系的人员。

指标中的人事劳动关系是指单位对职工有以下承诺之一的：1）负担其养老等各项保险；2）可以参与原单位的住房分配或回原单位办理退休手续。例如，企业的下岗人员；机关事业单位分流的无岗位仍在册人员；国家机关分流的将来待分配的学习人员；

到校办企业工作的教职工；到开发区工作的人员；在单位劳动服务公司、第三产业工作的人员；被劳务输出的人员；长期病休人员；等等。

因公出国工作或派出劳务人员，如原单位仍发放工资的，应在此项中统计其人数，并在相应项目中统计其生活费；如原单位不再发工资的人员，只统计其人数，境外单位发放的工资不统计。

（10）离岗休养职工：指接近正常退休年龄但因各种原因退出工作岗位，由单位按月发给一定生活费，已办理离岗休养手续而尚未正式办理社会退休手续的职工。

（11）长期病、休假人员：指劳动关系在本单位，因病、事假离开工作岗位半年及半年以上的人员，不包括由单位派出或自费长期学习的人员。

三、在业人力资源平均人数的计算

平均人数是指计算期内平均每天拥有的人数。企业一般要计算月、季和年的平均人数。

（一）月平均人数

月平均人数是指计算月内每天平均拥有的人数。以计算月内每天实有的全部人数相加之和，除以计算月的日历日数求得。其计算公式为：

$$\text{月平均人数}=\frac{\text{计算月内每天实有的全部人数之和}}{\text{计算月的日历日数}} \tag{5.13}$$

［例 5－1］ 某企业 5 月份从业人员变动情况是：5 月 1 日从业人员为 56 人，6 日 1 人调出，18 日招进 5 人，25 日又调进 3 人，27 日 4 人退休。问：全月平均人数是多少？

$$\text{全月平均人数}=\frac{56\times5+55\times12+60\times7+63\times2+59\times5}{31}\approx57\text{（人）}$$

对人员增减变动很小的单位，计算公式可以简化为其月平均人数，也可以用月初人数与月末人数之和除以 2 求得。其计算公式为：

$$\text{月平均人数}=\frac{\text{月初人数}+\text{月末人数}}{2} \tag{5.14}$$

在计算月平均人数时应注意：

（1）公休日与节假日的人数应按前一天的人数计算。

（2）对新建立不满全月的单位（月中或月末建立），在计算月平均人数时，应以其建立后各天实有人数之和除以报告期日历日数求得，而不能除以该单位建立的天数。

［例 5－2］ 某单位 5 月 14 日建立，从业人数 100 人，之后各日人数没变动。问：5 月份的平均人数为多少？

$$\text{月平均人数}=\frac{100\times18}{31}\approx58\text{（人）}$$

（二）季平均人数

季平均人数是指计算季内每天平均拥有的人数，是以计算季内各月平均人数之和除以 3 后求得。其计算公式为：

$$\text{季平均人数}=\frac{\text{计算季内各月平均人数之和}}{3} \tag{5.15}$$

（三）年平均人数

年平均人数是指计算年内每天平均拥有的人数，是以 12 个月的平均人数相加之和除以 12 求得，或以 4 个季度平均人数之和除以 4 求得。其计算公式为：

$$年平均人数=\frac{计算年内12个月平均人数之和}{12}$$

或 (5.16)

$$年平均人数=\frac{计算年内4个季度平均人数之和}{4}$$

四、在业人力资源的构成统计分析

（一）按性别分组

反映从业人员性别构成的主要指标有：女性从业人员占全部从业人员的比重。也可计算从业人员中的性别比，其计算公式为：

$$性别比=\frac{男性人数}{女性人数}\times 100\% \quad (5.17)$$

以下是我国 2015—2019 年城镇非私营单位就业人员年末人数性别比例构成。

表 5-6 我国城镇非私营单位就业人员年末人数性别比例构成

年份	男性		女性	
	数量（万人）	从业比例（%）	数量（万人）	从业比例（%）
2015	11 535.5	63.9	6 527.0	36.1
2016	11 370.5	63.6	6 517.6	36.4
2017	11 098.5	62.9	6 545.3	37.1
2018	10 830.6	62.8	6 427.6	37.2
2019	10 477.6	61.1	6 684.2	38.9

说明：资料来源于《中国人口和就业统计年鉴—2020》。

（二）按受教育程度分组

按受教育程度分组，可分为大专及以上、高中及中专（技）、初中、小学及以下等从业人员组，表明一个国家或地区从业人员文化素质的整体状况。其计算公式为：

$$从业人员的识字程度=\frac{从业人员总量-文盲、半文盲人数}{从业人员总量}\times 100\% \quad (5.18)$$

$$从业人员的平均文化程度=\frac{\sum(受教育年限\times 人数)}{从业人员总量} \quad (5.19)$$

根据《中国人口和就业统计年鉴—2019》数据，我国大专及以上学历的从业人员占比 19.1%，其中研究生及以上占比 0.9%，本科占比 8.5%，大专占比 9.7%。高中及以下占比 80.9%，其中高中、中等职业教育、高等职业教育占 19.1%，初中及以下占比 61.8%（见表 5-7）。

表 5-7　我国就业人员学历情况

学历	占比（%）	男性比重（%）	女性比重（%）
具有研究生及以上学历者	0.9	0.8	0.8
具有大学本科学历者	8.5	8.0	9.0
具有大专学历者	9.7	9.5	10.0
具有高中学历者	19.1	20.9	16.8
具有初中及以下学历者	61.8	60.7	63.3

说明：数据来源于《中国人口和就业统计年鉴—2019》。

（三）按从业人员的技术职称或技术等级情况分组

按技术职称或技术等级情况分组，可以说明从业人员技术素质水平的高低。

分析从业人员技术素质的方法主要有以下两种。

1. 分析各等级技术工人占全部工人的比重

例如，上海市第一次经济普查单位就业人员职称、技术等级情况统计显示，从业人员中具有技术职称的从业人员为 138 万人，占 15.1%。其中，高级、中级、初级技术职称的分别占从业人数的 1.8%、6%和 7.3%；女性分别占 23.3%、35.6%和 40.4%。拥有技术等级资格证书的从业人员为 57.4 万人，占 6.3%。其中，高级技师、技师、高级工、中级工资格证书的分别占从业人数的 0.2%、0.5%、1.3%和 4.3%；女性分别占 13.3%、12.8%、14.0%和 20.5%（见表 5-8）。

表 5-8　上海市第一次经济普查单位就业人员职称、技术等级情况

学历	总数（万人）	女性人数（万人）	女性比重（%）
具有技术职称的人员总计	138.0	50.3	36.4
具有高级技术职称者	16.3	3.8	23.3
具有中级技术职称者	54.8	19.5	35.6
具有初级技术职称者	66.9	27.0	40.4
拥有技术等级证书的人员总计	57.4	10.5	18.3
高级技师	1.5	0.2	13.3
技师	4.7	0.6	12.8
高级工	12.1	1.7	14.0
中级工	39.1	8.0	20.5

说明：数据来源于上海市统计局《第一次经济普查公报》。

一般情况下，高技术等级职工较多的企业从业人员的技术素质相应高些，反之则低些。我国企业技术工人素质现状和需求抽样调查报告的结果显示，高级技师仅占 0.41%，技师占 3.1%，高级工占 24.49%，中级工所占的比重最大为 43.26%，其次为初级工，比重为 28.74%。可以看出，我国技术工人素质水平还不高，大多数技术工人只有中级工的水平，高级技师在近千人中仅有 4 名左右。在被调查的各类企业技术工人中，中小型企业、私营和外企的高级技师、技师比重相对较高，特别是私营企业里技师以上水平的人员比重为 8.48%，是国有企业的 3 倍。各行业中，电子、医药制造业等高技术含量企业的高级技师、技师比重相对较高，其中以电子制造业最为突出。

2. 计算工人的平均技术等级

这是分析企业职工技术素质的通行方法。其计算公式为：

$$工人平均技术等级=\frac{\sum(技术等级\times该等级工人人数)}{全部工人人数} \tag{5.20}$$

如果工人平均技术等级仅处于中级工和高级工之间，偏向于高级工，说明该企业技术工人的整体技术素质状况不高。

需要指出的是，近几年来，由于工人的技术等级与实际掌握的技术有较大的差距，因此计算出的平均技术等级不一定能准确反映企业的技术状况。

(四) 按从业人员所在的部门分组

从业人员的行业和产业结构是由经济结构决定的，但从业人员的行业和产业结构会对经济产生重要的影响。分析从业人员在行业和产业上的分布，可以发现国家（地区）经济结构的情况。我国现有的统计每年都会公布国民经济各行业从业人员的人数，并将各行业人数归类合并为农业、工业和服务业，或一产、二产和三产。可计算的是各部门的就业人员及其占总就业人员的比重，描述劳动者在三次产业中的转移、在经济发展的过程中劳动力不断地从农业转移到工业和服务业，以及劳动者从农村地区移居城镇地区等情况。

(五) 按从业人员所从事的职业分组

职业的分布是社会分工的重要标志。从业人员的职业分布状况也反映了经济与社会发展的水平。按从业人员所从事的职业可分为管理人员、专业技术人员、服务人员、机械操作人员、计算机操作人员和营销人员等。细分时，可按《国家职业分类大典》要求分类（见表 5－9）。

表 5－9　中国城镇常住就业人口行业分布（2019 年年底）　　单位：万人

行业	常住就业人口	行业	常住就业人口
农、林、牧、渔业	134.1	金融业	826.1
采矿业	367.7	房地产业	510.3
制造业	3 832.0	租赁和商务服务业	660.4
电力、燃气及水的生产和供应业	373.1	科学研究、技术服务	434.3
建筑业	2 270.5	水利、环境和公共设施管理业	244.5
交通运输、仓储和邮政业	815.5	居民服务、修理和其他服务业	86.3
信息传输、软件和信息技术服务	455.3	教育	1 909.3
批发和零售业	830.0	卫生、社会工作	1 006.2
住宿和餐饮业	265.2	文化、体育和娱乐业	151.2
—	—	公共管理、社会保障和社会组织	1 989.9

说明：数据来源于《中国人口和就业统计年鉴—2020》。

第三节　失业人力资源统计

自 1978 年改革开放以来，中国经济长期保持高增长率。但是，从 20 世纪 90 年代中期开始，中国的失业问题日益严重，经济增长对就业的拉动作用在不断下降，全国城镇登记失业率呈现出节节攀升之势，从1994年到2019年，城镇登记失业从2.8%上升到3.62%。

一、失业人力资源的基本界定

在当今开放的世界中，失业作为一个全球普遍存在的现象，已日益成为一个受各方面广泛关注的话题。按照世界劳工组织的定义，失业是指一定劳动年龄以上、有劳动能力的人，在规定的调查时间范围内没有职业或工作时间没有达到规定标准，正在寻找有报酬的工作并已在就业机构做过登记的现象。其实质是劳动者不能与生产资料相结合进行社会财富的创造，是一种经济资源的浪费。根据这个定义，失业主体必须具备以下三个条件：（1）有劳动能力；（2）愿意就业；（3）没有工作。

（一）失业人员的概念

我国人力资源和社会保障部对“失业”的定义是：在法定劳动年龄内，有工作能力，无业且要求就业而未能就业的人员。而在此之前，国家统计局统计城镇登记失业人口的标准则是：非农业户口在一定的劳动年龄内有一定劳动能力并要求就业，而且在当地就业服务机构进行了登记的人员。

失业人员指16周岁以上，有劳动能力，在调查周内未从事有收入的劳动，当前有就业可能并正在以某种方式寻找工作的人员。

这个定义可从以下四个方面理解：

（1）有劳动能力，指在体力上和智力上可以从事社会劳动的人员。其中包括有部分劳动能力的残疾人员。

（2）在调查周内未从事有收入的劳动，指调查周内从事有收入的劳动时间不到1小时。

（3）当前有就业的可能，指在调查时点以后两周内能应聘上班。

（4）正在以某种方式寻找工作。寻找工作的方式可以是去职业介绍所登记、去各种劳务或人才市场应聘洽谈、通过电视和报纸等新闻媒体寻找工作、自登应聘广告、托亲友找工作、自筹资金且自找场地准备从事经营活动等。

（二）城镇登记失业人员

我国目前的失业人员资料主要是通过对住户的抽样调查取得的。失业调查的范围是城镇的常住人口，包括常住本地半年以上且户口在本地的人口；常住本地半年以上但户口在外地的人口；居住本地不到半年但离开户口所在地半年以上的人口；居住本地不到半年、户口待定的人口。

城镇登记失业人员是指有非农业户口，在一定的劳动年龄（16岁至法定退休年龄）内，有劳动能力，在计算期内无业并根据《就业登记规定》在当地劳动保障部门登记失业的人员。不包括：（1）正在就读的学生和等待就学的人员；（2）已经达到国家规定的退休年龄或虽未达到退休年龄但已办理了退休（含离休）、退职手续的人员；（3）尚有部分劳动能力但需要特殊安排的残疾人；（4）其他不符合失业定义的人员。

失业率指标是失业人数同就业人数与失业人数之和的对比，表明在应该就业的人口中，有多大比重尚未就业。其计算公式为：

$$失业率=\frac{失业人数}{经济活动人口数}\times 100\% \tag{5.21}$$

登记失业率是指期末实有登记失业人数同期末从业人员总数与期末实有登记失业人数之和的比。其计算公式为：

$$登记失业率=\frac{期末实有登记失业人数}{期末从业人员总数+期末实有登记失业人数}\times 100\% \tag{5.22}$$

表 5-10 列出了 2016—2019 年我国城镇登记失业人数及失业率。

表 5-10　我国 2016—2019 年城镇登记失业人数及失业率

年份	城镇从业人数（万人）	城镇登记失业人数（万人）	城镇登记失业率（%）
2016	41 428	982	2.32
2017	42 462	972	2.24
2018	43 419	974	2.19
2019	44 247	945	2.09

说明：数据来源于《中国统计年鉴—2020》。

（三）农村失业人员

自 20 世纪 90 年代以来，我国农村失业现象一直表现较突出，2018 年的有关统计资料显示，2018 年全国拥有从业人员 77 586 万人，其中城镇从业人员 43 419 万人，农村从业人员 34 167 万人；年末城镇登记失业率为 3.8%。而有关报道表明农村的实际失业率又大大超过城镇失业率。因此，在失业统计中须加强农村失业人口的统计核算，客观地反映经济发展过程中的失业现象。当前，我国农村失业主要呈现以下特点。

1. 实际存在的大量隐蔽性失业

我国是农业人口占人口总数近 70%的发展中国家。当从事农业劳动的人员并不需要那么多时，农村劳动力就会游离出来从事其他可能获得高收入的行业。然而，一旦这些行业容纳能力竭尽时，进一步游离出来的农民便成了失业人口。这部分失业人口大约占农村失业人口的 60%，由于他们还保留着一块土地，因此处于隐蔽的失业状态。

2. 农村产业结构调整带来的结构性失业

农业中新兴的产业由于其突然崛起，形成适合的劳动人才短缺；传统农业及农产品工业由于资本存量的调整，劳动需求逐步下降，导致一部分人无事可做。因此，农业中就有岗位空缺和失业并存。

3. 农村的自愿失业现象严重

在我国农村，由于人多地少，农业生产的季节性强，农民在一年中大部分时间处于农闲状态，加之一些地方信息闭塞、交通不便、劳动者文化素质不高，以及受传统观念的影响，特别是农村妇女，在农闲时都不愿意出去找工作，这部分人就成为农村的自愿失业者。

4. 经济的周期性波动导致的周期性失业

改革开放以来，我国的宏观经济经历了几次周期性波动。在经济扩张阶段，由于投资的带动，市场需求旺盛，使城市和农村的隐蔽性失业减少。在经济紧缩阶段，由于控制银根，投资下降，市场需求疲软，又使农村隐性和显性失业增加。

二、失业人力资源的构成

分析失业人员的构成，对全面了解失业人员的情况，解决失业人员的具体问题，制定解决就业问题的方针政策都具有重要作用。

（一）按失业人员年龄构成分组

按照年龄构成分组，特别要注意分析青年失业率和成年失业率。近些年来，我国在下岗职工和失业人员再就业问题未得到根本解决的情况下，青年失业问题逐步凸显。调查表明，近些年来，城镇失业人员平均年龄为 33.4 岁，其中 35 岁以下的失业人员占全部失业人员的 70%左右。青年失业问题统计中，青年被界定为 16～24 周岁这一人群，成年是指 25 周岁及以上的人口。分析青年失业问题，可以选定以下四个指标进行：

（1）青年失业率。青年失业率指标是青年失业人数与青年劳动力人数的比值，反映青年劳动力人口的就业状况。其计算公式为：

$$青年失业率=\frac{青年失业人口数}{青年失业人口数+青年就业人口数}\times 100\% \tag{5.23}$$

（2）青年失业与成年失业比例。青年失业与成年失业比例指标是指青年失业人数与成年失业人数的比率。该指标反映失业人口中青年人所占的比重。其计算公式为：

$$青年失业与成年失业比例=\frac{青年失业人口数}{成年失业人口数}\times 100\% \tag{5.24}$$

（3）青年失业人口与总失业人口的比例。青年失业人口与总失业人口的比例指标是指青年失业人数占总失业人数的比重。该指标反映在总的失业人口中青年人口所占的比例，是反映失业年龄结构的重要指标。其计算公式为：

$$青年失业人口与总失业人口的比例=\frac{青年失业人口数}{总失业人口数}\times 100\% \tag{5.25}$$

（4）青年失业人口占青年人口的比例。青年失业人口占青年人口的比例指标是指青年失业人口与青年人口的比率，反映了青年失业人口占全部青年人口的比例。其计算公式为：

$$青年失业人口占青年人口的比例=\frac{青年失业人口数}{青年人口数}\times 100\% \tag{5.26}$$

成年失业人口可以分为 25～40 周岁的壮年组和 41～55 周岁的中年组。这里突出的是青年失业人口和成年失业人口，便于政府的宏观决策。现以《中国劳动统计年鉴》中城镇失业人口按年龄分组的数据为例，分析不同年龄阶段的失业率分布状况，如图 5－3 所示。

从年龄结构上看，16～24 岁和 30～40 岁出现了两个小波峰。其中 30～34 岁人口的失业率最高，为 16.5%。失业率随着年龄的升高略有下降，45 岁以后直线下降趋势极为明显。

16～24 岁的年轻人基本上刚刚步入社会寻找工作岗位，他们很难找到供求双方都称心如意的工作，所以失业率较高；而 30～40 岁的人面临受教育水平及职业技能不能够满足新兴行业的需求，加之下岗分流的压力，很难重新找到工作岗位，所以在 30～40 岁出现了又一个失业波峰。由此可以看出，失业人口主要由两部分构成：一是初高中生毕业后找不到工作的青年失业人员；二是中年下岗职工失业人员。

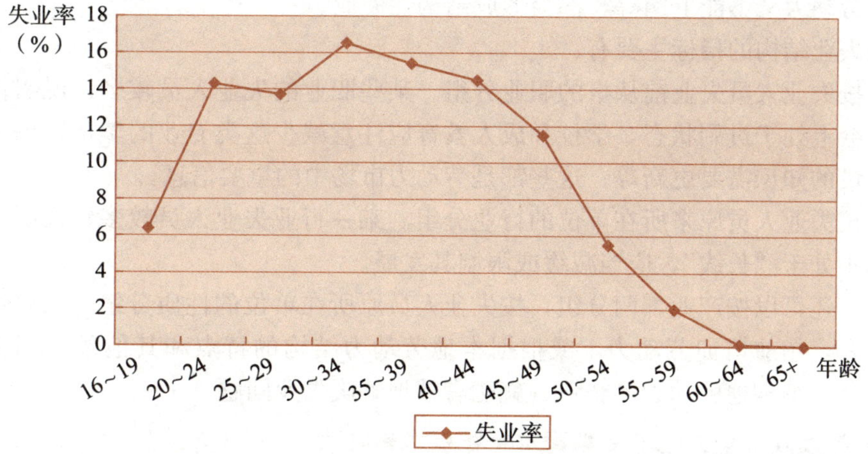

图 5-3　不同年龄失业率曲线图

（二）按失业人口的性别分组

按照失业人口的性别分组，可分为男性失业人口和女性失业人口。就业对于妇女来讲具有重要的意义。随着经济的发展和妇女社会参与度的提高，中国妇女就业的规模继续增加。但是妇女经济参与的层次与男性相比仍然偏低，失业人口比例高于男性。

如图 5-4 所示，在分性别失业率中，有三个波段：16～24 岁年龄段的男性失业率高于女性，其中男性失业率达到 15.3%，高于女性 1.9 个百分点；25～44 岁年龄段的女性失业率高于男性，其中 35～39 岁年龄段的女性失业率为 18.4%，而这一年龄段男性失业率为 12%，中年女性的失业特点更多地表现为 35 岁以后的结构性失业；45 岁以后男性的失业率又比女性失业率高。

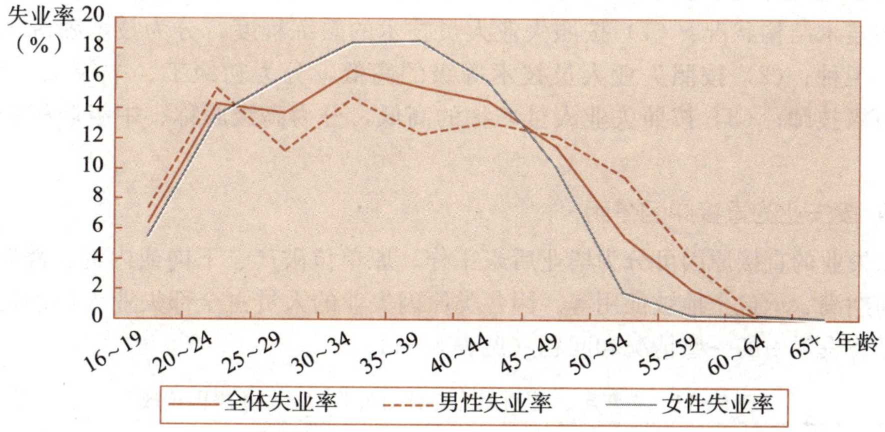

图 5-4　不同性别失业率曲线图

说明：数据来源于《中国劳动统计年鉴》。

（三）按反映失业结构的指标分组

除了劳动力的年龄、受教育程度、性别、技术水平等原因不适应经济发展需要外，劳动力结构与经济结构、产业结构不协调，各岗位上需要的劳动力不能得到满足，而现有的部分劳动力又不能上岗等，都会形成结构性失业。

反映失业结构的指标主要有：

(1) 按失业人员失业前从事的职业分组。某些职业的失业人员较多，说明很可能该职业在社会上处于过剩状态，学校和成人教育应注意减少这类专业的学员；也可能是这类职业人员的知识需要更新等。这些都是劳动力市场中的重要信息。

(2) 按失业人员原来所在单位的行业分组。某一行业失业人员较多，说明该行业在经济结构中处于“长线”，应当减缓或限制其发展。

此外，还可以按产业部门分组，按失业人员原所在单位的性质分组。只要适应经济发展的需要，超前培训劳动力，或根据本地劳动力结构的特点和其他条件调整经济结构，兴办能吸纳本地劳动力的企业，就能有效地解决失业问题。

(四) 按反映失业人口的受教育水平和技术素质状况的指标分组

反映失业人口的受教育水平和技术素质状况的指标对于制定就业和教育政策有重要的意义。因为了解失业人员的受教育水平和技能水平情况，有助于政府部门制订针对性更强、更为有效的对失业人员的职业培训计划和创业就业计划。

1. 按失业人口的受教育程度分组

按失业人口的受教育程度分组，可以分为不识字或识字很少、小学、初中、高中、大专及以上。国际上将受教育程度分为不足一年、不足小学水平、小学水平、中等教育水平、高等教育水平。按受教育程度进行的分组能够在一定程度上反映教育水平与失业的关系，通过关注失业人员受教育方面特点的信息，对制定教育和就业政策，编制对失业人员的培训计划和提高就业质量具有重要作用。

2. 按失业人口的技术等级分组

对失业人员的技术水平的构成研究，可以采取不同的分组方法，以便准确表现失业人员的技术结构状况：(1) 按照失业人员技术的熟练程度，分为技术熟练工种和非技术熟练工种；(2) 按照失业人员技术等级的高低，分为初级工、中级工、高级工、技师和高级技师；(3) 按照失业人员职称的高低，分为高级职称、中级职称和初级职称等。

(五) 按失业的直接原因分组

按照失业的直接原因可分为毕业后未工作、原单位破产、下岗或内退、辞职、被辞退、合同期满、承包土地被征用等。因各类原因失业的人员占全部失业人员的比重高低反映了经济发展中的一些情况和问题（见表 5 - 11）。

表 5 - 11　按年龄、性别划分的城镇失业人员失业原因构成　　单位：%

年龄	合计	毕业后未工作	原单位破产	下岗或内退	辞职	被辞退	合同期满	承包土地被征用	其他
总计	100	19.5	14.3	36.0	6.4	2.3	5.8	3.8	11.9
16～19	100	87.7	1.0	1.3	1.6	0.6	1.0	0.9	5.7
20～24	100	66.8	3.1	3.5	7.8	2.0	4.7	1.8	10.3
25～29	100	22.4	15.4	21.7	9.7	3.3	8.4	3.6	15.5
30～34	100	5.6	15.9	36.3	8.8	2.7	8.0	5.3	17.5

续表

年龄	合计	毕业后未工作	原单位破产	下岗或内退	辞职	被辞退	合同期满	承包土地被征用	其他
35～39	100	1.4	19.8	45.6	6.1	2.0	6.5	6.1	12.4
40～44	100	0.5	17.5	52.2	5.6	2.8	6.0	4.4	10.8
45～50	100	0.2	17.0	62.4	3.4	1.9	4.2	2.9	8.2
50～54	100		21.9	61.0	2.8	1.7	2.8	2.8	6.9
55～60	100		13.2	64.6	5.7	1.9	3.3	1.9	9.4
60～64	100		33.33	26.7		20			20
65 以上	100			50					50

说明：数据来源于《中国劳动统计年鉴》。

三、失业统计指标体系

现行的失业统计指标过于单一，城镇登记失业率指标不能准确判断我国的失业现状。如果想从定量的角度分析失业现状，以便更好地解决就业问题，必须重新构造失业统计指标体系。在构建一套完整的失业统计指标体系之前，有必要对失业进行科学的分类，大致分类如图 5－5 所示。

- 失业
  - 自愿失业（不列入失业统计范围）
  - 非自愿性失业（统计意义上的失业）
    - 显性失业（公开失业）
    - 隐性失业（非公开失业）

图 5－5　失业的分类

与上述分类相对应，构建的失业统计指标体系如下所述。

（一）反映失业现状的绝对数指标

反映失业现状的绝对数指标如图 5－6 所示。

- 失业人口
  - 显性失业人口
    - 城镇显性失业人口
    - 农村显性失业人口
  - 隐性失业人口
    - 城镇隐性失业人口
    - 农村隐性失业人口

图 5－6　反映失业现状的绝对数指标

1. 城镇显性失业人口

城镇显性失业人口数是指在劳动部门登记失业的失业人口数的基础上，加上未进行失业登记但正通过各种途径寻找工作的人口数，再扣除登记失业的城镇人口中的隐性就业人口数。

2. 农村显性失业人口

农村显性失业人口数应包括三个部分：（1）在第二、三产业中劳动，由于客观原因失去工作，一直没有参加包括农业劳动在内的农村人口；（2）放弃了第一产业的工作，想从事第二、三产业工作但没有找到工作的农村人口；（3）土地被征用，但没有安排其他劳动岗位的农村人口。

3. 城镇隐性失业人口

城镇隐性失业人口数的计算应以劳动生产率为原则计算，具体如下：

$$\begin{aligned}\text{城镇隐性失业人数}=&\text{上期城镇隐性失业人数}\\&-\left(\begin{matrix}\text{本期减少的}\\\text{隐性失业人数}\end{matrix}\times\frac{\text{破产停工到年底的周数}}{52}\right)\\&+\left(\begin{matrix}\text{本期增加的}\\\text{隐性失业人数}\end{matrix}\times\frac{\text{年初到成立的周数}}{52}\right)\end{aligned}\tag{5.27}$$

其中，本期减少的隐性失业人数，是指本年度破产、停工的企业所包含的原隐性失业人数；本期增加的隐性失业人数，是指本期新成立的企业所包含的隐性失业人数。

4. 农村隐性失业人口

农村隐性失业人口数是指超过种植一定数量耕地所必需的劳动力数量以上的那部分劳动人口供应量。利用人均耕地负担法计算时，应考虑农业技术进步因素对全国平均每个劳动力可耕种土地面积指标的影响。

$$\text{种植业的必要劳动力数量}=\frac{\text{全国耕地面积}}{\text{每个劳动力可耕种土地面积}}\tag{5.28}$$

$$\text{农村剩余劳动力}=\text{农村总劳动力人口数}-\text{种植业的必要劳动力数量}\tag{5.29}$$

$$\begin{matrix}\text{农村隐性}\\\text{失业人口数}\end{matrix}=\begin{matrix}\text{农村剩余}\\\text{劳动力人口数}\end{matrix}-\begin{matrix}\text{乡镇企业、农村}\\\text{非农业吸收的劳动力}\end{matrix}-\begin{matrix}\text{流出本地区}\\\text{的农村劳动力}\end{matrix}\tag{5.30}$$

（二）反映失业水平的相对数指标

反映失业水平的相对数指标如图 5－7 所示。

- 总失业率
  - 显性失业率
    - 城镇显性失业率
    - 农村显性失业率
  - 隐性失业率
    - 城镇隐性失业率
    - 农村隐性失业率

图 5－7　反映失业水平的相对数指标

其计算公式为：

$$\text{城镇显（隐）性失业率}=\frac{\text{城镇显（隐）性失业人口数}}{\text{城镇民用劳动力人口数}}\times100\%\tag{5.31}$$

$$\text{农村显（隐）性失业率}=\frac{\text{农村显（隐）性失业人口数}}{\text{农村民用劳动力人口数}}\times100\%\tag{5.32}$$

$$\text{城镇（农村）总失业率}=\begin{matrix}\text{城镇（农村）}\\\text{显性失业率}\end{matrix}+\begin{matrix}\text{城镇（农村）}\\\text{隐性失业率}\end{matrix}\tag{5.33}$$

$$\text{总失业率}=\frac{\text{城镇总失业人口数}+\text{农村总失业人口数}}{\text{经济人口数}}\times100\%\tag{5.34}$$

为了更全面地反映失业的实际情况，失业统计指标体系中还可增加诸如平均失业时间、失业人员构成、失业人员性别比率、长期失业人员比重等指标作为辅助性指标。

第四节　人力资源变动统计

人力资源的流动是永恒的、普遍的现象。一般来说，社会经济的持续发展，要求从业人员总体相对稳定和适度地流动。在社会化大生产和市场经济条件下，科技的进步以及产业结构的调整，促使从业人员总体处于经常变动与调整的状态。这种状况的出现是社会生产力发展的客观结果，同样也是促进社会生产力持续提高的必要条件。

以劳动力资源为例，其变动包括劳动力的增减变动和劳动力的流动两部分。劳动力的增减变动是指劳动力与非劳动力之间的变动；劳动力的流动是指劳动力在地区间、行业间、单位间以及单位内各岗位间的流动。劳动力的增减变动一般是自然因素引起的，如自然成长、老化、死亡等；劳动力的流动多是人为因素引起的，如追求高收入、体面的职业等。

根据《中国统计年鉴—2019》数据显示，2018 年年末全国就业人数 77 586 万人，比 2017 年末减少了 54 万人；其中城镇就业人员 43 419 万人，比 2017 年末增加了 957 万人。全国就业人员中，第一产业就业人员占 26.11%，第二产业就业人员占 27.57%，第三产业就业人员占 46.32%。年末登记失业人数为 974 万人，城镇登记失业率为 3.8%。

一、人力资源增减变动分析

（一）劳动力资源数量增减变动的核定

劳动力资源数量增减变动的核定主要包括：新成长的劳动适龄人口，是劳动力资源数量的增加；劳动适龄人口中移居国外（或回国定居）的人口，是劳动力资源数量的减少（或增加）；此外，还有其他增减项（如死亡引起的人力资源数量的减少等）。

表 5 - 12 列明了某年上海市在岗职工人数的变动。

表 5 - 12　某年上海市在岗职工人数变动　　单位：万人

指标	合计	按登记注册类型划分		
		国有单位	集体单位	其他单位
增加人数	95.59	18.41	1.01	76.17
从农村招收	35.5	0.62	0.24	34.64
从城镇招收	31.11	9.38	0.2	21.53
录用的复员转业军人	0.29	0.18		0.11
录用的大中专、技工学校毕业生	10.03	2.62	0.12	7.29
调入人数	8.83	3.95	0.19	4.69
市外调入	0.6	0.08		0.52
其他	9.83	1.66	0.26	7.91
减少人数	86.17	15.72	1.24	69.21
离休、退休、退职	17.65	3.21	0.39	14.05
开除、除名、辞退	4.63	0.19	0.02	4.42
终止、解除合同	42.3	7.66	0.44	34.2
死亡	0.2	0.1	0.01	0.09
调出人数	7.14	3.14	0.16	3.84
调往市外	0.29	0.05		0.24
其他	14.25	1.42	0.22	12.61

说明：数据来源于上海市统计局《上海统计年鉴》。

（二）人力资源数量增减变动量的计算

计算人力资源的增减变动量，须按一定时期内增加和减少的人数总量，进一步观察增加的来源和减少的去向，以期掌握增减变动的规模、态势和趋向。主要有两个计算指标：（1）人力资源增加数，表明了计算期内新增加的人力资源数量；（2）本期人力资源减少数，表明了计算期内新减少的人力资源数量。

（三）人力资源增减变动程度分析

人力资源的增减变动，会直接影响其规模的扩大或缩小。人力资源增减变动程度主要有以下几个分析指标。

1. 人力资源的新增率指标

在一定时期内，新增加的从业人员有第一次就业的大中专毕业生、第一次就业的原家务劳动者、第一次就业的新成长的劳动力、恢复劳动能力后第一次就业的残疾人、从海外回国定居的就业人员等。在一定时期内上述人员参加工作的累计人数，就是人力资源本期自然增加（即新增加）的人数。要表明企业从业人员的新增程度，应计算从业人员新增率。新增率指标反映经过本期人力资源的演变后，社会人力资源总体的扩大程度。其计算公式为：

$$\text{人力资源的新增率}=\frac{\text{本期人力资源增加数}}{\text{期末人力资源总数}}\times 100\% \tag{5.35}$$

2. 人力资源的减少率指标

在一定时期内，减少的从业人员的去向有：离休、退休和退职；因伤病丧失劳动能力、死亡；触犯刑律被剥夺政治权利；出国定居；等等。一定时期内因上述原因减少的人数，就是人力资源本期自然减少的人数。要表明企业从业人员的减少程度，应计算从业人员减少率，减少率指标反映原来的人力资源规模经过变动被缩减的程度。其计算公式为：

$$\text{人力资源的减少率}=\frac{\text{本期人力资源减少数}}{\text{期初人力资源总数}}\times 100\% \tag{5.36}$$

3. 人力资源的总变动率指标

总变动率指标说明人力资源总体在两个不同时期规模扩大或缩小的幅度。该指标可以反映人力资源总量在不同时期或不同时点上的变动程度。其计算公式为：

$$\text{人力资源的总变动率}=\frac{\text{期末人力资源数量}}{\text{基期人力资源数量}}\times 100\% \tag{5.37}$$

4. 人力资源的新成长率指标

新成长率指标是反映新进入劳动年龄的、具有劳动能力的人员增加的程度，说明潜在就业数量的大小。其计算公式为：

$$\text{人力资源的新成长率}=\frac{\text{新进入劳动年龄的劳动力数量}}{\text{期末人力资源数量}}\times 100\% \tag{5.38}$$

二、人力资源流动分析

如今，劳动力流动已经成为一个普遍的社会现象。无论是经济落后地区还是经济发达地区，无论是贫穷地区还是富裕地区，劳动力流动已经成为任何力量也无法阻挡的时代潮流。一般来说，劳动力流动促进了一个国家或地区的社会进步和经济增长；反过来，社会进步和经济发展又进一步加剧了劳动力的流动。许多发展中国家的二元经济结构特征仍然存在，农村剩余劳动力的转移进一步加强。引起劳动力流动的主要因素是收入和劳动条件，即劳动力总是从收入低、劳动条件差的地区（单位）流向收入高、劳动条件好的地区（单位）。当然，也有因为婚姻、文化等社会因素而出现的流动，但这类流动的量是比较小的。

人力资源流动率指标的计算公式为：

$$\text{流入率}=\frac{\text{本期人力资源流入量}}{\text{期末人力资源总量}} \tag{5.39}$$

$$\text{流出率}=\frac{\text{本期人力资源流出量}}{\text{期初人力资源总量}} \tag{5.40}$$

$$\text{总流动率}=\frac{\text{本期人力资源流入量}+\text{本期人力资源流出量}}{\text{计算期平均人力资源总量}} \tag{5.41}$$

三、从业人员变动统计

从业人员的变动统计，主要通过企业从业人员变动来获得。在企业内部，主要以企业从业人员增减变动表为依据进行核算。

（一）新增和调入的从业人员

新增和调入的从业人员主要包括：从城镇招收的人员；从农村招收的人员；录用的退伍军人；录用的大学、中专、技校毕业生；由本市外单位调入的从业人员；由外省、自治区、直辖市调入的从业人员；其他从业人员。

（1）从城镇招收的人员：指从城镇社会青年、失业人员中招收参加工作的人员，包括来自城镇的补充自然减员的人员，不包括来自城镇的其他人员。

（2）从农村招收的人员：指从户口在农村的劳动力中招收参加工作的人员，包括来自农村的补充自然减员的人员。

（3）录用的退伍军人：包括录用的复员军人和转业军人。

录用的复员军人：指从部队复员后，直接由单位录用的或由职业介绍所介绍的人员，包括参军前是职工或已办理了招工手续，服役期满后又回到原单位复工复职的人员。不包括复员回农村参加生产后，又被城镇单位招收录用的人员，这一部分人应计入“从农村招收的人员”人数中。

录用的转业军人：指退出现役，转到地方由国家分配到各类单位直接录用或由职业介绍所介绍而录用的部队转业军官和干部。

（4）录用的大学毕业生：指从大学、专科学校及研究生院（部）毕业后，直接由单位录用的人员，包括由学校推荐、本人自行联系工作单位而被录用的各类应届毕业生。

（5）录用的中专和技工学校毕业生：指从中等专科学校和技工学校毕业后直接由单位录用的人员。

（6）由本市外单位调入：指在计算期内由本市各类单位调入的人员，包括从系统内调入人员。

（7）由外省、自治区、直辖市调入：指在计算期内由外省、自治区、直辖市各类单位调入的人员。

（8）其他：指除上述几类人员以外的各类增加的人员，包括增加的聘用或留用的离退休人员、外籍及港澳台方人员、人事档案关系保留在原单位的人员。

（二）养活和调出的从业人员

养活和调出的从业人员主要包括：离休、退休、退职人员；开除、除名、辞退的从业人员；终止、解除合同的人员；在岗职工无岗位的人员；调到本市外单位的人员；调到外省、自治区、直辖市的人员；其他人员。

（1）离休：指根据国家有关规定，离开生产或工作岗位，正式办理了离休手续并享受离休待遇的人员。

（2）退休：指达到国家规定的年龄和条件，退出生产或工作岗位，正式办理了退休手续并享受退休待遇的人员。未达到国家规定的退休条件，在单位内办理退休手续的人员不能统计到退休人员中，而仍应统计为单位不在岗职工。但如已被社会统筹机构承认并发放退休费的提前退休人员，可计入本项中。

（3）退职：指职工本人自愿，或因丧失工作能力，又不具备退休条件而办理离职手续并享受相应待遇的人员。

（4）开除：指职工严重违反劳动纪律或犯有其他严重错误，受到开除公职的行政处分，并由单位办理开除手续的人员。

（5）除名：指根据有关规定，对无正当理由经常旷工，经批评教育无效，由单位办理除名手续的人员。

（6）辞退：指按有关规定，对有违纪行为，由单位办理辞退手续的人员，以及其他原因按有关规定办理辞退手续的人员。

（7）终止、解除合同：指根据有关规定，单位与职工签订合同后，因正常或非正常原因，与单位终止或解除了劳动关系的合同制职工。

（8）在岗职工无岗位：指年内新增加的不在岗职工，反映的是从业人员的减少。

（9）调到本市外单位：指在计算期内办理调动手续后调到本市外单位的人员。

（10）调到外省、自治区、直辖市：指在计算期内调到外省、自治区、直辖市各类单位的人员。

（11）其他：指除上述几类人员以外的各类减少的人员，包括减少的聘用或留用的离退休人员、外籍及港澳台方人员、人事档案关系保留在原单位的人员。

四、失业人员变动统计

随着我国人口的继续增长，经济体制改革的不断深入，以及科学技术的不断发展创新，失业状况发生了深刻变化。因此，研究失业人员的变动，要将其放到社会人力资源的供给与配置的大循环中去观察分析。人力资源中有劳动能力、具有就业愿望的人数是劳动力的总供给量，这个供给量超出社会对劳动力的总需求量，必然会出现劳动力的富余，产生失业现象。因此，一定时期内失业人数的变化，是和劳动力的总供给与总需求紧密相连的。在这里，仅以城镇失业人员的变动态势，研究其变动的一般方法。

（一）城镇劳动力总供给量

城镇劳动力总供给量，是指本年内新成长的劳动力、从农村转移到城镇的劳动力、国外回国定居人员中的劳动力以及失业人员的总和。

（二）城镇劳动力总配置量

城镇劳动力总配置量，是指本年内城镇各行业、各经济单位新增加的从业人数，即新出现的空额工作岗位已安排的就业人数。这里的新职业岗位，可能是随着社会经济发展而新出现的职业岗位，也可能是由于离退休不再要求就业人员或死亡而空出的职业岗位等。

（三）其他原因减少的失业人数

例如，由于参军、上学、出国定居、死亡或触犯刑律被剥夺政治权利等而使失业人员总体缩减了的人数。

（四）年末城镇失业人数

年末城镇失业人数，是全年劳动力供给量与安置量的实际结果。这里的供给量和安置量的均衡程度，直接制约着失业人数的增加和减少。这个变动关系式表述如下：

$$\begin{array}{c}\text{年末城镇}\\\text{失业人数}\end{array}=\begin{array}{c}\text{上年末城镇}\\\text{失业人数}\end{array}+\begin{array}{c}\text{本年新增加需要}\\\text{安置的劳动力}\end{array}+\begin{array}{c}\text{年内就业}\\\text{转失业人数}\end{array}-\left(\begin{array}{c}\text{本年应安置}\\\text{已安置人数}\end{array}+\begin{array}{c}\text{其他原因减少}\\\text{的失业人数}\end{array}\right) \tag{5.42}$$

（五）本年增加的失业人数

由于本年劳动力供给量大于所能提供的新工作岗位，使部分劳动力游离于职业岗位之外，出现了富余劳动力。这就是本年增加的失业人员的基本内容。其计算公式为：

$$\text{本年增加的失业人数}=\text{本年劳动力供给量}-\text{本年新提供的工作岗位} \tag{5.43}$$

实际上，本年增加的失业人数包括：第一次要求就业而未被安置的新成长劳动力，原本有工作现在失去工作的失业者等。至于年内又重新安排就业的，依然包括在“本年增加的失业人数指标”内。所以，“本年增加的失业人数”是本年新发生的失业人数的累计，无论失业者在年内就业与否，都与此指标计算无关。

（六）本年失业人员总数

计算期以年为准，只要在本年内失业过，不管是上年失业还是当年继续失业，或者是本年新失业还是今年重新就业，均应包括在“本年失业人员总数”指标内。所以，其计算公式为：

$$\text{本年失业人员总数}=\text{上年末失业人员数}+\text{本年增加的失业人员数} \tag{5.44}$$

这个指标表现了本年失业人员的动态总量，即失业的动态总规模。

（七）本年失业人员安置就业人数

本年失业人员安置就业的人数，是指本年的失业人员，在年内重新安置就业的人数累计。在各个行业、部门以及各个经济单位重新就业的失业者都应计算在内。

这里的“安置就业”有就业时间的界定。安置就业人数，需要观察安置的去向，可按不同经济类型的安置分类，也可按安置的不同方式分类，如劳动管理部门的安置、本单位推荐安置、街道安置和自谋出路等。

反映年内增加的安置就业人数，是从本年失业人员安置就业的人数，扣除年内由就业转为失业的人数。说明本年可以提供的职业岗位数量和实际就业的规模。

通过“本年失业人员安置就业人数”指标，可以计算出“本年末实有失业人数”（或称为“转入下年度的本年末实有失业人数”）指标。其计算公式为：

$$\text{本年末实有失业人数}=\text{上年末失业人员总数}-\text{年内失业人员安置就业人数}-\text{其他原因减少的失业人数} \tag{5.45}$$

五、失业预警指标体系

失业预警指标体系的建立应该为政府调控劳动力市场提供信息，为劳动者就业提供咨询，为企业家用人提供帮助。为了满足这个目标，失业预警指标体系应既包括反映失业总体水平的总失业率，又包括反映各种内部结构的结构相对数指标；应既包括静态失业水平的指标，又包括反映失业动态变化的指标；应既包括正常情况下的失业指标，又包括反映突发事件影响的指标。

失业预警指标体系由总体水平警戒线、结构警戒线、动态警戒线和重大事件警戒线构成。其中，总体水平警戒线指总失业率。结构警戒线可以按照不同的需要进行设计，例如，可以按照失业者年龄分为青年失业率、中年失业率和老年失业率；可以按照失业时间长短分为短期失业率、中期失业率和长期失业率；可以按照不同性别分为男性失业率和女性失业率；可以按照失业类型分为显性失业率和隐性失业率；可以按照某一个群体分为协保人员失业率、城市征地农民工失业率等；可以按照失业状态分为从未找工作正在找工作的失业率和失去工作正在找工作的失业率等。动态警戒线是指从时间连续性来看失业率的动态变化，可以包括失业人员增长率和失业率增长率等。重大事件警戒线为突发事件对失业造成的影响进行预警。突发事件可以是毕业高峰、发生重大自然灾害、国民经济做出重大的调整和其他重大事件的发生。

以上每个指标都有自身的取值范围。对每一个指标，按照其指标值大小划分为正常范围、轻度警戒、中度警戒和重度警戒。在“市场诱导型”劳动力市场中，政府对于不同的警戒应采取不同的措施。当处于正常范围时，说明失业处于正常状态，政府无须调节，由劳动力市场自行调节；当出现轻度警戒、中度警戒或重度警戒时，政府应当加以关注，并通过适当的积极政策刺激就业。

本章小结

本章讨论人力资源的概念及统计的重要意义，重点学习了人力资源统计范围的界定及构成指标，掌握了计算人力资源增减变动和人力资源流动状况的统计指标及统计方法。

关键概念

人力资源　　经济活动人口　　就业人口　　失业人口
失业率　　人力资源的新增率　　人力资源的减少率

复习题

1. 非经济活动人口包括哪些?
2. 什么是人力资源的实际利用率?
3. 反映失业水平的相对指标有哪些?

讨论及思考题

1. 如何科学地界定人力资源统计的范畴?
2. 如何完善农村剩余劳动力的统计指标体系?
3. 如何构建失业预警体系?

第六章

人力资源时间统计

■要点提示

◇ 认识时间统计的意义
◇ 掌握工作时间指标的核算
◇ 掌握工作时间利用指标

■内容引言

人力资源时间在企业生产经营中起着最直接的作用，充分合理地利用人力资源的时间是企业增加产量、降低成本、提高劳动生产率的一条有效途径。对企业而言，人力资源时间是生产活动存在的形式，体现着各种生产、生活活动相互之间的关系，正确认识和把握人力资源时间有助于充分发挥人力资源的优势，推动企业发展。人力资源时间统计主要是对劳动者时间利用状况进行分析。

本章将从统计学的角度研究人力资源的时间利用情况，为企业更加充分、有效地利用人力资源时间提供科学的依据。

第一节　时间统计概述

时间统计研究不仅可以从宏观层面反映一个国家或者地区人力资源时间，还可以从微观层面反映企业人力资源的利用情况。从宏观上看，人力资源时间统计指一国国民在某一时间区间（如一年内）拥有的时间总量和结构。人力资源时间作为一个很重要的变量，可以应用到社会经济生活的许多领域，能够研究就业结构、失业教育、福利、闲暇设施等一系列问题，为各种政策的制定提供依据。例如，结合闲暇设施总量和分布情况研究供求关系，也可以结合带工资休假人数和休假天数等指标进行综合分析。从微观上看，人力资源时间统计指劳动者在一天 24 小时的时间内从事各种活动消耗的时间分布状况。本章主要从微观层面阐述企业人力资源时间利用和构成的理论。

一、时间统计的意义

时间统计研究，无论是对个人还是对社会都是有意义的。对于个人来说，如何使自己终生生存价值最大化，获得最大的满足，进行终生（多少时间用于接受正规教育、多少时间用于经济活动、多少时间用于闲暇等）的生存设计是非常重要的。对于社会来说，可以通过计算抚养比例研究福利政策，抚养比例等于不参加经济活动的预期年数（用平均预期寿命减去参加经济活动年数）除以参加经济活动的期望年数。这要比单纯使用年龄、性别、人口数更精确一些，因为加进了时间因素。

概括地讲，时间统计的意义主要体现在两个方面：第一，可以全面反映企业劳动者工作时间的利用状况，分析影响工作时间利用状况的原因，提出减少时间损失的各种措施，达到促进企业更加合理地分配和充分利用工作时间，提高劳动生产效率。第二，分析劳动者非工作时间的利用及构成情况，可以反映劳动者生活水平变化和社会发展情况。具体而言，时间统计的意义主要体现在以下六个方面：

（1）为企业制度合理定岗定员提供依据。

一般来说，工作时间利用程度越高，其定额水平和定员水平越高，通过统计工作时间，计算工时利用率及工作负荷率，衡量工作效率，找出损失的原因及改进的方法，保证制定的定额和定员的正确性。

（2）为企业制订生产作业计划提供资料。

制订企业生产作业计划必须依靠详细的工时统计资料，计划能否贯彻实施、在一定条件下也取决于计划期内有效工作时间的长短。通过劳动时间的统计，可以掌握工时利用水平的一般规律，以保障计划制订的科学性和实施的可靠性。

（3）为企业产品成本核算提供依据。

劳动时间统计资料是企业核算产品成本的主要依据。产品成本中，人工成本部分需要直接根据工时资料核算，材料费、管理费部分的核算是以人工成本为基础，因而也间接依赖于工时的统计资料。

（4）为合理发放劳动报酬、考核、奖励、晋升提供依据。

企事业单位、国家机关通过劳动时间统计，可以了解工作人员的病、事假，出勤以及有效工时利用情况，从而确定工资、奖金的发放。同时，通过工作时间统计可以对劳动者进行考核，以作为对其进行各种类型的奖励和晋升的重要依据。

（5）为提高企业劳动生产率提供依据。

在有限的工作时间内提高劳动生产率的重要途径就是减少各种时间的浪费。通过工作时间统计资料，可以分析造成时间浪费的原因，采取必要的措施减少工时损失。

（6）研究休闲时间的变化，促进社会进步。

休闲是衡量人类生活质量和社会发展水平的重要方面。在生产力水平很低时，人们把大部分生活时间都花费在满足自身基本需求上，随着社会生产力的不断提高，工作时间在人们的生活时间中所占的比例逐渐降低，休闲时间逐渐增多。因此，时间统计的一个重要任务就是研究劳动者休闲时间数量和结构的变化，促进社会的发展。

二、时间统计的基本内容

企业劳动者在一天中从事的活动是多种多样的，为了研究方便，往往把人们的各种活动按照其不同性质进行分类。在人力资源统计的研究领域中，往往根据所从事的社会劳动是否能获得报酬进行分类。对时间分类要求取决于活动的性质，用于从事有酬社会劳动的时间称为工作时间，用于从事非有酬活动的时间称为非工作时间。时间统计研究的基本内容主要是反映工作时间和非工作时间的利用及构成。

（一）时间的分类

根据研究目的和活动内容的不同，对时间的分类存在一定的差异，目前国内外的研究对时间的分类主要集中在以下四种形式。

1. 二分法

二分法就是将时间分为两部分，可采用多种分组标志进行分割。

首先，按时间的性质可分为工作时间和非工作时间。工作时间又称劳动时间，是人们在社会生活中为谋取生活资料而进行的物质生产、精神生产或提供劳务并取得收入的时间以及相关的辅助时间，包括制度工作时间、加班加点时间。非工作时间是扣除工作时间以外的时间，包括生理需要时间、家务劳动时间和休闲时间。

其次，按时间的可控程度可以分为受约束时间和非受约束时间。例如，工作时间就是受约束时间；看电视、听广播、阅读报纸杂志、游园、散步的时间等就是非受约束时间。

再次，按时间的主体是否获得收入分为市场时间和非市场时间。市场时间即可以获取收入的时间；非市场时间即非获取收入的时间。

最后，根据时间的利用状况可将其划分为利用时间和空耗时间。利用时间即时间的使用价值得到发挥的时间；空耗时间即无所事事、碌碌无为的时间。还可以进一步根据其是否有效，分为有效时间和无效时间。

2. 三分法

三分法是根据人们对时间需要的不同层次将生活时间划分为一次活动时间、二次活动时间和三次活动时间。一次活动时间是人们用于睡眠、吃饭、洗漱的时间，是维持和延长生命的时间，这是人类本能的要求，任何力量都无法强制人们放弃这种需要。二次活动时间是为家庭和社会尽义务的活动时间。三次活动时间是指不被社会生产劳动所占用并由个人根据自身喜好自由选择从事的、不受外在力量支配的、旨在满足享受和发展需要的活动时间。日本统计局经常采用此分类方法。

还有一种三分法是根据时空相连的关系进行分类，分为第一空间（即家庭）、第二空间（即工作单位）、第三空间（即家庭和工作单位以外的空间）。这种分类主要用于研究城市规划问题，在新兴的空间地理学中经常采用此分类方法。

另外，联合国社会和人口统计体系也推荐了一种三分法：第一类为学习、上下班途中、买东西和家务劳动等时间；第二类为吃饭、睡觉时间；第三类为个人可以自由支配的时间。

3. 四分法

四分法是按活动的属性将生活时间分为工作及路途往返时间、生活必需时间、家务劳动时间和休闲时间。我国关于生活时间的统计调查中经常采用该分类。在工作和上下班路途时间中，具体包括制度内实际工作、加班加点工作、非本职工作、上下班路途时间。生活必需时间包括睡眠、用餐、个人卫生、就诊等生活必需时间。家务劳动时间包括购买商品、做饭、缝洗衣物、照料老幼、其他家务劳动时间。休闲时间包括学习科学文化知识或科学研究（工作外）、阅读报纸、阅读书刊、看电视、听广播、观看影剧文体表演、观看各种展览、游园散步、其他娱乐、体育锻炼、休息、教育子女、公益活动、探访接待亲友、其他自由支配时间。

4. 五分法

苏联的统计学家斯特鲁米林等人在 1924 年对苏联城市工人进行研究时，提出过一种五分法，即吃饭睡觉等时间、家务劳动时间、生产劳动时间、上下班途中和购物时间、学习娱乐等时间。

本章内容主要依据二分法的理论研究人力资源时间统计。

（二）时间统计指标

1. 平均时间指标

从业人员生活时间及其分配情况，通常采用抽样调查的方法取得，各项时间指标的数值通常是以一周为期限的平均值反映从业人员的日常生活。平均时间指标是进行生活时间分析时经常采用的指标。它是全部或某一个体从事某类活动时间的平均数，可以就前述分类的每一项计算平均数，如平均工作时间、平均家务劳动时间等。

2. 时间结构指标

时间结构指标是各类生活时间在总时间中的比重。从大的分类看，有 4 个指标，即工作时间占用率、个人生活必需时间占用率、家务劳动时间占用率、休闲时间占用率。其计算公式为：

$$工作时间占用率=\frac{工作时间}{生活时间}\times 100\% \tag{6.1}$$

$$个人生活必需时间占用率=\frac{个人生活必需时间}{生活时间}\times 100\% \tag{6.2}$$

$$家务劳动时间占用率=\frac{家务劳动时间}{生活时间}\times 100\% \tag{6.3}$$

$$休闲时间占用率=\frac{休闲时间}{生活时间}\times 100\% \tag{6.4}$$

第二节 工作时间构成统计

工作时间是企业人力资源时间统计的一个重要组成部分，本节将主要介绍人力资源时间的构成情况，以及衡量这些构成部分的统计指标。

一、工作时间计算单位

研究劳动者的时间利用情况，一个首要的问题是要准确地核算劳动时间的构成和表现形式，确定科学的工作时间和计量单位。马克思在《资本论》中明确地提出用生产中耗费的时间衡量劳动的价值。劳动者的生产劳动时间分为工日和工时两种计算单位。在八小时工作制度下，一个工日相当于八个小时。一个劳动者工作一小时就叫一个工时。在一些特殊的场合下，如在制定劳动消耗定额和核算单位产品劳动消耗量的时候，也用“分”作为计算劳动时间的单位。通常情况下，在工业企业中按“工时”为计算单位、建筑业企业按“工日”为计算单位进行统计。

二、工作时间构成

（一）工作时间的指标构成

企业劳动者的工作时间，按其构成要素可以分为日历时间、制度公休时间、制度工作时间、出勤时间、缺勤时间、停工时间、非生产时间、制度内实际工作时间、加班加点时间和全部实际工作时间等。它们从不同的方面表现了企业劳动者工作时间的结构内容（见图 6-1）。

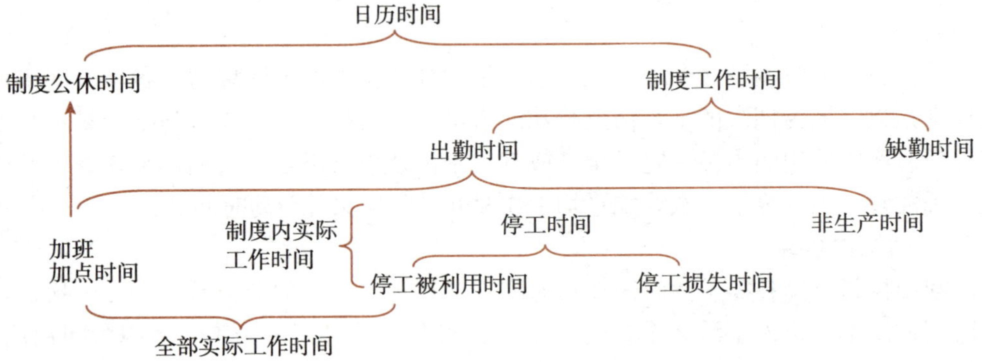

图 6-1　劳动者工作时间构成

（二）工作时间构成的指标解释

1. 日历时间

日历时间是指全部时间资源的总量，是劳动者工作时间的自然极限。

2. 制度公休时间

制度公休时间是指在日历时间内，按照法律规定劳动者可以享受的公休日和节假日的休息时间。自2008年起，我国公民享有的公休时间增加到115天，包括104天的法定休息日和11天的国家法定节假日。

3. 制度工作时间

按照法律规定，劳动者应该出勤上班的工作时间，是企业最大可能利用的工作时间，是考核企业工作时间利用是否充分的指标。

4. 缺勤时间

缺勤时间是指劳动者由于个人的原因在规定的时间内没有上班的时间。缺勤时间分为全日缺勤和非全日缺勤两种。

5. 出勤时间

出勤时间是指劳动者在规定的制度时间内实际工作的时间。

6. 停工时间

停工时间是指在规定的工作时间内，由于企业的原因，如停电、停水、停气、机器设备故障、等待原料，导致劳动者上班以后无法从事生产活动的时间。停工时间又分为全日停工时间和非全日停工时间，还可以分为停工被利用时间和停工损失时间。停工被利用时间是指停工后又被安排其他生产性作业的时间。停工损失时间是停工时间减去停工被利用时间。

7. 非生产时间

非生产时间是指劳动者出勤以后企业安排他们从事非生产性工作的时间，如党团活动、开会、参观和各种公益活动，包括全日的非生产活动时间和非全日的非生产活动时间两种。

8. 制度内实际工作时间

制度内实际工作时间是指在规定的时间内，劳动者出勤后实际从事生产作业活动的时间，属于工作时间的核心部分。

9. 加班加点时间

加班加点时间是指在规定时间以外，由于生产经营活动的需要，企业安排劳动者实际从事生产活动的时间。

10. 全部实际工作时间

全部实际工作时间是指劳动者在计算期内实际从事生产活动的时间总数。

三、工作时间构成的核算

根据统计的时间不同，工作时间的指标可以按照工时和工日分别核算，但是它们的实际意义有所差别。

（一）按工日核算的工作时间指标

1. 日历工日

企业日历工日是表示劳动者可以在一定时期内利用的全部可能劳动时间，它是计算期内的日历天数中每天企业实有劳动者人数的累积。其计算公式为：

$$日历工日=计算期内企业劳动者平均人数\times日历天数 \tag{6.5}$$

2. 制度公休工日

制度公休工日是法律规定的劳动者应该享有的休息权利的时间，它包括每周两天的公休和国家法定节假日，如元旦、春节、清明节、劳动节、端午节、中秋节、国庆节等。其计算公式为：

$$制度公休工日=计算期企业劳动者平均人数\times制度公休天数 \tag{6.6}$$

3. 制度工作工日

制度工作工日是指按照法律规定劳动者应该工作的时间，表明企业劳动者应该工作的时间总量。其计算公式为：

$$制度工作工日=计算期企业劳动者平均人数\times规定工作天数 \tag{6.7}$$

$$制度工作工日=日历工日-制度公休工日 \tag{6.8}$$

4. 缺勤工日

在规定的工作日，企业劳动者由于其个人原因，全天不上班，称为全日缺勤。计算期内，因病、事、伤及旷工等全日缺勤的人数的累计，就构成了缺勤工日，缺勤工日又称为全日缺勤工日，其计算公式为：

$$缺勤工日=\sum 计算期每天全日缺勤工日 \tag{6.9}$$

5. 出勤工日

出勤工日是劳动者在计算期内每一制度工作日实际上班人数的累计。劳动者只要在劳动时间内上班了，无论是否工作够一个规定的工作日长度，都按照一个出勤日计算，其计算公式为：

$$出勤工日=制度工作工日-缺勤工日 \tag{6.10}$$

6. 停工工日

停工工日是指在出勤时间内由于某种原因，不能进行生产的时间，以及工人停工后被安排从事其他非生产性工作的时间。凡停工满一个工作日称为全日停工，其计算公式为：

$$停工工日=\sum 计算期内每天处于全日停工的人数 \tag{6.11}$$

需要注意的是，如果是预知的原因，如计划检修、计划停电、企业把公休日调整到工作日，这种情况下，工作日不属于停工。

劳动者停工后，企业安排从事其他的生产性工作，称为停工工日被利用时间。停工的工日中减去停工被利用工日，就是实际停工工日。

7. 非生产工日

非生产工日数是指劳动者从事非生产活动以及执行国家或社会义务，而未能从事本企业的工日数。非生产时间满一个制度工日的称为全日非生产时间，以工日计算，其计算公式为：

$$非生产工日数=\sum 每天从事非生产活动的人数 \tag{6.12}$$

8. 制度内实际工作工日

制度内实际工作工日是指劳动者每天实际从事生产活动时间的累计。一个劳动者在一个工作日无论时间长短，只要到班参加生产活动就算一个实际工作日，其计算公式为：

$$\begin{aligned}\begin{matrix}制度内实际\\工作工日\end{matrix}&=\begin{matrix}制度内\\工作工日\end{matrix}-缺勤工日-停工工日-非生产时间+\begin{matrix}停工被\\利用工日\end{matrix}\\&=出勤工日-停工工日-非生产时间+停工被利用工日\end{aligned} \tag{6.13}$$

9. 加班工日

加班时间是指制度工作时间以外，由于生产活动的需要，劳动者被安排实际进行生产活动的时间。加班工日是工人在公休日和节假日加班满一个工作轮班日，其计算公式为：

$$加班工日=制度公休日-实际公休日 \tag{6.14}$$

10. 全部实际工作工日

全部实际工作工日包括制度内实际工作时间和在公休日内加班工日，其计算公式为：

$$全部实际工作工日=制度内实际工作工日+加班工日 \tag{6.15}$$

（二）按工时核算的工作时间指标

1. 日历工时

日历工时是以工时为单位核算的劳动者在一定时期内所有可能的劳动时间，其时间含义与日历工日完全一致。其计算公式为：

$$日历工时=日历工日\times 制度工作日长度（小时） \tag{6.16}$$

$$日历工时=\begin{matrix}计算期\\平均人数\end{matrix}\times\begin{matrix}计算期\\日历天数\end{matrix}\times\begin{matrix}制度工作日\\长度（小时）\end{matrix} \tag{6.17}$$

2. 制度公休工时

制度公休工时是按照工时为单位核算的制度公休工日与每个制度工作日长度的乘积，其时间范围与制度公休工日一致。其计算方法有两种：

$$制度公休工时=制度公休工日\times 制度工作日长度（小时） \tag{6.18}$$

$$制度公休工时=\begin{matrix}计算期\\平均人数\end{matrix}\times\begin{matrix}制度公休\\天数\end{matrix}\times\begin{matrix}制度工作日\\长度（小时）\end{matrix} \tag{6.19}$$

3. 制度工作工时

制度工作工时是将制度工作日按照工时折算后的指标，其实际含义与制度工作工日完全一致。其计算方法有三种：

$$制度工作工时=制度工作工日\times 制度工作日长度（小时） \tag{6.20}$$

$$制度工作工时=\begin{matrix}计算期\\平均人数\end{matrix}\times\begin{matrix}制度工作\\天数\end{matrix}\times\begin{matrix}制度工作日\\长度（小时）\end{matrix} \tag{6.21}$$

$$制度工作工时=日历工时-公休工时 \tag{6.22}$$

4. 缺勤工时

缺勤工时包括全日缺勤和非全日缺勤。其中，非全日缺勤是指劳动者在一个工作日里仅工作几个小时，其余的时间不工作。缺勤工时的计算公式为：

缺勤工时＝缺勤工日×制度工作日长度＋非全日缺勤工时 (6.23)

5. 出勤工时

出勤工时是按照制度工作小时内实际上班的人数计算的，即报告期内企业所有劳动者累计工作的小时数。其计算公式为：

出勤工时＝出勤工日×制度工作日长度－非全日缺勤工时 (6.24)

出勤工时＝制度工作工时－缺勤工时 (6.25)

6. 停工工时

停工工时是劳动者在出勤时间中的全日停工与非全日停工时间总和。其计算公式为：

停工工时＝全日停工工日×制度工作日长度＋非全日停工工时 (6.26)

7. 非生产工时

非生产工时包含全日非生产和非全日的非生产工时。其计算公式为：

非生产工时＝非生产工日制度×工作日长度＋非全日非生产工时 (6.27)

8. 制度内实际工作工时

制度内实际工作工时是一段时期内每个劳动者每天实际进行生产作业活动小时数的合计，包括全日作业活动时间和非全日作业活动时间。其计算公式为：

制度内实际工作工时＝制度内工作工日×制度工作日长度
－(缺勤工时＋停工工时＋非生产工时) (6.28)

9. 加班加点工时

加班加点工时是在规定的工作时间以外，劳动者实际生产作业未满一个制度工作日长度内的所有人员作业小时数的合计。其计算公式为：

加班加点工时＝加班工日×制度工作日长度＋加点工时 (6.29)

10. 全部实际工作工时

全部实际工作工时指在规定时间以内和以外，实际从事生产活动的小时数总和。其计算公式为：

全部实际工作工时＝制度内实际工作工时＋加班加点工时 (6.30)

[例 6－1] 2020 年 7 月份某企业的劳动者平均人数 1 500 人，制度公休日 8 天。劳动构成时间有关资料如下：

(1) 全日缺勤 1 200 工日，非全日缺勤 4 500 工时。

(2) 全日停工 60 工日，非全日停工 1 000 工时。

(3) 全日非生产 120 工日，非全日非生产 750 工时。

(4) 公休日加班 300 工日，加点 2 000 工时。

要求核算 7 月份劳动者各项时间指标。

解：

(1) 按工日核算的劳动时间指标：

日历工日＝1 500×30＝45 000（工日）

制度公休工日＝1 500×8＝12 000（工日）

制度工作工日＝45 000－12 000＝33 000（工日）
缺勤工日＝1 200（工日）
出勤工日＝33 000－1 200＝31 800（工日）
停工工日＝60（工日）
非生产工日＝120（工日）
制度内实际工作工日＝31 800－（60＋120）＝31 620（工日）
加班工日＝300（工日）
全部实际工作工日＝31 620＋300＝31 920（工日）

（2）按工时核算的劳动时间指标：
日历工时＝1 500×30×8＝360 000（工时）
制度公休工时＝1 500×8×8＝96 000（工时）
制度工作工时＝360 000－96 000＝264 000（工时）
缺勤工时＝1 200×8＋4 500＝14 100（工时）
出勤工时＝31 800×8－4 500＝249 900（工时）
停工工时＝60×8＋1 000＝1 480（工时）
非生产工时＝120×8＋750＝1 710（工时）
制度内实际工作工时＝264 000－14 100－1 480－1 710＝246 710（工时）
加班加点工时＝300×8＋2 000＝4 400（工时）
全部实际工作工时＝246 710＋4 400＝251 110（工时）

第三节　工作时间利用统计

工作时间利用是企业人力资源时间统计的另一个重要组成部分，可以反映人力资源时间的利用程度。本节将主要介绍人力资源时间的利用情况以及相关的统计指标。

一、工作时间利用基本情况分析

研究劳动者工作时间利用的基本情况，首要的问题是构建基本分析指标，然后根据指标的结果对劳动者工作时间利用的基本情况做出综合分析。

（一）出勤率

出勤率可以反映劳动者在制度规定的时间内出勤的情况，是员工实际出勤到岗时间占该时期全部制度工作日的比例。由于各单位的考勤制度不同，出勤率的计算方法有两种：一是按照工日计算，反映全日缺勤工日对全部制度劳动时间利用的影响；二是按工时计算，既反映全日缺勤对劳动时间利用的影响，又反映非全日缺勤的影响。其计算公式为：

$$出勤率=\frac{制度内出勤工时（工日）数}{制度工作工时（工日）数}\times 100\% \tag{6.31}$$

出勤率越高表明对制度劳动时间的利用程度越高，反之越低。出勤率与缺勤率之和是100％。

$$缺勤率=100\%-出勤率 \tag{6.32}$$

（二）出勤时间利用率

出勤时间利用率反映了工人出勤后直接用于生产劳动的时间，是制度内工作时间与出勤时间的比率。劳动者出勤以后可能会遇到一些情况，如停电、停水、设备维修等，导致无法正常从事生产劳动，这些都会挤占一部分出勤时间。对企业而言，这种情况虽然不是因员工个人原因导致的生产时间减少，但是企业应该把出勤时间最大可能地投入到生产活动中。出勤时间利用率可以按照工时和工日分别核算，其计算公式为：

$$出勤时间利用率=\frac{制度内实际工作工时（工日）数}{制度内出勤工时（工日）数}\times 100\% \tag{6.33}$$

需要注意的是，按工时与工日两种方法计算，出勤时间利用率会有一定的差异。

（三）制度工作时间利用率

制度工作时间利用率用来反映制度规定的应该工作的时间实际被利用的程度。研究工作时间的利用情况，应该以制度工作时间为基准，制度工作时间利用率是分析工作时间利用情况的基本指标。制度工作时间的利用程度与缺勤、停工和非生产等占用状况有直接的联系。其计算公式为：

$$制度工作时间利用率=\frac{制度内实际工作工时（工日）数}{制度内工作工时（工日）数}\times 100\% \tag{6.34}$$

该指标值越大表明缺勤、停工和非生产等情况损失的时间越少，用于生产经营的时间越多，则制度工作时间的利用率越高；反之越低。

出勤时间利用率、出勤率与制度工作时间利用率三者之间的关系可以表示为：

$$制度工作时间利用率=出勤率\times出勤时间利用率 \tag{6.35}$$

$$制度工作时间利用率=\frac{制度内出勤工时（工日）数}{制度工作工时（工日）数}\times\frac{制度内实际工作工时（工日）数}{制度内出勤工时（工日）数}\times 100\% \tag{6.36}$$

［例 6－2］ 根据例 6－1 的资料计算出勤时间利用率、出勤率与制度工作时间利用率。

解：

（1）按工日计算的指标：

$$出勤率=\frac{31\ 800}{33\ 000}\times 100\%\approx 96.36\%$$

$$出勤时间利用率=\frac{31\ 620}{31\ 800}\times 100\%\approx 99.43\%$$

$$制度工作时间利用率=\frac{31\ 620}{33\ 000}\times 100\%\approx 95.82\%$$

（2）按工时计算的指标：

$$出勤率=\frac{249\ 900}{264\ 000}\times 100\%\approx 94.66\%$$

$$出勤时间利用率=\frac{246\ 710}{249\ 900}\times 100\%\approx 98.72\%$$

$$制度工作时间利用率=\frac{246\ 710}{264\ 000}\times 100\%\approx 93.45\%$$

想一想：哪些原因导致按照工时和工日两种核算方法计算出的时间利用指标出现了差异？

二、工作时间利用的其他分析

（一）工作日利用率

工作日利用率反映实际劳动日长度占标准劳动日长度的比重，说明标准劳动日长度实际被利用的程度，非全日缺勤、非全日非生产和非全日停工的出现都会影响工作日的实际利用情况。其计算公式为：

$$工作日利用率=\frac{工作日实际工作长度（小时）}{工作日制度工作长度（小时）}\times 100\% \tag{6.37}$$

这里的工作日制度工作长度一般为 8 小时。如果企业实行三班倒的工作制度，三个工作轮班分别为：6 小时、7 小时和 6.5 小时，则工作日制度长度为 6.5 小时。

工作日实际工作长度的计算方法为：

$$工作日实际工作长度=\frac{制度内实际工作工时}{制度内实际工作工日} \tag{6.38}$$

（二）工作月利用率

工作月利用率是指在一个月内企业的生产工人平均每人实际工作的天数占制度规定天数的比值，说明了生产工人工作月的利用程度。其计算公式为：

$$工作月利用率=\frac{工作月实际工作长度（天）}{工作月制度工作长度（天）}\times 100\% \tag{6.39}$$

工作月实际工作长度是平均每个劳动者一个月内实际从事生产活动的天数。其计算公式为：

$$工作月实际工作长度=\frac{制度内实际工作日}{工作月平均人数} \tag{6.40}$$

工作月制度工作长度是日历工日扣除制度公休工日后应该出勤的天数，也可以按照下面的公式计算：

$$工作月制度工作长度=\frac{全月制度工作工日}{工作月平均人数} \tag{6.41}$$

［例 6－3］ 利用例 6－1 的资料计算工作日利用率和工作月利用率。

解：

$$工作日实际工作长度=\frac{246\ 710}{31\ 620}\approx 7.80（小时）$$

$$工作日利用率=\frac{7.8}{8}\times 100\%\approx 97.5\%$$

$$工作月实际长度=\frac{31\ 620}{1\ 500}\approx 21.08（天）$$

$$工作月利用率=\frac{21.08}{22}\times 100\%\approx 95.82\%$$

三、加班加点程度分析

我国逐步走向了市场经济的道路，企业必须符合市场的需求及时调整生产计划，有时候企业为了赶时间交货、交工，加班加点在所难免。但是长时间的加班势必会影响到劳动者的身心健康，破坏正常的工作环境，给安全生产带来种种隐患，因此必须深入分析导致加班加点的原因，为今后合理制订工作计划提供依据。

背景资料

加班加点已成为“家常便饭”

当代社会的竞争日益激烈，人们为了保住自己的职位或者取得更好的工作业绩就必须投入更多的时间和精力，加班加点成了职场的潜规则。中国人民大学生活时间分配课题组 2016 年的调查数据显示，53.98%的人每周工作时间在 40 小时以上，而 1996 年只有 20.7%的人每周工作时间在 40 小时以上。与 20 年前相比，加班加点已经成为一种十分普遍的现象，而且人们加班时间有增无减，其中男性、高收入者和中小学生是加班工作（学习）压力比较大的群体。

（一）加班加点比重

加班加点比重是指在全部实际工作时间内，加班加点所占的比重。其计算公式为：

$$\text{加班加点比重}=\frac{\text{加班加点工日（工时）}}{\text{全部实际工作工日（工时）}}\times 100\% \tag{6.42}$$

（二）加班加点强度

加班加点强度是指在制度内实际工作的时间里，加班加点时间所占的比重，相当于平均每百个单位实际工作时间出现的加班加点时间，反映加班加点现象发生的强度。其计算公式为：

$$\text{加班加点强度}=\frac{\text{加班加点工日（工时）}}{\text{制度内实际工作工日（工时）}}\times 100 \tag{6.43}$$

[例 6-4] 利用例 6-1 的资料计算加班加点比重和强度。

解：

$$\text{加班加点比重}=\frac{\text{加班加点工日}}{\text{全部实际工作工日}}\times 100\%=\frac{300}{31\ 920}\times 100\%\approx 0.94\%$$

$$\text{加班加点比重}=\frac{\text{加班加点工时}}{\text{全部实际工作工时}}\times 100\%=\frac{4\ 400}{251\ 110}\times 100\%\approx 1.75\%$$

$$\text{每百个工日加班强度}=\frac{\text{加班加点工日}}{\text{制度内实际工作工日}}\times 100=\frac{300}{31\ 620}\times 100\approx 0.95$$

$$\text{每百个工时加班强度}=\frac{\text{加班加点工时}}{\text{制度内实际工作工时}}\times 100=\frac{4\ 400}{246\ 710}\times 100\approx 1.78$$

（三）平均加班加点长度

平均加班加点长度是加班加点工时与同期制度实际工作工日的比值，表明平均每个实际工作日发生的加班加点的时间，即“超时工作”时间。它可以直观地反映劳动者加班加点的状况。

$$\text{平均加班加点长度}=\frac{\text{加班加点工时}}{\text{制度内实际工作工日}} \tag{6.44}$$

（四）加班加点的工资支付分析

加班加点会造成工资的成倍增加，按规定加班加点工资支付应该比正常劳动时间工资的支付多1～2倍。加班加点的人工费超支额计算公式如下：

$$\text{加班加点的人工费超支额}=\text{加班加点工时}\times\text{平均工资（小时）}\times\text{系数} \tag{6.45}$$

（五）劳动效率降低程度

超时工作会导致工作效率降低，可能无法达到预期的效果，严重的还会给生产带来恶性循环，劳动效率降低程度可以反映加班加点对生产的负面影响。其计算公式为：

$$\text{劳动效率降低程度}=100\%-\frac{\text{加班加点的劳动生产率}}{\text{正常时间的劳动生产率}}\times100\% \tag{6.46}$$

四、工作时间利用的损失分析

分析利用工作时间是完成生产工作任务的重要保障，劳动时间利用不好，不仅会影响生产任务的顺利进行，还可能会增加在编人员，造成人浮于事，人力资源配置与利用不合理的情况。

（一）工作日平均缺勤量

由于劳动者的个人原因导致劳动时间利用不充分，如病假、事假、探亲假、旷工等都会损失劳动时间。工作日平均缺勤量是计算期内缺勤工时与同期制度内实际工作工日的比率，说明平均每个员工在一个工作日内缺勤的时间。其计算公式为：

$$\text{工作日平均缺勤量}=\frac{\text{缺勤工时}}{\text{制度内实际工作工日}} \tag{6.47}$$

（二）工作日平均停产工作量

由于企业的生产经营管理不当可能会造成停水、停电、停气、原材料供应中断等，这些情况都会造成劳动时间无法充分利用。工作日平均停产工作量是计算期内停工工时与制度内实际工作时间的比值，反映了平均每个劳动者在一个工作日内的实际停工时间。其计算公式为：

$$\text{工作日平均停产小时}=\frac{\text{停工工时}}{\text{制度内实际工作工日}} \tag{6.48}$$

（三）工作日平均非生产占用量

由于劳动者从事非生产活动以及执行国家或社会义务导致劳动时间不能充分利用，如占用生产时间开会、学习。工作日平均非生产占用量是计算期内非生产工时和制度内实际工作工日对比，反映了平均每个劳动者在一个工作日内实际占用的非生产活动时间。其计算公式为：

$$\text{工作日平均非生产小时}=\frac{\text{非生产工时}}{\text{制度内实际工作工日}} \tag{6.49}$$

五、工作时间平衡表的编制

工作时间平衡表如表 6-1 所示。

表 6-1　工作时间平衡表

劳动时间资源	数量	劳动时间分配	数量	比重
一、日历工时		一、制度内实际工作工时		
二、制度公休工时		二、正当理由未利用工时		
		1. 正当理由缺勤工时 (1) 病假 (2) 产假 (3) 探亲假 (4) 工伤 (5) 事假 (6) 其他 2. 非生产工时 (1) 参加会议 (2) 学习 (3) 公益活动 (4) 文体活动 (5) 其他 三、浪费工时 1. 停工工时 (1) 任务不足 (2) 原材料供应中断 (3) 停水、停电 (4) 设备检修 (5) 工具不配套 (6) 其他 2. 无故缺勤 (1) 旷工 (2) 其他		
三、制度工作工时		合计		100.00
		补充资料：加班加点工时 1. 公休日加班工时 2. 工作日加点工时		

第四节　非工作时间统计

人力资源工作时间的构成和利用情况尚无法全面反映企业人力资源时间，非工作时间也是企业人力资源时间统计的一个重要组成部分。本节主要介绍人力资源非工作时间的构成情况。

一、非工作时间的概念

非工作时间是指劳动者从事有偿社会劳动之外的其他活动所占用的时间，是在工作时间以外的那部分时间。

由于在一个生活日中，人们从事的非工作活动种类繁多、琐碎，为了能够准确计量各种活动的时间，一般以“分钟”为单位来统计非工作时间。有些活动是同时进行，如一边看电视，一边用餐，应该统计主要活动消耗的时间；如果两种活动交替进行，其时间消耗应该分别统计。

对非工作时间分类可以依据前文提到的“四分法”，即按活动的属性将非工作时间分为路途往返时间、生活必需时间、家务劳动时间和休闲时间。劳动者可以在非工作时间内从事多种活动，具体内容如表 6-2 所示。

表 6-2 非工作时间分配表

项目	占用时间（分钟）	比重（%）
一、路途往返时间		
二、生活必需时间		
1. 睡眠		
2. 用餐		
3. 个人卫生		
4. 就医保健		
5. 其他生活必需时间		
三、家务劳动时间		
1. 购买商品		
2. 做饭		
3. 洗衣物		
4. 照顾孩子和老人		
5. 其他家务劳动时间		
四、休闲时间		
1. 学习科学文化知识		
2. 阅读报纸		
3. 阅读书刊		
4. 看电视		
5. 听广播		
6. 观看影剧文体表演		
7. 观看各种展览		
8. 游园散步		
9. 其他娱乐		
10. 体育锻炼		
11. 休息		
12. 教育子女		
13. 公益活动		
14. 探访或接待亲友		
15. 非工作目的使用计算机及上网		
16. 其他自由支配时间		

二、非工作时间统计的意义

随着社会的发展和生产力的不断提高，人们可以用更少的时间创造出更多的财富，工作已经不再是生活的唯一目的，人们可以拥有更多的时间自由支配。事实上，非工作时间与工作的关系十分密切，个人必需时间有助于恢复体力和精力，从而使其能够以更高的效率投入到紧张的工作中去；休闲时间有助于提高人们的素质，丰富人们的生活，使人的个性得到全面发展，使每个就业者都可以有更多的空闲时间来安排自己的事情。具体而言，研究非工作时间统计的意义在于：

第一，借助非工作时间分析体现社会生产力水平的变化。

从宏观层次上看，诸多因素都会影响工作时间的减少，从而增加非工作时间，其中，生产力发展是导致这一变化的根本动力，生产力水平提高的最直接表现就是劳动生产率提高，在同样的时间内能够创造出更多的财富，这样一来，可以节省出大量的时间供人们自由支配。从世界范围看，生产力低下的国家，工作时间较长，而生产力发达的国家，工作时间相对较短，如法国规定自 2000 年起每周工作时间由原来的 40 小时缩短至 35 小时。

第二，分析休闲时间的利用，提出促进社会全面协调发展的措施。

休闲时间不断增加是社会发展水平和生活水平不断提高的标志。如何提高休闲时间的利用效率，丰富人们的精神文化生活是非工作时间分配研究的一个重点。闲和忙是紧密扣在一起的两个方面，忙是为了更好地闲，闲则是为了更好地忙，忙与闲适度配置才能增强整个社会的竞争力。目前，我国居民的休闲时间占全部生活时间的 1/3，但是对这部分时间的利用情况却不太理想。人们从事的休闲活动多为静态的室内活动，如看电视、上网等，从事动态的室外活动或者提高自身修养的休闲活动较少。通过研究劳动者的休闲时间利用可以及时发现问题，科学地引导人们理性利用休闲时间，实现社会发展和生活水平全面提高的目标。

第三，分析非工作时间的利用有助于缩减不必要的时间消耗。

人们要获得更多的休闲时间，除了缩减工作时间以外，另一个可行的途径就是压缩各种不必要的时间消耗。通过统计分析非工作时间的利用状况，可以发现哪些活动消耗的时间挤占了大量的休闲时间，如果可行，就制定相应的措施减少这类活动的消耗，为休闲活动腾出更多的时间。例如，在很多大城市，人们上下班的路途时间呈现不断上升的趋势，大量的时间花在路途上无疑消耗了人们的时间和精力，影响了人们的生活水平。导致路途时间增加的原因除了人们活动半径增大之外，一个重要的原因就是交通拥堵，针对这一问题可以提出发展城市轨道或者采用弹性工作制等措施缓解交通压力，达到减少路途时间的目标。

三、非工作时间的统计指标

目前，我国政府统计部门还没有正式开展非工作时间的统计工作。一般来说，收集非工作时间的数据主要是采用抽样调查的方法，选定某一特定的研究对象，向其发放问卷调查表，让他记录一天 24 小时的活动分布。其中反映非工作时间分配的主要指标如

表 6－3 所示。

表 6－3 非工作时间的统计指标

统计指标	指标含义
一、路途往返时间	在一个工作日内劳动者从家到单位的路上直接消耗的时间。
二、个人必需时间	从业人员平均每天维持生存必须耗用的时间，包括睡眠时间、用餐时间、医疗卫生保健时间等。
1. 睡眠	中午和晚上用于睡眠的时间。
2. 用餐	包括早、中、晚的用餐时间。如果因工作需要，如上夜班、消夜的时间也应该计入。
3. 个人卫生	个人用于洗脸、刷牙、梳头、理发、洗澡、排泄等消耗的时间。
4. 就医保健	个人用于看病、吃药、打针、治疗等消耗的时间。
5. 其他生活必需时间	
三、家务劳动时间	从业人员平均每天从事家务劳动和抚养教育子女的时间，包括购物、做饭等的时间。
1. 购买商品	包括购买各种生活、学习、文化用品的时间，包含乘车、走路和排队等候的时间。
2. 做饭	主要包括加工主食和烹饪菜肴以及清洁碗筷的时间。
3. 洗衣物	包括洗涤、晾晒、熨烫衣物的时间。
4. 照顾孩子和老人	主要指照顾生活不能自理的老人的饮食、起居和照看学龄前儿童，以及接送孩子到托儿所耗费的时间总和。
5. 其他家务劳动时间	
四、休闲时间	从业人员平均每天发展才智、提高科学文化素质和娱乐所用的时间，包括学习科学文化知识、阅读报纸、阅读书刊、看电视、听广播、观看影剧文体表演等的时间。
1. 学习科学文化知识	在业余时间以扩大知识面和增长见识为目的进行的学习文化知识的时间。
2. 阅读报纸	在业余时间每天看报纸的时间，不包括上班期间看报的时间。
3. 阅读书刊	在业余时间每天用于看书的时间。
4. 看电视	以消遣为目的的看电视时间。
5. 听广播	以娱乐为目的的听广播时间。
6. 观看影剧文体表演	以心情转换和审美观赏为目的观看影剧文体表演花费的时间。
7. 观看各种展览	以扩大知识面和审美观赏为目的观看各种展览花费的时间。
8. 游园散步	每天为了放松身心、保持健康从事的游园散步活动花费的时间。
9. 其他娱乐	
10. 体育锻炼	从事以身体发育、恢复和保养为目的的体育及健康活动的时间，如慢跑、游泳、篮球、棒球、羽毛球、台球、保龄球、高尔夫等。
11. 休息	没有明确的活动形式，主要目的是放松自己的活动花费的时间，如纳凉、闭目养神等。
12. 教育子女	包括对子女进行教育、示范、检查作业、辅导功课以及培养其他技能的时间。
13. 公益活动	在业余时间为社会提供无偿公共劳动的时间，如自愿到敬老院照看老人。
14. 探访或接待亲友	以联络感情为目的，走亲访友和朋友聚会的时间。
15. 非工作目的的使用计算机及上网	在工作以外纯粹是为了个人娱乐而进行的上网以及使用电脑的时间。
16. 其他自由支配时间	

四、非工作时间利用的其他分析

（一）个人生活必需时间占用率

个人生活必需时间占用率是指个人生活必需时间占全部生活时间的比例。其计算表达式为：

$$个人生活必需时间占用率=\frac{个人生活必需时间}{全部生活时间}\times 100\% \tag{6.50}$$

这一指标由于受到人的生理机能的刚性限制，通常在不同空间条件下表现的平均值差异不大，但就个人而言，差异较为明显。

（二）家务劳动时间占用率

家务劳动时间占用率是指家务劳动时间占全部生活时间的比重。其计算表示式为：

$$家务劳动时间占用率=\frac{家务劳动时间}{全部生活时间}\times 100\% \tag{6.51}$$

一般而言，发展中国家民众家务劳动时间占用率要高于发达国家家务劳动时间占用率，但随着社会生产的发展，家务劳动社会化进程的加快，该比率有降低趋势。

（三）休闲率

休闲率是指用于休闲活动的时间占全部生活时间的比重。其计算表达式为：

$$休闲率=\frac{休闲时间}{全部生活时间} \tag{6.52}$$

从发展趋势看，由于人们生活水平的不断提高，用于休闲活动的时间将会增加，休闲率必然会逐步提高。

（四）工作时间与休闲时间的比率

在其他时间一定的条件下，工作时间与休闲时间紧密相连，二者此消彼长，其计算表达式为：

$$工作时间与休闲时间的比率=\frac{工作时间}{休闲时间} \tag{6.53}$$

随着劳动生产率的提高，工作时间将进一步减少，休闲时间增加成为可能，到时工作时间将与休闲时间融为一体，二者时间比率终将趋于模糊，到那时人类将由必然王国走向自由王国。

拓展阅读

2018 年，国家统计局组织开展了第二次全国时间利用调查，该调查覆盖 11 个省（自治区、直辖市），采用国家统一的住户收支与生活状况调查样本框，共抽样调查 20 226 户 48 580 人。调查数据显示，居民有酬劳动（包括就业工作和家庭生产经营活动）的平均时间为 4 小时 24 分钟。其中，男性 5 小时 15 分钟，女性 3 小时 35 分钟；城镇居民 3 小时 59 分钟，农村居民 5 小时 1 分钟；工作日 4 小时 50 分钟，休息日 3 小时 17 分钟。居民有酬劳动活动的参与率为 59%。其中，男性 67.4%，女性 51%；城镇居民 53.1%，农村居民 68.1%；工作日 64.5%，休息日 45.1%。

居民就业工作活动的参与率为 38.4%。其中，男性 46%，女性 31.3%；城镇居民 43.2%，农村居民 31%；工作日 44%，休息日 24.5%。就业工作活动的参与者平均时间为 7 小时 41 分钟。其中，男性 7 小时 52 分钟，女性 7 小时 24 分钟；城镇居民 7 小时 37 分钟，农村居民 7 小时 48 分钟；工作日 7 小时 40 分钟，休息日 7 小时 42 分钟。按 5 岁为组距分组，25～29 岁男性就业工作活动的参与者平均时间最长，为 8 小时 6 分钟。

居民家庭生产经营活动的参与率为 23.1%。其中，男性 24.6%，女性 21.8%；城镇居民 11.6%，农村居民 41.1%；工作日 23.3%，休息日 22.7%。家庭生产经营活动的参与者平均时间为 6 小时 14 分钟。其中，男性 6 小时 40 分钟，女性 5 小时 47 分钟；城镇居民 6 小时 1 分钟，农村居民 6 小时 20 分钟；工作日 6 小时 15 分钟，休息日 6 小时 12 分钟。按 5 岁为组距分组，35～39 岁男性家庭生产经营活动的参与者平均时间最长，为 7 小时 26 分钟。

本章小结

本章主要从工作时间和非工作时间两个方面介绍了人力资源时间利用。工作时间是人力资源时间统计的重要内容，要学会使用时间利用指标和时间构成指标分析企业人力资源时间的分布、总量和结构，能从企业劳动者时间使用存在的问题中找出原因，并给出合理的解决对策。非工作时间是劳动者用来恢复体力、提高智力的重要时间，掌握企业劳动者非工作时间的利用有助于全面了解本企业员工的情况，为进一步开发人力资源、提高工作效率提供可靠依据。

关键概念

日历时间　制度公休时间　制度工作时间　出勤时间
缺勤时间　出勤率　出勤时间利用率　制度工作时间利用率
工作日利用率　工作月利用率　加班加点比重　加班加点强度
平均加班加点长度

复习题

1. 什么是劳动时间？
2. 工作时间的构成指标有哪些？
3. 工作时间的利用指标有哪些？

讨论及思考题

1. 研究生活时间的意义是什么？
2. 如何分析企业劳动者的时间利用情况？
3. 研究劳动者非工作时间有什么意义？

第七章

人力资源价值统计

■ 要点提示

◇ 人力资源价值的特性、分类及统计意义
◇ 人力资源个体价值的货币性及非货币性计量方法
◇ 人力资源群体价值的货币性及非货币性计量方法

■ 内容引言

"人力资源价值"一词最早源于古典经济学，其理论奠基人为美国经济学家、现代人力资本理论的倡导者舒尔茨。从应用经济角度来看，由于人力资源能够提供未来用途和服务，因此与其他资源一样也具有价值，同时将人力资源价值界定为可望人力资源提供未来用途和服务的现值。从生产单位角度来看，人力资源价值反映了人力资源为组织创造效益的能力，同时将人力资源价值界定为个人或群体为组织所能提供各种服务的现值。人力资源价值统计是以产出价值对人力资源的经济价值所进行的货币及非货币定量分析的方法。

第一节 人力资源价值统计的一般问题

在科学客观地进行人力资源价值统计分析之前，必须首先明确人力资源价值的特性、分类及现实意义等基本问题。

一、人力资源价值的特性

人力资源价值的特性可以从人力资源与其他资源的本质区别的三个层面中体现出来。

第一，人力资源的所有权与使用权是相互分离的。对于其他资源而言，一旦被生产单位购入，就是买断了它的所有权和使用权。而生产单位雇用劳动力，使其工作或劳动，支付工资等劳动报酬，实际上只是购买了人力资源的使用权，而不能购入人力资源的所有权。因此，人力资源不仅可以将自己作为“资本”投入到生产单位中，而且可以对自己的投资进行开发，改善并提高自身的价值。同时人力资源还可以在生产单位之间不断流动，其方向一般是向实现其自身更大价值的生产单位流动，在其使用的年限内其价值会不断增值。

第二，人力资源的使用价值大于人力资源的交换价值，即人力资源不断地为生产单位创造比其自身报酬更大的价值，也就是剩余价值。如果将人力资源使用价值在生产单位内所形成的积累作为人力资本看待，那么人力资本作为一种投入资本也应像其他投入资本一样从生产单位中得到投资回报。

第三，人力资源作为生产单位的一种人力资产不同于其他资产，作为其载体的人本身具有主动性。人力资产的效用既取决于生产单位在人力资产上的投资，也取决于生产单位的管理倾向和组织结构、生产条件，更取决于个人的能力、性格、欲望、观念及对群体的适应性，甚至生活习性和社会境遇。每个人的贡献都是这些因素综合作用的结果，而生产单位整体人力资源效益又是众多员工相互影响、协调、使用、制约的综合结果。这种结果又与生产单位其他资源运用的结果融合在一起，表现为生产单位的最终经营成果。

二、人力资源价值的分类

人力资源价值是指作为人力资源载体的人所具有的潜在的、创造性的劳动能力，这种能力的外在表现就是人在劳动中新创造出来的价值。当人力资源进入生产单位时，人力资源的价值是一种预计未来人力资产可提供的服务总值的现值。

（一）依据人力资源价值的计量范畴分类

根据人力资源价值（或使用价值）计量的范畴不同，可将其分为广义的人力资源价值与狭义的人力资源价值两类。

广义的人力资源价值或广义的人力资源产出价值包括人力资源必要劳动价值和人力资源剩余劳动价值两部分；而狭义的人力资源价值或狭义的人力资源产出价值仅指人力资源必要劳动价值部分。其中，人力资源必要劳动价值又称补偿价值或交换价值，体现为支付给人力资源的所有者即劳动者的工资报酬，是对劳动者参与生产过程中所消耗的脑力和体力的补偿，一般是以每月工资报酬形式表现的。人力资源总交换价值是劳动者以劳动交换工资报酬开始至丧失劳动能力不能领取工资报酬时为止的累计发放的工资及其他收入总额。人力资源剩余劳动价值又称剩余价值，是由劳动者剩余劳动所创造的那部分价值。

（二）依据人力资源价值的实现与否分类

根据人力资源价值实现与否，将其分为人力资源的内在价值与人力资源的实现价值两类。

人力资源的内在价值是指蕴含在人本身的能够带来效用的潜在知识、技能和能力的价值。无论是否在生产过程中得到利用，它都是客观存在的。人力资源的实现价值是指蕴含在人本身的能够带来效用的潜在知识、技能和能力在工作中施展开来，创造物质和精神财富、为组织提供服务、产生一定效益的价值。人力资源的内在价值是人力资源价值计量的基准点，而人力资源的实现价值则是人力资源价值计量的落脚点。从人力资源的内在价值转化为人力资源的实现价值过程会受到许多复杂因素的影响，这是每个生产单位或组织所应着重关注并解决的问题。

（三）依据人力资源价值的计量对象分类

根据人力资源价值的计量对象不同，可将人力资源价值分为人力资源个体价值与人力资源群体价值两类。

人力资源个体价值是指某个人作为一个企业或组织或整个社会的成员，在为其工作期间所提供的各种未来服务的现值。人力资源群体价值是指某个群体，包括企业或组织或整个社会，在其工作期间所提供的各种未来服务的现值。

（四）依据人力资源价值的计量单位分类

根据人力资源价值的计量单位不同，可将其分为货币性计量的人力资源价值与非货币性计量的人力资源价值两类。

货币性计量的人力资源价值是指用如人民币元、美元、欧元、日元、英镑等货币单位计量的人力资源价值。货币性计量的人力资源价值的计量方法又可划分为不同的子类。根据计量依据的不同，可分为以人力资源工资为计量依据的人力资源交换价值货币性计量方法、以人力资源所创造的收益为计量依据的人力资源剩余价值货币性计量方法、以人力资源工资和人力资源所创造的收益为计量依据的人力资源使用价值货币性计量方法。

非货币性计量的人力资源价值是指对不能用货币单位而只能用非货币单位计量的，

如员工的性格、进取心、责任感、与团队的关系、接受新事物的能力、社会影响力、行为、习性、潜能、适应能力、群体的配合习惯、工作氛围等的人力资源价值。

三、人力资源价值统计的意义

人力资源价值统计反映的是包括补偿价值（或交换价值）和剩余价值在内的人力资源的完全价值。对人力资源价值进行统计研究至少具有四个方面的现实意义。

首先，人力资源价值统计有利于选拔人才。在竞争激烈的知识经济时代，每个生产单位要想保持在市场竞争中的优势，就必须通过人力资源市场选拔优秀人才，而衡量优秀人才的重要标准就是人力资源价值。同时，人力资源价值也是各生产单位进一步测算人力资源投资报酬率的重要依据，以分析由于人力资源投资所引起的人力资源价值变化。

其次，人力资源价值统计有利于建立人才激励机制。随着智力资本在生产发展中地位的提高，管理决策者越来越关注建立合理的激励机制，合理确定人力资源参与本单位收益分配的标准。这就需要对人力资源价值进行正确的评估，提供基本的数据支持，充分发挥人力资源的潜在能量，合理地将其转化为人力资本，同时根据本单位的经营目标合理地调节人力资本结构。

再次，人力资源价值统计有利于人力资源的有效利用。由于人力资源的所有权属于个人，个人可以相对自由地为某个组织提供服务，也可以取消服务。生产单位获得的某个人所提供的服务有可能小于他所拥有的能提供服务的潜能。为了有效地利用人力资源，可以利用人力资源价值数据资料分析人力资源预期可实现的价值和预期条件价值，了解人力资源的利用情况，从而改善人力资源管理，提高人力资源的利用效果。

最后，人力资源价值统计有利于人力资源投资效益分析。通过对某一时期人力资源价值数据的测算，将其与同期人力资源成本相减，就可以得到该时期人力资源收益额；将其与同期人力资源成本相比，就可以得到该时期人力资源的投资效益，可以进行本生产单位内部的纵比，以及同行业的横比，进而分析人力资源投资效益的情况，为完善人力资源投资效益的对策提供依据。

第二节 人力资源价值的货币性计量方法

由于人力资源能够提供未来的用途和服务，而且具有创造经济效益的能力，因此具有价值和使用价值。人力资源价值的货币性计量方法就是用货币单位计量人力资源价值。按计量对象的不同，人力资源价值的货币性计量方法可分为人力资源个体价值的货币性计量方法和人力资源群体价值的货币性计量方法两类。

一、人力资源个体价值的货币性计量方法

人力资源个体价值的货币性计量方法可以归结为未来工资报酬折现法、调整后的未来工资报酬折现法、随机报偿评价法、调整后的随机报偿评价法四种。

(一) 未来工资报酬折现法

美国学者巴鲁克·列夫(Baruch Lev)和阿巴·施瓦茨(Aba Schwartz)于1971年提出了“未来工资报酬折现模式”。他们认为，人力资源个人价值是其未来收入的贴现总值，即主张将一个职工在剩余受雇期(从录用起到退休或死亡止)预计支付的工资报酬按一定的折现率折成现值作为人力资源的价值。因此，一个职工的人力资源价值的计算公式为：

$$V_n = \sum_{t=n}^{T} \frac{I_t}{(1+r)^{t-n}} \tag{7.1}$$

式中：V_n——一个当前年龄为 n 的职工的人力资源预期价值；

I_t——该职工年龄为 t 时的预计年工资报酬；

r——适合于该职工的工资报酬折现率；

T——该职工的退休年龄；

t——该职工从当前年龄为 n 直到退休年龄 T 的各年的年龄。

[例7-1] 假设某公司女经理现年50岁，该年的实际工资报酬为11.5万元，退休年龄为55岁，预计51岁、52岁、53岁、54岁、55岁的年实际工资报酬分别为12.0万元、12.5万元、13.0万元、14.5万元、15.0万元。如果适合该女经理的工资报酬折现率为8%，那么该女经理从50岁至55岁的人力资源价值为：

$$\begin{aligned} V_n &= \sum_{t=n}^{T} \frac{I_t}{(1+r)^{t-n}} \\ &= 11.5+\frac{12.0}{(1+8\%)}+\frac{12.5}{(1+8\%)^2}+\frac{13.0}{(1+8\%)^3}+\frac{14.5}{(1+8\%)^4}+\frac{15.0}{(1+8\%)^5} \\ &\approx 64.51\ (\text{万元}) \end{aligned}$$

(二) 调整后的未来工资报酬折现法

美国密歇根州立大学学者霍曼逊于1964年提出了调整后的未来工资报酬折现模式以计量人力资源个人价值，并将他的公式称为“调整后的未来工资报酬折现模式”。根据生产单位之间盈利水平的差异主要是由于人力资源素质不同所造成的这一理论依据，将职工未来工资报酬的现值乘以一个效率系数，用该系数计量给定生产单位人力资源的相关效率。他认为，从理论上讲，效率系数取决于给定期间某生产单位盈利水平与本行业平均盈利水平相比计算出的投资报酬率，因为一个生产单位收益的差别取决于人力资源的差异。因此，计量人力资源价值的方法之一应根据该效率系数调整后的工资报酬计量。具体可以归纳为以下三个步骤：

第一步：计算预期未来5年工资报酬现值总额。

其计算公式为：

$$W = \sum \frac{W_t}{(1+i)^t} \tag{7.2}$$

式中：W——预期未来5年工资报酬现值总额；

W_t——第 t 年的工资报酬；

i——贴现率。

第二步：计算效率系数。

霍曼逊认为，该效率系数应根据过去 5 年内生产单位投资报酬率（或资产收益率）与同行业投资报酬率（或资产收益率）之比的反序年数的加权平均值计算。其计算公式为：

$$F=\frac{5\times\frac{RF_0}{RE_0}+4\times\frac{RF_1}{RE_1}+3\times\frac{RF_2}{RE_2}+2\times\frac{RF_3}{RE_3}+1\times\frac{RF_4}{RE_4}}{5+4+3+2+1} \tag{7.3}$$

式中：F——效率系数；

RF_0——现实年度某企业或组织的投资报酬率；

RE_0——现实年度全行业企业或组织的投资报酬率；

RF_1（或 RF_2，RF_3，RF_4）——现实年度前推第 1（或 2，3，4）年度的某企业或组织的投资报酬率；

RE_1（或 RE_2，RE_3，RE_4）——现实年度前推第 1（或 2，3，4）年度的全行业企业或组织的投资报酬率。

采用反序年数加权的目的是用更多年的综合业绩来评价企业或组织的人力资源价值，更强调当前年度的业绩。因此，当前年度的权数 5 最大，往前推的时间越长，权数越小，分别为 4、3、2、1，这就使得越靠近计算期的投资报酬率之比对效率系数的影响越大。

第三步：计算人力资源价值。

将未来 5 年工资报酬现值总额与效率系数相乘就可得到用效率系数调整后的未来 5 年工资报酬现值总额。其计算公式为：

$$V=W\times F \tag{7.4}$$

式中：V——调整后的未来 5 年的工资报酬现值总额；

W——调整前的未来 5 年的工资报酬现值总额；

F——效率系数。

［例 7-2］ 某企业某销售总监前 5 年的预计未来各年工资额数据以及该企业投资报酬率和同行业平均的投资报酬率数据如表 7-1 所示，年贴现率为 9%。

表 7-1　某企业某销售总监工资额及投资报酬率资料

未来年度	预计未来各年工资额（万元）	前推年度	投资报酬率（%）
1	11.8	前推 4 年	11
2	12.9	前推 3 年	13
3	13.6	前推 2 年	15
4	14.5	前推 1 年	18
5	16.2	现实年度	20
合计	69.0	行业平均	14

按照调整后的未来工资报酬折现模式测算该销售总监的人力资源价值，包括如下三个步骤：

第一步：计算该销售总监预期未来 5 年的工资报酬现值总额。

$$W=\sum\frac{W_t}{(1+i)^t}$$

$$=\frac{11.8}{(1+9\%)}+\frac{12.9}{(1+9\%)^2}+\frac{13.6}{(1+9\%)^3}+\frac{14.5}{(1+9\%)^4}+\frac{16.2}{(1+9\%)^5}$$

$$\approx 52.99\text{（万元）}$$

第二步：计算该企业的效率系数。

$$F=\frac{5\times\frac{RF_0}{RE_0}+4\times\frac{RF_1}{RE_1}+3\times\frac{RF_2}{RE_2}+2\times\frac{RF_3}{RE_3}+1\times\frac{RF_4}{RE_4}}{5+4+3+2+1}$$

$$=\frac{5\times\frac{20\%}{14\%}+4\times\frac{18\%}{14\%}+3\times\frac{15\%}{14\%}+2\times\frac{13\%}{14\%}+1\times\frac{11\%}{14\%}}{15}$$

$$\approx 1.21$$

第三步：计算该销售总监的人力资源价值。

$$V=W\times F$$

$$=52.99\times 1.21$$

$$\approx 64.12\text{（万元）}$$

霍曼逊提出的“调整后的未来工资报酬折现模式”用以说明如何应用工资报酬测算人力资源价值的近似值。该模型以工资为基础进行人力资源价值计量是比较公正的，但仍有一定的局限性：

（1）该公式没有考虑未来5年企业或组织的职工职位或工作岗位的变化，实质上是假定职工仅从事固定的工作，事实上并非如此。

（2）职工为企业或组织服务的年限并非都为5年，因此公式中权数的确定也是主观的。

（3）使用工资报酬折现没有考虑到人力资源补偿价值中还包括社会保障的支出。如果考虑这些因素，公式中的变量应该增加，基础数据应该加大，人力资源价值也会相应提高。

（4）企业或组织的投资报酬可能是由于技术创新带来的，也可能是由于垄断地位带来的，而不一定全部是人力资源创造的。因此，用效率系数进行调整可能会高估人力资源价值。

（三）随机报偿评价法

1971年，美国学者弗兰姆·霍尔茨首次提出“随机报偿价值模式”。他认为人对组织的价值在于他能够提供未来的用途和服务，与他预期所处的职位或服务状态相联系。人对组织提供的服务量是由生产能力、调动、晋升及作为该组织成员的可能性等因素决定的。这些服务量取决于人在组织内目前与未来所担任的角色和实际担任该角色的可能性。一个人在组织机构内担任某职位的可能性是随机的，在这种随机过程中人所提供的服务是对组织的报偿。弗兰姆·霍尔茨把这一过程称为有报偿的随机过程。根据随机报偿理论设计的计量人力资源个人价值的方法称为“随机报偿价值模式”。利用这种模式可以计量个人预期条件价值和个人预期可实现价值。具体包括五个步骤：

第一步：估计个人在组织中供职的年限。用t表示，t从1到n。

第二步：确定个人可能占据的服务职位及离开的可能性。可以将一系列的服务职位

表示为 i，且 $i=1$，2，3，4，5，…，m，m 是离开组织的地位符号。

第三步：确定这些服务的价值。即个人占据每种服务职位的价值，用 R_i 表示，所有可能担任的服务职位价值就是 $R_1+R_2+R_3+R_4+R_5+\cdots+R_m$，其中 R_m 的值为零。因为当某人离开组织时，他为组织提供服务的价值必然为零。

第四步：估计个人在组织中占据该职位的概率。个人占据每种服务职位的概率用 $P(R_i)$ 表示，所有可能担任的服务职位概率就是 $P(R_1)+P(R_2)+P(R_3)+P(R_4)+P(R_5)+\cdots+P(R_m)$。

第五步：将所计算的未来价值折算为现值。包括计量个人预期条件价值 ECV（Expected Conditioned Value，即指某人在离职可能条件下的个人预期价值）和个人预期可实现价值 ERV（Expected Realized Value，即指某人在不离职条件下可实现的个人预期价值）。其计算公式为：

$$ECV=\sum_{t=1}^{n}\left[\frac{\sum_{i=1}^{m-1}R_i\cdot P(R_i)}{(1+r)^t}\right]$$

以及

$$ERV=\sum_{t=1}^{n}\left[\frac{\sum_{i=1}^{m}R_i\cdot P(R_i)}{(1+r)^t}\right] \tag{7.5}$$

式中：ECV——个人预期条件价值；

ERV——个人预期可实现价值；

i——一系列服务职位；

m——离开职位；

R_i——组织从该职工可占据的职位 i 中得到的价值（收益）；

$P(R_i)$——该职工担任职位 i 的概率；

t——该职工供职的时间；

r——贴现率。

“随机报偿价值模式”与“未来工资报酬折现模式”“调整后的未来工资报酬折现模式”的区别有两个方面：

（1）前者是用人力资源为企业或组织提供服务所创造的价值（收益）来计算人力资源的价值；而后者是用企业或组织支付的工资报酬来计算人力资源的价值。

（2）随机报偿价值模式在计算过程中所考虑的因素更加系统全面，既考虑了职工在组织内各服务状态之间流动的情况，又考虑了职工离职的可能性，是一个动态模型，在技术上也能较正确地反映影响人力资源的有关不确定性因素，有助于管理者分析职工价值变动的原因，把人才用于最佳位置，使其处于最佳工作状态，因而是一种值得借鉴的模型。

但随机报偿价值模式也具有一定的局限性：（1）这个模型本身未能妥善地解决如何计量每种服务状态下货币表现的问题，即公式中的 R_i 的问题。以未知的 R_i 测算未知的 ECV 或 ERV 显然是困难的。（2）收益额如何分摊的问题。若能预测一个企业或组织的收益，就可以根据各种资源的投资比例将这一收益额在各种资源之间进行分摊。否则，若忽略其他资产对企业或组织收益的影响，将企业或组织的全部收益归结为人力资源创造的价值，就有可能高估企业或组织的人力资源创造的价值。

(四) 调整后的随机报偿评价法

"调整后的随机报偿价值模式"是在弗兰姆·霍尔茨的"随机报偿价值模式"基础上进行修正后提出的。根据经济学理论，一切生产过程都是人力资源、资本资源、自然资源相互结合、相互作用的结果。人力资源是影响企业或组织效益的重要因素，但并非唯一的因素。比如在使用先进技术设备的条件下，劳动者的工作效率往往会大大提高，会给企业或组织带来更多的效益，而其中人力资源的作用却很少，因此，在分析企业或组织效益时，应当考虑这三种资源的相互作用以及人力资源在三种资源中所占的比重。在计算人力资源价值时，应该剔除其他资源为企业或组织创造的价值。为此应引入"人力资源份额系数"调整"随机报偿价值模式"，使计算结果更接近人力资源个人价值。其计算公式为：

$$ECV^{*}=\sum_{t=1}^{n}\left[\frac{\sum_{i=1}^{m-1}R_iK_i\cdot P(R_i)}{(1+r)^t}\right]$$

以及

$$ERV^{*}=\sum_{t=1}^{n}\left[\frac{\sum_{i=1}^{m}R_iK_i\cdot P(R_i)}{(1+r)^t}\right] \tag{7.6}$$

式中：ECV^{*}——调整后的个人预期条件价值；

ERV^{*}——调整后的个人预期可实现价值；

K_i——人力资源份额系数。

其中，

$$K_i=\frac{\text{人力资源年度总价值}}{\text{企业或组织全部资源年度总价值}}$$

$$=\frac{K_1\times X_1}{K_1\times X_1+(K_2\times X_2+K_3\times X_3)+K_4\times X_4}$$

式中：K_1，K_2，K_3，K_4——权数，并满足 $K_1+K_2+K_3+K_4=1$；

X_1——工资和福利费用；

X_2——固定资产折旧费；

X_3——流动资产及利息；

X_4——自然资源消耗费。

在上述模型中，企业或组织全部资源年度总价值等于人力资源年度总价值、资本资源（含固定资产与流动资产）年度总价值和自然资源年度总价值之和。将其中的人力资源年度总价值与企业或组织全部资源年度总价值相比即可求得"人力资源份额系数"，在一定程度上解决了弗兰姆·霍尔茨的"随机报偿价值模式"中收益额如何分摊的问题，从而更加客观地测算人力资源价值。

二、人力资源群体价值的货币性计量方法

人力资源群体价值的货币性计量方法通常采用非购入商誉法和经济价值法两种。

(一) 非购入商誉法

美国密歇根州立大学学者霍曼逊于 1969 年首次提出了"非购入商誉法"以计量人

力资源群体价值。霍曼逊认为，企业过去若干年的累计超额利润，即超过同行业平均水平的利润中，一部分乃至全部都可看成人力资源的贡献，这部分超额利润应通过资源化程序确认为人力资源价值。这种方法类似于企业确认非购入商誉价值的方法，因此被称为“非购入商誉法”或“超额利润法”。其计算公式为：

$$\begin{aligned}\text{企业人力资源价值}&=\frac{\text{企业超额利润（企业非购入商誉）}}{\text{行业投资利润率}}\\&=\frac{\text{企业已实现净利润}-\text{企业应实现净利润}}{\text{行业投资利润率}}\\&=\frac{\text{企业已实现净利润}-\text{实际企业总资产}\times\text{行业投资利润率}}{\text{行业投资利润率}}\\&=\frac{\text{企业已实现净利润}}{\text{行业投资利润率}}-\text{实际企业总资产}\\&=\text{折算的企业总资产}-\text{实际企业总资产}\end{aligned}\tag{7.7}$$

该公式表明将本企业已实现净利润与本行业投资利润率相比折算的企业总资产超过实际企业总资产部分就是企业人力资源价值。

[例 7-3] 某年某企业实际拥有的总资产为 2 000 万元，已经实现的净利润为 300 万元。如果该行业平均投资利润率为 12%，那么该企业人力资源价值为：

$$\begin{aligned}\text{企业人力资源价值}&=\frac{\text{企业已实现净利润}}{\text{行业投资利润率}}-\text{实际企业总资产}\\&=\text{折算的企业总资产}-\text{实际企业总资产}\\&=\frac{300}{12\%}-2\,000\\&=2\,500-2\,000\\&=500\text{（万元）}\end{aligned}$$

非购入商誉法是以每年实际的超额利润作为企业人力资源价值的基础，较为客观，在技术上能使其结果具备可核实的属性。但是在理论上还存在值得商榷之处。其一，按照霍曼逊的非购入商誉法，只有获得超额利润的企业才有人力资源价值。但按照马克思的平均利润理论，利润率有平均化的趋势，某一企业获得超额利润是暂时的、个别的现象，大多数企业的利润水平总有接近平均水平的趋势。如果按照非购入商誉法计算，则大多数企业的人力资源的价值将为零或负数。这显然违背了“人力资源是一种重要的经济资源”的原理，低估了企业人力资源价值。其二，超额利润并非等于企业人力资源价值。因为企业人力资源价值不仅应当包括企业人力资源的交换价值，也应当包括企业人力资源的剩余价值。与此同时，无论是企业的超额利润还是企业的全部剩余价值，都是人力资源、资本资源、自然资源相互结合、相互作用的结果，因此，必须从中分解出由于人力资源作用带来的企业人力资源的剩余价值。

（二）经济价值法

经济价值法又称企业未来收益法，该方法认为，人力资源的价值就在于能够提供未来的收益，因此将企业或组织未来各期的净收益折算为现值，然后按照人力资源投资额占全部投资额的比例，将企业或组织未来收益中人力资源投资获得的净收益部分作为企业或组织的人力资源价值。其计算公式为：

$$V=\left[\sum_{t=1}^{n}\frac{e_t}{(1+i)^t}\right]\times R \tag{7.8}$$

式中：V——企业或组织的人力资源价值；

R——人力资源投资额占全部投资额的比例；

e_t——预计未来 t 期企业或组织的净收益；

i——贴现率；

n——期数。

［例 7-4］　如果某企业预计未来 5 年的净收益分别为 120 万元、130 万元、150 万元、190 万元、240 万元，人力资源投资额占全部投资额的 1/4，贴现率为 6%，那么该企业人力资源价值为：

$$\begin{aligned}V&=\left[\sum_{t=1}^{n}\frac{e_t}{(1+i)^t}\right]\times R\\&=\left[\frac{120}{(1+6\%)}+\frac{130}{(1+6\%)^2}+\frac{150}{(1+6\%)^3}+\frac{190}{(1+6\%)^4}+\frac{240}{(1+6\%)^5}\right]\times\frac{1}{4}\\&\approx 171.17\ (\text{万元})\end{aligned}$$

经济价值法与非购入商誉法相比具有三个优势：

（1）用未来各期的净收益作为计量企业或组织的人力资源价值的基础，比较符合资产定义中“提供未来收益”这一重要属性特征。

（2）将全部净收益而不仅仅是超额利润作为计量企业或组织的人力资源价值的基础，较为全面。

（3）重视人力资源与非人力资源的投资比例，并可以用来比较人力资源与非人力资源对企业或组织贡献的大小，有利于企业或组织调整投资结构，提高投资效率。经济价值法的局限性表现为没有考虑劳动者必要劳动所创造的新价值（V）部分，即未考虑人力资源的交换价值（工资报酬）部分，因而低估了企业或组织人力资源价值。

总之，上述人力资源个人价值的货币性计量方法与人力资源群体价值的货币性计量方法都有其合理的成分，但都存在一定的局限性，因而在实际应用中若将这些方法恰当地有机结合，比如将未来工资报酬折现法与经济价值法同时采用，既考虑了必要劳动所创造的交换价值（V）部分，又考虑了剩余劳动所创造的剩余价值（M）中由于人力资源所带来的净收益部分，这样就可以较为客观地估计个体或群体的人力资源价值。

第三节　人力资源价值的非货币性计量方法

人力资源价值的非货币性计量方法就是用非货币单位计量人力资源价值。采用人力资源价值的非货币性计量方法的理由之一是因为决定人力资源价值的特殊因素不能完全用货币表现出来，此时使用非货币计量方法计算、分析和说明人力资源价值具有更重要的意义。比如，人的行为和习性、人的潜能和适应能力、组织管理形式、群体的配合习惯和工作氛围等诸多非经济因素是货币指标所不能揭示的。理由之二是因为人力资源的非货币性分析对企业人力资源管理具有十分重要的意义。在做出不需要计量人力资源货币价值的一些决策时，如做出临时的、个别的裁员决策时，或是根据个人的条件价值评价不同职工级别时，都需要使用非货币性的人力资源价值计量方法。理由之三是有些人力资源价值的非货币性计量方法所提供的数据是货币性计量的基础数据，如人力资源占据某职位的概率、离职概率等数据。根据计量对象不同，可将人力资源价值的非货币性计量方法分为人力资源个体价值的非货币性计量方法与人力资源群体价值的非货币性计量方法两类。

一、人力资源个体价值的非货币性计量方法

人力资源个体价值的非货币性计量方法通常采用信息库法、工作绩效评价法、工作态度测定法、潜力评价法和专家打分法五种。

（一）信息库法

信息库法是指将人力资源技能信息、人力资源特殊信息等记录储存在信息库中，通过计算机程序整理汇总出各种人力资源价值管理和评价所需要的资料，为人力资源价值管理决策提供信息的方法。根据人力资源价值信息的不同又可分为技能信息库法与特殊信息库法两个子类。

1. 技能信息库法

技能信息库法就是用非货币化的方法将人力资源技能信息记录储存在信息库中，经过整理汇总，对某一企业或组织的人力资源价值进行评价、管理的方法。具体地说，该法是将各个组织成员所具备的能力或技术，如年龄、受教育程度、知识水平、工作经验、技术等级、技术职称等详细地排列出来，通过编制职工技能一览表，得到企业或组织人力资源可能提供各种服务的能力状况。职工技能一览表又可分为职工技能一般资料记录表和职工技能专门资料汇总表两种。

（1）职工技能一般资料记录表。职工技能一般资料记录表是记录企业或组织职工价值基本情况以及分析人力资源价值的信息储备报表。将其储存在计算机中，按照企业或组织的人力资源信息特征编号，以便在需要信息时按照一定程序和专门表格的格式要求，自动形成人力资源价值管理所需报表。职工技能一般资料记录表可以有多种形式，各种表的格式可以按照管理的需要设计。表 7-2 是一种可参考的、简化了的报表格式。

表 7-2　职工技能一般资料记录表

编制单位：　　　　　　　　年　月　日　　　　　　　　填报人：

序号	编号	姓名	性别	出生年月	工龄	所学专业	最后学历	最后学位	技术职称	技术等级	聘任年月
1											
2											
3											
4											
5											
⋮											
n											

表 7-2 中“编号”栏可以根据专业序号、个人身份证号等进行排序，同时也可以按照性别、出生年月、工龄、所学专业、最后学历、最后学位、技术职称、技术等级不同标志进行分组，以便按照人力资源价值管理的不同要求分类汇总出不同的具有专门用途的职工技能报表，也可以按照高级技术人员、高级管理人员、高级技工、技术人员、管理人员、工人分别编制，还可以增加某些需要的栏目。

（2）职工技能专门资料汇总表。职工技能专门资料汇总表是记录企业或组织人力资源技能价值的、具有专门用途的汇总资料表格。该表是在职工技能一般资料记录表的基础上，按照人力资源管理的要求编制的，经过计算机设定程序整理的汇总表，为分析企业或组织非货币性人力资源价值提供信息。表 7-3 是某公司职工技能状况一览表，大体上可以说明该公司员工可能提供的潜在服务。当然，还可以根据管理的不同信息需求设计不同的表格，汇总出不同的人力资源价值非货币性资料。

表 7-3　职工技能状况一览表

编制单位：　　　　　　　　　　　　年　月　日　　　　　　　　　　　　计量单位：人

学科	领域	教育水平			工作年限				
		本科	硕士	博士	0～2	3～5	6～10	11～15	16～25
社会科学	经济学								
	教育学								
	法律								
	政治学								
	心理学								
	社会学								
管理科学	企业管理								
	市场营销								
	人力资源管理								
	公共关系								
自然科学	计算机								
	工程学								
	数学								
	物理学								
人文科学	古典文学								
	英语								
	法语								
	西班牙语								
	历史								
	哲学								
	新闻								
	艺术								
	其他文科								
总　计									

如果将人力资源信息按照工作岗位汇总，可以了解企业或组织各岗位人员配备情况，将其与核定人员配备情况进行比较，可以了解各岗位人员结构分布是否合理。这种

汇总表格通常可以采用绝对数形式，例如，根据我国某水利部门职工文化职业素质的调查数据编制的干部岗位设置状况汇总表（见表7-4）及工人岗位设置状况汇总表（见表7-5），可用以说明该水利部门职工素质的分布情况。同时，这种汇总表格通常也可以采用相对数形式，例如，某企业职工文化结构汇总表（见表7-6）。

表7-4　干部岗位设置状况汇总表

编制单位：　　　　年　月　日　　　　计量单位：人

干部岗位	综合管理	水文勘测	水利建设	水利管理	农水与水保	水电站	科研管理	财会	统计	医务	无线电管理	其他	合计
部门1													
部门2													
…													
部门n													
合计													

表7-5　工人岗位设置状况汇总表

编制单位：　　　　年　月　日　　　　计量单位：人

工人岗位	工程测量	地质勘探	水文勘探	灌区管理	水土保持	水管员	机电运行	机电检修	钢筋混凝土工	石工	电工	水工	钳铆焊工	司机	其他	合计
部门1																
部门2																
…																
部门n																
合计																

表7-6　某企业职工文化结构汇总表

编制单位：　　　　年　月　日　　　　计量单位：人

职工	博士	硕士	本科	大专	中专	高中	初中	小学	合计
干部									
工人									

2. 特殊信息库法

特殊信息库法就是利用计算机信息库归集和汇总企业或组织人力资源特殊信息的方法。可以通过编制各种一览表的方法，汇总出人力资源管理部门所需要的专门信息。

若按照职工的技术水平设计汇总表，可对企业或组织各类职工的外语水平、计算机技术水平、驾驶车辆技术水平、各种职业（如经济师、会计师、统计师、工程师、律师等）水平以及任职情况、将来意愿等进行专门汇总，使各级管理人员对职工技术水平现状一目了然，如表7-7所示。通过表格中的资料，各级管理人员可以了解企业或组织职工具备的专长、发挥的程度，预测人员流动的愿望以及采用的相应对策。

表 7-7 企业或组织职工取证一览表

编制单位：　　　　　　　　　　年　月　日　　　　　　　　　　填报人：

序号	编号	姓名	外语证书	计算机证书	驾驶证书	经济师证书	会计师证书	统计师证书	工程师证书	律师证书	任职情况	将来意愿
1												
2												
3												
4												
5												
⋮												
n												

如果按照企业或组织职工发明创造、获得声誉等情况设计汇总表格，可以设立发现、发明、取得专利、撰写论文、著书立说、企业名人、劳动模范等专栏，汇总每一位专业人才为企业或组织创造的效益，计算其人力资源的特殊价值，同时也设计汇总每一位专业人才的工作环境、工资报酬、职称、职位、住房条件、医疗福利、培训进修机会等，比较其贡献和所得，掌握企业或组织对其的关心程度，以及其继续为企业或组织服务的意愿和潜力等方面的人力资源的特殊信息。

（二）工作绩效评价法

工作绩效评价法就是应用比率、等级评价、级别排列等方法对人力资源工作绩效进行衡量与比较，为人力资源管理决策者提供信息的方法。

1. 工作绩效比率法

工作绩效比率法就是用企业或组织内职工的出勤率（出勤时数与满勤时数之比）、缺勤率（缺勤时数与满勤时数之比）、工作差错率（错误数与总数之比）、完成定额百分比（实际完成数与定额数之比）等比率来衡量和评估职工工作绩效的方法。

2. 工作绩效等级评价法

工作绩效等级评价法就是通过给企业或组织职工的各方面情况采用打分方式进行等级评价来衡量和评估职工工作绩效的方法。例如，一位公司的管理者通过给自己的员工的智力水平、知识水平、专业技术水平、工作动力、人际交往能力、判断能力等给予具体的评价，并打出分数以了解员工的工作绩效。

3. 工作绩效级别排列法

工作绩效级别排列法就是首先将影响职工工作绩效的各种因素分为不同的等级，按重要程度排序，然后给每个职工进行级别排列的方法。根据排列方法不同，工作绩效级别排列法又可分为工作绩效逐个排列法、工作绩效成对比较排列法、工作绩效轮流排列法三种。

（1）工作绩效逐个排列法。工作绩效逐个排列法是只就某一个需要评价的标准尺度分为最高等、次高等、再次高等，或更多的等级，形成一个从高到低的排列顺序，然后将需要评价的员工依次填入这个序列，以了解所管理的员工工作绩效的方法。

（2）工作绩效成对比较排列法。工作绩效成对比较排列法就是将每位员工都与另一位员工进行比较，这样经过一系列比较之后排列出等级序列。这种方法虽然比工作绩效逐个排列法更可靠，但若需要比较的员工人数较多，就会十分烦琐。

（3）工作绩效轮流排列法。工作绩效轮流排列法或工作绩效高低点筛选排列法，就是从全体被排列的职工中，每次挑选出价值级别最高的员工和价值级别最低的员工各一名，然后在余下的员工中重复第一轮挑选过程，选出这些员工中价值级别最高和最低的两个人，这样一轮一轮地进行下去，直到全部员工排列完毕为止。这种方法不仅比工作绩效逐个排列法更可靠，而且也简化了工作绩效成对比较排列法的选择判断过程，因此是较为完善的可行方法。

（三）工作态度测定法

工作态度测定法是管理人员用来评价职工工作态度的方法。通过对企业或组织职工工作态度的分析，管理人员可以判断职工对其所从事的工作、报酬、环境以及整个企业或组织的看法，了解职工是否满意及满意或不满意的程度。

工作态度的测定可以采用问卷调查的方式。在问卷中可以列出若干问题。例如，设计“我对工作很感兴趣”或“我对工作充满热情”或“工作使我快乐”或“工作使我痛苦”或“工作使我烦恼”等不同表述，然后，设定“是”或者“否”作为备选答案。又如，设计“我认为应当实行带薪休假制度以提高工作效率”或“我认为应当实行弹性工作时间”等不同表述，然后，设定“非常同意”“同意”“保持中立”“不同意”“非常不同意”作为备选答案。同时赋予每种回答不同的分数。每位职工可以对问卷上的所有问题根据自己的实际情况选择回答，以备管理人员进行汇总分析，了解每一个职工的工作态度以及全体职工的工作态度倾向。

（四）潜力评价法

潜力评价法是用于确定企业或组织职工在工作中的成长和职务提升可能性的方法，目的是计量职工是否能为企业或组织提供潜在服务能力以及能力的大小。这里所谓潜力，是指职工将来可望为企业或组织作出的贡献或将来担任责任更为重大的职务时的潜力。

具体地说，评价职工个人潜力的主要方式就是进行素质评估，即将每位职工从事的某项工作应具备的各种素质进行分解，然后再具体评估处于此职位上的职工是否具备这些素质以及工作表现的优劣程度，并预测这些职工将来为企业或组织提供服务的发展前景。企业或组织的管理者还可以将各类职工的个人特点，如智力水平、知识水平、创造力、判断力、领导才能等分成等级，进行素质评估，估计每个职工提升的可能性，以及可以担任的职务，对何种职位能够调动职工的积极性作出评价。

（五）专家打分法

专家打分法是一种由专家根据一定标准和经验对企业或组织人力资源进行判断评估的方法。专家打分法又可以分为面对面专家打分法和背对背专家打分法两种。

1. 面对面专家打分法

面对面专家打分法通常采取答辩形式进行，先由被评审人对设定项目进行论证或演说，再由专家根据有关标准当场打分以确定人力资源在某方面的价值。专家一般由三人及以上成员组成，打分表的项目是事先设计好的，采用由专家组认可的标准。例如，任职资格答辩会、技术表演现场答辩会等通常采用面对面专家打分法。

2. 背对背专家打分法

背对背专家打分法是指先由企业或组织的职工自己填写专门的个人情况表格，对个人工作情况进行总结和评价，并提出准备申请的职位要求，然后在申请者不在场的情况下，由专家组进行评审打分，对申请人资格予以确认的方法。该方法通常用于职称、职务提升晋级，申请企业或组织或国家项目等。所聘请的专家与申请人往往不是同一个企业或组织的成员，但应当是申请人的同行或相近专业的知名度较高的专业人士。背对背专家打分法又可具体采用期望实现价值专家打分法、工作绩效专家打分法、职工潜力专家打分法等多种方式。

（1）期望实现价值专家打分法。期望实现价值专家打分法就是由某方面的专家组成的专家组根据企业或组织某些职工可望最终实现的价值（或提供的服务量或发挥的效用）大小进行排序并打分的方法。

（2）工作绩效专家打分法。工作绩效专家打分法是由专家对职工的工作成绩和效率打分评价的方法，职工的工作绩效既可以用专家设定的评估指标来衡量，也可以用企业或组织的技术指标，如生产产品的数量、产品的质量、生产效率、废品率、完成工作计划的能力等指标来衡量。最终由专家对每位职工的各项指标打分，以评定职工的工作成绩和效率。

（3）职工潜力专家打分法。职工潜力专家打分法就是将职工潜在的智力水平、知识水平、创造力、判断力、领导才能等分成等级，在对职工进行心理测试的基础上，由专家进行评估打分，来评价职工个人将来可望在企业或组织中担任责任更为重大的职务的潜在能力。

二、人力资源群体价值的非货币性计量方法

人力资源群体价值的非货币性计量方法通常采用单方面观察评价法和全面观察评价法两种。

（一）单方面观察评价法

单方面观察评价法就是选用某一类指标进行观察评价的方法。例如，选用职位变动概率、职工人员结构和职工工时利用率等指标，对企业或组织的群体价值进行非货币计量分析。

1. 职位变动概率

如前所述，在建立货币性人力资源价值模型中需要职工职位变动概率（占据某职位的概率或离职的概率），其本身不是一个货币性指标，但可以辅助货币性人力资源价值的测算。该指标可以按照企业或组织人力资源信息库中职工职位变动的历史数据，预测出未来职工职位变动概率；也可以根据管理人员的主观判断，预测职工职位变动的主观概率。

例如，假设某会计师事务所一名执业会计师职位变动概率如表 7－8 所示，该表表明 2019 年一名执业会计师在 2020—2026 年期间各年继续担任执业会计师以及升任高级会计师、经理、合伙人，或者调动甚至离开该事务所的各种概率的数值。其中，如到 2023 年年末，他仍然做执业会计师的概率为 0.01，升为高级会计师或经理或合伙人的概率分别为 0.24、0.06、0.00，调动的概率为 0.08，而离开该事务所的概率为 0.61，该年各种情况的概率之和为 1，显然，2023 年这位执业会计师离开该事务所的可能性最大。

表 7-8　某会计师事务所一名执业会计师职位变动概率表

编制单位：某会计师事务所　　　　2019 年 12 月 31 日　　　　填报人：

职位	2020 年	2021 年	2022 年	2023 年	2024 年	2025 年	2026 年
执业会计师	0.59	0.26	0.08	0.01	0.00	0.00	0.00
高级会计师	0.14	0.28	0.31	0.24	0.14	0.06	0.02
经理	0.00	0.00	0.02	0.06	0.10	0.12	0.10
合伙人	0.00	0.00	0.00	0.00	0.00	0.00	0.00
调动	0.04	0.06	0.07	0.08	0.07	0.08	0.07
离开	0.23	0.40	0.52	0.61	0.69	0.74	0.81
合计	1.00	1.00	1.00	1.00	1.00	1.00	1.00

对于主观概率测算的具体做法是，管理人员用数字方式直接表示职工职位变动的可能性。例如，管理人员可以向某职工提出“你认为自己明年提职的可能性有多大?”等问题，然后根据该职工的回答并结合其他相关背景资料加以整理分析得出该职工的职位变动主观概率，包括占据该职位的主观概率以及离职的主观概率。

从总体上看，若分析一个企业或组织整体的职工职位变化情况，可以测算职工年度离职概率及职工年度占据某职位概率。其计算公式分别为：

$$\text{职工年度离职概率}=\frac{\text{某年职工离职人数}}{\text{同年职工定额总数}} \tag{7.9}$$

$$\text{职工年度占据某职位概率}=\frac{\text{某年职工某职位占据人数}}{\text{同年该职位职工定额总数}} \tag{7.10}$$

职工年度离职概率及职工年度占据某职位概率可以按照不同的标志分成不同的群体分类计算，如按照工作性质不同将某工业企业员工分成管理人员群体、技术人员群体、工人群体等，从而分类考察职位变动概率的状况，并与每个职工的职位变动概率分布表相结合，分析变动原因，为企业人力资源的策划提供数据支持。

2. 职工人员结构

职工各类人员结构可以反映一个企业或组织人力资源价值的整体水平。职工人员结构可以通过人力资源信息库一览表求得，并可以细分为职工人才智力结构、职工职称结构、职工技术等级结构、职工年龄结构等很多不同的层面。

企业或组织的人力资源价值的货币性计量方法与职工的服务年限有着直接关系，但人力资源的年龄结构变动需要采用非货币性计量方法辅助说明人力资源价值信息。企业或组织各种职位职工年龄结构可以反映该企业或组织的生产经营实力和人力资源潜力。如果年龄结构老化，就会出现后继无人的发展趋势；相反，如果年龄结构过于年轻化，虽然充满活力，但从业经验可能不足，应付市场变化的能力以及承担风险的能力较弱。因此，合理的年龄结构常常是一个职位有几种不同年龄层的人，企业或组织每年进出人员数量保持相对稳定。

职工年龄结构可以根据企业或组织人力资源信息库提供的资料，按照年龄段和不同职务层次分别计算，然后编制汇总表反映其分布状况。例如，某企业职工年龄结构与技术等级结构分别如表 7-9 和表 7-10 所示。从表中可以看出，该企业专业技术人员占全部职工总数的24%，工人占全部职工总数的76%，工人是生产第一线的主力军。在专业技术人员中，高级、中级、初级技术等级分别占6%、23%、71%，显然高级专业技术人员比例偏低，技术革新带头人相对稀缺。年龄在35岁以下的占52%，35～44岁占25%，45～54岁占18%，55岁以上占5%，年龄结构趋于年轻化。在工人中，3级及以下、4～6级、7～8级、8级及以上工人分别占38%、49%、12%、1%，技术水平普遍偏低，特别是8级及以上工人比例过低。因此，拓展专业技术人员的实践经验、不断更新技术知识水平、适当提高高级技术人员比例、对中青年工人进行职业基础知识及实际操作技能的培训、适当加大8级及以上工人的比例是企业人力资源管理者所应采取的必要措施。

表7-9　某企业职工年龄结构分布表

年龄	专业技术人员（%）	工人（%）
35岁以下	52	65
35～44岁	25	22
45～54岁	18	12
55岁以上	5	1
合计	100	100
总体比例	24	76

表7-10　某企业职工技术等级结构分布表

<table>
<tr><th colspan="2">专业技术人员</th><th colspan="2">工人</th></tr>
<tr><th>技术等级</th><th>比例（%）</th><th>技术等级</th><th>比例（%）</th></tr>
<tr><td>高级</td><td>6</td><td>8级及以上</td><td>1</td></tr>
<tr><td>中级</td><td>23</td><td>7～8级</td><td>12</td></tr>
<tr><td>初级</td><td>71</td><td>4～6级</td><td>49</td></tr>
<tr><td rowspan="2">合计</td><td rowspan="2">100</td><td>3级及以下</td><td>38</td></tr>
<tr><td>合计</td><td>100</td></tr>
</table>

3. 职工工时利用率

对企业或组织人力资源价值的测算不能解决职工出工不出力的问题，因此需要用职工工时利用率指标来说明职工在有效时间内的工作效率，从而反映人力资源价值的发挥程度。

职工工时利用率可以用职工实际使用工时记录与核定的标准工时定额的比例测算求得。其计算公式为：

$$\text{职工工时利用率}=\frac{\text{职工实际使用工时}}{\text{标准工时定额}} \tag{7.11}$$

显然，如果分子大于分母，说明职工没有充分利用工作时间，或是操作技术存在问题，需要对职工的工作进度进行调整；如果分子小于分母，则说明职工工作效率高，或者可能是标准工时定额偏低，需要在大多数职工能够达到的标准基础上适当调高，达到激励先进、敦促后进的作用。

（二）全面观察评价法

全面观察评价法就是根据有关方面研究人员设计出的一系列问题，请企业或组织的成员回答，然后对答案进行分析，确定企业或组织的气氛，从而考核企业或组织人力资源群体价值发挥情况的方法。所谓企业或组织的气氛，就是该企业或组织的各个成员在社会心理学意义上对该企业或组织的各种状况的感觉。这种企业或组织气氛对企业或组织行为会产生相当重要的影响。

在全面观察评价企业或组织的气氛时，所选用的衡量标准范围很广，是一种综合性标准，其中包括领导程序、工作驱动力量的特征、成员交流程序、成员相互影响作用程序、决策过程、建立目标过程以及控制过程等。为了具体测量企业或组织成员对这些因素的感觉，应当设计出一系列问题，并通过系统地询问，征得职工的回答。这些问题是根据决定企业或组织价值的因素和干扰企业或组织的因素设计编排出来的。下面所列的22个问题是从美国密歇根大学社会研究所为全面观察评价组织气氛而设计的一系列问题中摘选出来的。

（1）该组织是否能迅速采用经过改进的工作方法？

（2）该组织是否真正关心在这里工作的人们的福利和快乐？

（3）该组织是否在尽力改善工作环境？

（4）该组织是否具有明确合理的目标和工作方向？

（5）该组织是否切合实际地组织人们开展工作？

（6）你是否可以获得有关该组织内其他部门和其他工序工作运转的足够信息？

（7）你的上级是否能接受你的意见和建议？

（8）你是否能从最好的途径得知如何做好自己的工作？

（9）该组织是怎样处理各部门间产生的分歧的？

（10）该组织的工作人员为什么而努力工作？

（11）该组织是否存在能够激励你努力工作的事物或人、政策、环境等？

（12）低层管理人员（工头、工长等）对你所在部门的工作影响如何？

（13）高层管理人员（总经理、大部门的负责人等）对你所在部门的工作影响如何？

（14）一般雇员（指没有下属的那些职工）对你所在部门的工作影响如何？

（15）中层管理人员（部门经理等）对你所在部门的工作影响如何？

（16）该组织的目标是如何建立的？

（17）该组织的各项决策是否能够依据最恰当准确的信息制定出来？

（18）在制定决策时提出建议的人要受到什么影响？

（19）制定决策的人是否能得到所有组织成员所了解的信息？

（20）该组织内的不同单位和部门是否能共同努力协作？

（21）该组织内的不同单位和部门之间的问题是怎样得以解决的？

（22）你在工作中所必须使用的设备和各种资源是否适宜、有效，并且经过很好的维修保养？

在通过这些问题进行调查时，要求回答的人必须在五种不同程度地反映范畴答案中进行选择，如对于上述第7个问题“你的上级是否能接受你的意见和建议？”，就要在

"在极大程度上接受""在很大程度上接受""在一定程度上接受""在很小程度上接受""在极小程度上接受"这五种备选答案中选择一种，其目的是要了解回答问题的人对所存在事实的真实感觉的明确尺度，从而准确地分析确定组织气氛。

与此同时，还可以将上述个人询问调查的一系列题目合并成衡量各种因素变化的指标，包括技术准备、人力资源重要性、工作交流状况、激发积极性的条件、制定决策的实践等指标。其中，技术准备就是指一切与工作有关的设备、用具、方法和过程保持恰当、有效以及适时的程度，主要用来衡量技术能力。人力资源重要性就是指对人力资源的重视程度。工作交流状况就是指各种信息在组织内的传播状况，既要衡量下级向上级汇报和上级向下级下达指标的状况，又要衡量同级部门间的信息交流情况。激发积极性的条件是考察导致雇员努力工作的主要原因，以及由于个人之间或单位之间的矛盾所引起的妨碍工作积极性的因素。制定决策的实践就是指在实际制定决策过程中所表现出的各种特征。事实上，这五个方面的指标都可以在实际工作中广泛使用，以有效地确定组织气氛，进而实现科学客观地、非货币性地计量人力资源群体价值。

拓展阅读

海尔作为中国较为成功的跨国经营企业，从濒临倒闭的集体小厂一跃成为中国家电行业领军角色的企业，其成功与重视人力资源价值密切相关。在海尔领导集体看来，企业不缺人才，人人都是人才，关键是将每一个人所具备的最优秀的品质和潜能充分发挥出来。正如总裁张瑞敏所说："你能翻多大的跟头，我就给你搭多大的舞台。"这无疑给每个员工提供了一个任其充分发展的广阔空间。

海尔的前身——青岛电冰箱总厂，是一家濒临倒闭的小厂。为了发展，这家小厂引进了德国利勃海尔电冰箱生产线，走名牌战略的道路，使企业摆脱濒临倒闭的命运。如今，海尔产品已出口到世界160多个国家和地区。海尔创造了从无到有、从小到大、从弱到强、从国内到海外的卓著的业绩。海尔对人力资源的开发与管理是成功的，张瑞敏认为："人才，是企业竞争的根本优势。人可以认识物、创造物，只要为他创造了条件，他就能适应变化，保持进步，成为取之不尽、用之不竭的资源。有了人才，资本才得以向企业集中，企业在竞争中才能取得优胜。"

海尔非常重视人力资源价值，其人力资源管理中心是一个非常重要的服务部门，它下设生产效率组、市场效率组、中心主管和培训部三个子部门。前两者通过从内部市场获得需要提高效率的订单，将订单分别传递给人力主管和人事、分配、用工保险、培训管理员，由他们操作完成订单，满足客户需求以获得报酬；在这个过程中，人力主管、分配管理员、用工保险管理员、人事管理员分别从中心主管和培训部获得信息、政策、平台等方面的支持，从而形成以生产效率组、市场效率组为核心，中心主管和培训部为支持的流程体系。集团内部各个机构部门人力资源的规划、吸收、培训、考评、管理统一由人力资源开发中心负责。可以说，如果海尔集团是一支联合舰队，那么人力资源开发中心堪称这支舰队中一艘重要的配给舰。

本章小结

本章阐述了人力资源价值统计的基本思想和方法。首先，明确了人力资源价值的特性、不同角度的分类及统计的意义，为进一步探讨人力资源价值的各种计量方法提供了理论依据。其次，引入、评价并用实例验证了人力资源个体价值的货币性计量方法（包括未来工资报酬折现法、调整后的未来工资报酬折现法、随机报偿评价法、调整后的随机报偿评价法）以及人力资源群体价值的货币性计量方法（包括非购入商誉法、经济价值法）。最后，引入、评价并用实例验证了人力资源个体价值的非货币性计量方法（包括信息库法、工作绩效评价法、工作态度测定法、潜力评价法和专家打分法）以及人力资源群体价值的非货币性计量方法（包括单方面观察评价法和全面观察评价法）。

关键概念

人力资源价值　　广义的人力资源价值　　狭义的人力资源价值
人力资源的内在价值　　人力资源的实现价值　　人力资源个体价值
人力资源群体价值　　货币性计量的人力资源价值　　非货币性计量的人力资源价值

复习题

1. 人力资源与其他资源有什么本质区别?
2. 人力资源价值统计有哪些现实意义?

讨论及思考题

1. 比较不同人力资源价值的货币性计量方法的合理性、局限性，并提出完善建议。
2. 采用人力资源价值的非货币性计量方法有什么必要性?
3. 分析各种人力资源价值的非货币性计量方法的操作程序及可行性。

第八章

人力资源劳动效率统计

要点提示

◇ 人力资源劳动效率的界定
◇ 人力资源劳动生产率的统计思想
◇ 人力资源劳动效益的统计思想

内容引言

生产活动是整个经济活动的核心环节，生产过程实质上就是投入与产出的过程。投入是生产活动的起点，包括人力资源投入与非人力资源投入两部分；产出是生产活动的结果。如果将生产过程中不同形式的产出与全部资源投入相对比，就是全部资源劳动效率；如果将生产过程中不同形式的产出与非人力资源投入相对比，就是非人力资源使用效率；如果将生产过程中不同形式的产出（可分别以实物量指标、价值量指标、工作量指标来衡量）与人力资源投入（以活劳动消耗量指标来衡量）相对比，就是人力资源劳动效率。显然，本章阐述的正是人力资源劳动效率统计的思想与方法。

第一节 人力资源劳动效率统计的一般问题

在科学客观地进行人力资源劳动效率的静态与动态统计分析之前，必须首先明确人力资源劳动效率统计的范畴及现实意义等基本问题。

一、人力资源劳动效率统计的范畴

所谓人力资源劳动效率，就是人力资源的利用效率，包括人力资源劳动生产率和人力资源劳动效益两个层面。

第一个层面，即人力资源劳动生产率，是指就业劳动者在一定时间内生产产品（含货物与服务）的能力，或指就业劳动者生产一定产品（含货物与服务）所消耗的活劳动量，以反映人力资源的生产效率。其计算公式为：

$$\text{人力资源劳动生产率正指标}=\frac{\text{劳动产品总量}}{\text{活劳动消耗总量}} \tag{8.1}$$

或

$$\text{人力资源劳动生产率逆指标}=\frac{\text{活劳动消耗总量}}{\text{劳动产品总量}} \tag{8.2}$$

人力资源劳动生产率正指标说明单位活劳动消耗量所创造的劳动产品数量，指标数值越大，说明劳动生产率越高，反之亦然；人力资源劳动生产率逆指标说明生产单位劳动产品的活劳动消耗量，指标数值越小，说明劳动生产率越高，反之亦然。显然，人力资源劳动生产率正指标与人力资源劳动生产率逆指标互为倒数。

第二个层面，即人力资源劳动效益，是指就业劳动者在生产过程中所创造的实际收益与相应的活劳动消耗量的比值，或指就业劳动者在生产过程中活劳动的消耗量与相应所创造的实际收益的比值，以反映人力资源所带来的实际收益。这里的实际收益是指实际收入中扣除成本后的纯收入，即盈利部分。其中，实际收入是指就业劳动者生产的所有产品（含货物与服务）销售后实现的总价值，通常用销售价格与销售量的乘积来核算。其计算公式为：

$$\begin{array}{c}\text{人力资源劳动}\\\text{效益正指标}\end{array}=\frac{\text{实际收益}}{\text{活劳动消耗量}}=\frac{\text{纯收入}}{\text{活劳动消耗量}}=\frac{\text{实际收入}-\text{成本}}{\text{活劳动消耗量}} \tag{8.3}$$

或

$$\begin{array}{c}\text{人力资源劳动}\\\text{效益逆指标}\end{array}=\frac{\text{活劳动消耗量}}{\text{实际收益}}=\frac{\text{活劳动消耗量}}{\text{纯收入}}=\frac{\text{活劳动消耗量}}{\text{实际收入}-\text{成本}} \tag{8.4}$$

人力资源劳动效益正指标说明单位活劳动消耗量所创造的实际收益，指标数值越大，说明劳动生产率越高，反之亦然；人力资源劳动效益逆指标说明单位实际收益所带来的活劳动消耗量，指标数值越小，说明劳动生产率越高，反之亦然。显然，人力资源劳动效益正指标与人力资源劳动效益逆指标也互为倒数。

从对上述表达式的比较可以看出，人力资源劳动生产率正指标总是大于人力资源劳动效益正指标，人力资源劳动生产率逆指标总是小于人力资源劳动效益逆指标。这一方面是由于受生产预测与决策、生产供求变化等因素的影响。有时，总产品中会有部分产品不能转化为社会价值，也就不能在实际收益中得到体现。另外，即使全部产品全部转化为社会价值，劳动产品总量价值即总产出也总是大于实际收益。

二、人力资源劳动效率统计的意义

人力资源劳动生产率及人力资源劳动效益是衡量微观企业人力资源劳动效率高低的重要统计指标，是企业决策者以及政府的监督部门必不可少的重要信息。

首先，人力资源劳动效率统计有利于人力资源的合理利用。在生产经营活动中，若一味地追求人力资源劳动生产率的提高，而忽视人力资源劳动效益的增长，往往会造成产品积压过多，每个劳动者创造的价值不能全部转化为社会价值，影响人力资源劳动效率的提高；若一味地追求人力资源劳动效益的增长，而忽视人力资源劳动生产率的提高，每个劳动者创造的价值即使全部转化为社会价值，人力资源劳动效率也不可能很高。这两种情况都将导致人力资源的非合理利用。只有兼顾人力资源劳动生产率与人力资源劳动效益，使二者保持适当的比例，才能提高人力资源的利用效率。

其次，人力资源劳动效率统计为微观企业决策提供重要依据。如果人力资源劳动生产率过多地超过人力资源劳动效益，说明企业产品积压严重，企业决策者就必须采取各种措施有效地开展促销活动，加强售后服务。如果人力资源劳动生产率几乎接近人力资源劳动效益，若是本企业人力资源劳动生产率过低造成的，企业决策者就必须采取各种有效措施加以提高；若是该产品的市场处于供不应求状态所致，企业决策者就必须尽可能地增加产量满足市场需求，以取得最大的经济效益。

第二节　人力资源劳动生产率的分析方法

对人力资源劳动生产率进行分析的方法，通常是先根据经济数量关系构建一系列的静态分析统计指标体系，然后利用统计指数体系的因素分析法来考察人力资源劳动生产率的动态变动方向及程度。

一、人力资源劳动生产率的静态分析指标

对人力资源劳动生产率的静态分析通常是构建一系列统计分析指标，从不同产业、不同产量指标、不同人员范围、不同时间单位等多重视角考察人力资源劳动生产率水平。

（一）人力资源劳动生产率

人力资源劳动生产率可以分别从实物量指标、价值量指标和生产工作量指标进行测算。

1. 实物量指标表示的劳动生产率

为了单独反映某种产品的劳动生产率，可以测算实物量指标表示的劳动生产率。其计算公式为：

$$单位活劳动消耗量所创造的某种产品产量=\frac{某种产品产量}{活劳动消耗量} \tag{8.5}$$

或

$$单位产品产量的活劳动消耗量=\frac{活劳动消耗量}{某种产品产量} \tag{8.6}$$

2. 价值量指标表示的劳动生产率

为了综合反映多种产品的劳动生产率，可以测算价值量指标表示的劳动生产率。其计算公式为：

$$人均总产出（净产值或增加值）=\frac{总产出（净产值或增加值）}{劳动者平均人数} \tag{8.7}$$

3. 生产工作量指标表示的劳动生产率

按生产工作量计算的劳动生产率是将某种作业完成工作量与投入该种作业的人工日数相比，用以反映劳动者平均每人每天的工作量。其计算公式为：

$$生产工作量劳动生产率=\frac{某种作业完成工作量}{投入该种作业的人工日数} \tag{8.8}$$

（二）全社会人力资源劳动生产率

全社会产品按价值构成不同可分为三类，即产品全部价值（$C+V+M$）、产品增加值（C_1+V+M）和产品净值（$V+M$），因此，全社会人力资源劳动生产率也需要从以下三个方面分别测算。

1. 按社会产品总价值指标表示的劳动生产率

社会产品总价值指标即国内总产出，根据生产活动的性质不同，可以分解为社会总产值和社会服务价值两类指标。因此，按社会产品总价值指标表示的劳动生产率就是将国内总产出（或社会总产值、社会服务价值）与相应的从业人员平均人数相对比，以说明每个从业人员平均创造的国内总产出（或社会总产值、社会服务价值）。其计算公式分别为：

$$社会产品总价值劳动生产率=\frac{国内总产出}{全社会从业人员平均人数} \tag{8.9}$$

$$物质生产部门总价值劳动生产率=\frac{社会总产值}{物质生产部门从业人员平均人数} \tag{8.10}$$

$$非物质生产部门总价值劳动生产率=\frac{社会服务价值}{非物质生产部门从业人员平均人数} \tag{8.11}$$

其中，国内总产出是指一个国家常住生产者在一定时期内生产的全部产品价值总和。社会总产值是指一个国家在一定时期内物质生产部门全部生产活动的价值总和。社会服务价值是指一个国家在一定时期内非物质生产部门提供的各种非物质性服务的价值总和。

2. 按社会产品增加值指标表示的劳动生产率

社会产品增加值指标包括国内生产总值、绿色国内生产总值、国民生产总值、经济福利尺度、社会最终产值等不同口径的指标。因此，按社会产品增加值指标表示的劳动生产率就是将国内生产总值（或绿色国内生产总值、国民生产总值、经济福利尺度、社会最终产值）与相应的从业人员平均人数相对比，分别说明每个从业人员平均创造的国内生产总值（或绿色国内生产总值、国民生产总值、经济福利尺度、社会最终产值）。其计算公式为：

$$\text{社会产品增加值劳动生产率}=\frac{\text{国内生产总值（或绿色国内生产总值、国民生产总值、经济福利尺度）}}{\text{全社会从业人员平均人数}} \tag{8.12}$$

$$\text{物质生产部门增加值劳动生产率}=\frac{\text{社会最终产值}}{\text{物质生产部门从业人员平均人数}} \tag{8.13}$$

$$\text{非物质生产部门增加值劳动生产率}=\frac{\text{国内生产总值}-\text{社会最终产值}}{\text{非物质生产部门从业人员平均人数}} \tag{8.14}$$

其中，国内生产总值是指一个国家常住单位在一定时期内所生产的全部最终产品价值总量。绿色国内生产总值是在国内生产总值中扣除由于环境污染、自然资源退化、教育低下、人口数量失控、管理不善引起的经济损失成本。国民生产总值是反映本国常住单位在一定时期内从国内和国外所获得的全部生产性收入。经济福利尺度是国民生产总值的一个修正性指标，不仅反映一国的经济发展，而且能反映生产与环境、劳动与闲暇的关系。社会最终产值是物质生产部门在一定时期内生产的全部社会最终产品价值总和。

3. 按社会产品净值指标表示的劳动生产率

社会产品净值指标包括国内生产净值、国民生产净值、净经济福利、物质产品净值等不同口径的指标。因此，按社会产品净值指标表示的劳动生产率就是将国内生产净值（或国民生产净值、净经济福利、物质产品净值）与相应的从业人员平均人数相对比，分别说明每个从业人员平均创造的国内生产净值（或国民生产净值、净经济福利、物质产品净值）。其计算公式为：

$$\text{社会产品净值劳动生产率}=\frac{\text{国内生产净值（或国民生产净值、净经济福利）}}{\text{全社会从业人员平均人数}} \tag{8.15}$$

$$\text{物质生产部门净值劳动生产率}=\frac{\text{物质产品净值}}{\text{物质生产部门从业人员平均人数}} \tag{8.16}$$

$$\text{非物质生产部门净值劳动生产率}=\frac{\text{国内生产净值}-\text{物质产品净值}}{\text{非物质生产部门从业人员平均人数}} \tag{8.17}$$

其中，国内生产净值是反映一个国家常住单位在一定时期内所生产的全部社会最终产品净值总量。国民生产净值是反映本国常住单位在一定时期内从国内和国外所获得的全部生产性净收入。净经济福利是国民生产净值的一个修正性指标，不仅反映一国的经济发展，而且反映生产与环境、劳动与闲暇的关系。物质产品净值是指物质生产部门在一定时期内新创造的产品价值总量。

上述三类指标中所涉及的物质生产部门一般包括第一产业的农业，第二产业的工业、建筑业，第三产业的商品流通业（含贸易业、餐饮业、物资供应业）、货物运输业及为物质生产服务的邮电业，它们是生产物质产品或提供物质性服务的产业，通常统称为五大物质生产部门；非物质生产部门一般包括第三产业的文化、教育、科技、卫生、金融、保险以及军队、警察等提供非物质性服务的产业。同时上述指标还可以将整个国民经济按三次产业、行业、所有制、地区等标志分类测算不同范围的全社会人力资源劳动生产率。

二、人力资源劳动生产率的动态分析方法

在研究人力资源劳动生产率静态分析指标的基础上，进一步对人力资源劳动生产率进行动态分析，有利于寻找和发现各种影响因素、影响程度以及制定相应的提高劳动生产率的切实可行的途径。

（一）人力资源劳动生产率指数分析

为了反映人力资源劳动生产率的变化，通常采用统计指数分析方法，编制和计算劳动生产率指数，对比不同时期的劳动生产率指标，观察劳动生产率在时间上的变动态势，有利于深入研究与分析。其计算公式为：

$$\text{劳动生产率指数}=\frac{\text{报告期劳动生产率}}{\text{基期劳动生产率}} \tag{8.18}$$

由于测定人力资源劳动生产率水平有正指标与逆指标之分，因而人力资源劳动生产率指数也有正指标与逆指标之别。其计算公式为：

$$I_A=\frac{\dfrac{Q_1}{L_1}}{\dfrac{Q_0}{L_0}}=\frac{q_1}{q_0} \tag{8.19}$$

$$I_B=\frac{\dfrac{L_1}{Q_1}}{\dfrac{L_0}{Q_0}}=\frac{\dfrac{Q_0}{L_0}}{\dfrac{Q_1}{L_1}}=\frac{q_0}{q_1} \tag{8.20}$$

式中：I_A，I_B——劳动生产率正、逆指标指数；

Q_0，Q_1——基期、报告期产品产量；

L_0，L_1——基期、报告期活劳动效率；

q_0，q_1——基期、报告期劳动生产率。

显然，上述公式表明劳动生产率逆指标指数与劳动生产率正指标指数互为倒数。

［例 8－1］ 如果某工业企业 2019 年工业增加值为 360 万元，从业人员平均人数为 400 人；2020 年工业增加值为 590 万元，从业人员平均人数为 420 人。那么，该工业企业劳动生产率正指标指数与劳动生产率逆指标指数分别为：

$$I_A=\frac{\dfrac{Q_1}{L_1}}{\dfrac{Q_0}{L_0}}=\frac{q_1}{q_0}=\frac{\dfrac{590}{420}}{\dfrac{360}{400}}=\frac{1.4048}{0.9}\approx 156.09\%$$

$$I_B=\frac{\dfrac{L_1}{Q_1}}{\dfrac{L_0}{Q_0}}=\frac{\dfrac{Q_0}{L_0}}{\dfrac{Q_1}{L_1}}=\frac{q_0}{q_1}=\frac{\dfrac{420}{590}}{\dfrac{400}{360}}=\frac{\dfrac{360}{400}}{\dfrac{590}{420}}=\frac{0.9}{1.4048}\approx 64.07\%$$

二者之间的关系验证为：

$$I_A=156.09\%=\frac{1}{64.07\%}=I_B$$

劳动生产率正指标指数计算结果表明平均每个从业人员创造的工业增加值 2020 年比 2019 年提高了 56.09%。劳动生产率逆指标指数计算结果表明单位工业增加值所耗用的从业人员 2020 年比 2019 年降低了 35.93% (64.07%－1)。这是同一问题的两种不同的表述方法，没有实质上的差别，但采用劳动生产率正指标指数较为常见。

此外，还可以将本生产单位内的实际劳动生产率与计划劳动生产率相比所得的劳动生产率计划完成率来考察劳动生产率的计划执行情况，或者将同行业生产单位之间的劳动生产率对比以考察劳动生产率的横向状态。

(二) 人力资源劳动生产率变动影响因素分析

人力资源劳动生产率的变动受多种因素的影响，对其进行研究通常采用指数体系的因素分析方法。

1. 劳动生产率可变构成指数体系的因素分析

劳动生产率属于总平均指标，而劳动生产率指数就是反映这一总平均指标变动程度的指数。进一步分解，这一指数还受各类人员劳动生产率水平变动以及各类人员结构变化的影响。对这一问题应通过构建可变构成指数体系进行因素分析。

(1) 劳动生产率的可变构成指数。劳动生产率的可变构成指数是用以说明劳动生产率总平均变动程度的指数。其计算公式为：

$$I_{\bar{q}}=\frac{\bar{q}_1}{\bar{q}_0}=\frac{\dfrac{\sum q_1 L_1}{\sum L_1}}{\dfrac{\sum q_0 L_0}{\sum L_0}}=\frac{\sum q_1 \dfrac{L_1}{\sum L_1}}{\sum q_0 \dfrac{L_0}{\sum L_0}} \tag{8.21}$$

式中：$I_{\bar{q}}$ ——劳动生产率可变构成指数；

$\bar{q}_0$，$\bar{q}_1$ ——基期、报告期劳动生产率总平均水平；

q_0，q_1——基期、报告期劳动生产率组平均水平；

L_0，L_1——基期、报告期各组成单位的人数；

$\dfrac{L_0}{\sum L_0}$，$\dfrac{L_1}{\sum L_1}$ ——基期、报告期各组成单位的人员结构。

从上述公式中可以看出，报告期与基期劳动生产率总平均水平的变动受各组成单位劳动生产率平均水平变动以及各组成单位人员结构变动两个因素的影响，为此需要进一步测算劳动生产率的固定构成指数与劳动生产率的结构影响指数。

(2) 劳动生产率的固定构成指数。劳动生产率的固定构成指数是反映各组成单位劳动生产率平均水平变动对劳动生产率总平均水平的变动影响程度的指数。根据指数分析的原理，观察组劳动生产率平均水平这一质量指标的变动，应当将各组成单位人员数这一数量指标固定在报告期。其计算公式为：

$$I_q=\frac{\dfrac{\sum q_1 L_1}{\sum L_1}}{\dfrac{\sum q_0 L_1}{\sum L_1}}=\frac{\sum q_1 \dfrac{L_1}{\sum L_1}}{\sum q_0 \dfrac{L_1}{\sum L_1}} \tag{8.22}$$

式中：I_q——劳动生产率固定构成指数。

上述公式中的分子表示的是实际报告期劳动生产率总平均水平，分母表示的是按基期劳动生产率组平均水平、报告期人员结构测算的理论假定的劳动生产率总平均水平，目的是为了保证在人员结构相对不变的条件下，测算劳动生产率组平均水平变动对劳动生产率总平均水平变动的影响程度。

(3) 劳动生产率的结构影响指数。劳动生产率的结构影响指数是反映各组成单位人员结构变动对劳动生产率总平均水平的变动影响程度的指数。根据指数分析的原理，观察各组成单位人员数这一数量指标的变动，应当将组劳动生产率平均水平这一质量指标固定在基期。其计算公式为：

$$I_L=\frac{\dfrac{\sum q_0 L_1}{\sum L_1}}{\dfrac{\sum q_0 L_0}{\sum L_0}}=\frac{\sum q_0 \dfrac{L_1}{\sum L_1}}{\sum q_0 \dfrac{L_0}{\sum L_0}} \tag{8.23}$$

式中：I_L——劳动生产率结构影响指数。

上述公式中的分母表示实际基期劳动生产率总平均水平，分子表示按基期劳动生产率组平均水平、报告期人员结构测算的理论假定的劳动生产率总平均水平，目的是保证在劳动生产率组平均水平相对不变的条件下，测算各组成单位人员结构变动对劳动生产率总平均水平变动的影响程度。

劳动生产率的可变构成指数、劳动生产率的固定构成指数及劳动生产率的结构影响指数三者可以构成指数体系并进行因素分析。

从相对数看，劳动生产率可变构成指数等于劳动生产率固定构成指数与劳动生产率的结构影响指数的连乘积。其计算公式为：

$$\frac{\dfrac{\sum q_1 L_1}{\sum L_1}}{\dfrac{\sum q_0 L_0}{\sum L_0}}=\frac{\dfrac{\sum q_1 L_1}{\sum L_1}}{\dfrac{\sum q_0 L_1}{\sum L_1}}\times\frac{\dfrac{\sum q_0 L_1}{\sum L_1}}{\dfrac{\sum q_0 L_0}{\sum L_0}} \tag{8.24}$$

从绝对数看，劳动生产率总平均水平变动额等于劳动生产率组平均水平变动影响额与人员结构变动影响额之和。其计算公式为：

$$\left(\frac{\sum q_1 L_1}{\sum L_1}-\frac{\sum q_0 L_0}{\sum L_0}\right)=\left(\frac{\sum q_1 L_1}{\sum L_1}-\frac{\sum q_0 L_1}{\sum L_1}\right)+\left(\frac{\sum q_0 L_1}{\sum L_1}-\frac{\sum q_0 L_0}{\sum L_0}\right) \tag{8.25}$$

同时，从绝对数看，劳动生产率总平均水平变动带来的总量指标的变化额等于劳动生产率组平均水平变动带来的总量指标的影响额与人员结构变动带来的总量指标的影响额之和。其计算公式为：

$$\left(\frac{\sum q_1 L_1}{\sum L_1}-\frac{\sum q_0 L_0}{\sum L_0}\right)\sum L_1=\left(\frac{\sum q_1 L_1}{\sum L_1}-\frac{\sum q_0 L_1}{\sum L_1}\right)\sum L_1$$

$$+\left(\frac{\sum q_0 L_1}{\sum L_1}-\frac{\sum q_0 L_0}{\sum L_0}\right)\sum L_1 \qquad (8.26)$$

［例 8－2］ 某公司所属的两个分公司有关劳动生产率资料如表 8－1 所示。

表 8－1　某公司劳动生产率资料

公司组别	劳动生产率（万元/人）		从业人员				增加值（万元）		
	q_0	q_1	L_0（人）	$\frac{L_0}{\sum L_0}$（%）	L_1（人）	$\frac{L_1}{\sum L_1}$（%）	$\sum q_0 L_0$	$\sum q_1 L_1$	$\sum q_0 L_1$
A	180	186	700	70	660	47	126 000	122 760	118 800
B	150	155	300	30	740	53	45 000	114 700	111 000
总公司	171	169.61	1 000	100	1 400	100	171 000	237 460	229 800

第一步：测算劳动生产率的可变构成指数。

$$I_{\bar{q}}=\frac{\dfrac{\sum q_1 L_1}{\sum L_1}}{\dfrac{\sum q_0 L_0}{\sum L_0}}=\frac{\dfrac{237\ 460}{1\ 400}}{\dfrac{171\ 000}{1\ 000}}=\frac{169.61}{171}\approx 99.19\%$$

$$\frac{\sum q_1 L_1}{\sum L_1}-\frac{\sum q_0 L_0}{\sum L_0}=169.61-171=-1.39\text{（万元/人）}$$

$$\left(\frac{\sum q_1 L_1}{\sum L_1}-\frac{\sum q_0 L_0}{\sum L_0}\right)\sum L_1=(169.61-171)\times 1\ 400=-1\ 946\text{（万元）}$$

从表 8－1 中的资料可以看出，虽然 A 公司与 B 公司报告期劳动生产率与基期劳动生产率相比均有所提高，但由于从业人员结构的变动，劳动生产率较低的 B 公司比重从 30%提高到 53%，而劳动生产率较高的 A 公司则从 70%降至 47%，因而劳动生产率总平均水平反而降低了 0.81%，在绝对数上减少了 1.39 万元/人，同时致使增加值减少 1 946 万元。这是由于劳动生产率总平均水平的变动除了受劳动生产率组平均水平变动的影响外，还会受到 A 公司与 B 公司从业人员结构变动的影响，劳动生产率可变构成指数在综合反映劳动生产率总平均水平变动时，包含了各组成部分人员结构的变动。为了进一步分析劳动生产率组平均水平和人员结构各自变动时对劳动生产率总平均水平的影响，就需要进一步测算劳动生产率固定构成指数和劳动生产率结构影响指数。

第二步：测算劳动生产率的固定构成指数。

$$I_q=\frac{\dfrac{\sum q_1 L_1}{\sum L_1}}{\dfrac{\sum q_0 L_1}{\sum L_1}}=\frac{\dfrac{237\ 460}{1\ 400}}{\dfrac{229\ 800}{1\ 400}}=\frac{169.61}{164.14}\approx 103.33\%$$

$$\frac{\sum q_1 L_1}{\sum L_1}-\frac{\sum q_0 L_1}{\sum L_1}=169.61-164.14=5.47\ (\text{万元/人})$$

$$\left(\frac{\sum q_1 L_1}{\sum L_1}-\frac{\sum q_0 L_1}{\sum L_1}\right)\sum L_1=(169.61-164.14)\times 1\ 400=7\ 658\ (\text{万元})$$

结果表明，由于A公司与B公司报告期劳动生产率与基期劳动生产率相比均有所提高，从而使报告期劳动生产率总平均水平比基期劳动生产率总平均水平提高了3.33%，在绝对数上提高了5.47万元/人，同时致使增加值提高了7 658万元。

第三步：测算劳动生产率的结构影响指数。

$$I_L=\frac{\dfrac{\sum q_0 L_1}{\sum L_1}}{\dfrac{\sum q_0 L_0}{\sum L_0}}=\frac{\dfrac{229\ 800}{1\ 400}}{\dfrac{171\ 000}{1\ 000}}=\frac{164.14}{171}\approx 95.99\%$$

$$\frac{\sum q_0 L_1}{\sum L_1}-\frac{\sum q_0 L_0}{\sum L_0}=164.14-171=-6.86\ (\text{万元/人})$$

$$\left(\frac{\sum q_0 L_1}{\sum L_1}-\frac{\sum q_0 L_0}{\sum L_0}\right)\sum L_1=(164.14-171)\times 1\ 400=-9\ 604\ (\text{万元})$$

结果表明，由于A公司与B公司从业人员结构变动使报告期劳动生产率总平均水平比基期劳动生产率总平均水平降低了4.01%，在绝对数上减少了6.86万元/人，同时致使增加值减少9 604万元。

第四步：相对数关系。

由于
$$\frac{\dfrac{\sum q_1 L_1}{\sum L_1}}{\dfrac{\sum q_0 L_0}{\sum L_0}}=\frac{\dfrac{\sum q_1 L_1}{\sum L_1}}{\dfrac{\sum q_0 L_1}{\sum L_1}}\times\frac{\dfrac{\sum q_0 L_1}{\sum L_1}}{\dfrac{\sum q_0 L_0}{\sum L_0}}$$

故有　$99.19\%=103.33\%\times 95.99\%$

第五步：绝对数关系。

由于
$$\left(\frac{\sum q_1 L_1}{\sum L_1}-\frac{\sum q_0 L_0}{\sum L_0}\right)=\left(\frac{\sum q_1 L_1}{\sum L_1}-\frac{\sum q_0 L_1}{\sum L_1}\right)+\left(\frac{\sum q_0 L_1}{\sum L_1}-\frac{\sum q_0 L_0}{\sum L_0}\right)$$

故有　-1.39（万元/人）$=5.47-6.86$

又由于
$$\left(\frac{\sum q_1 L_1}{\sum L_1}-\frac{\sum q_0 L_0}{\sum L_0}\right)\sum L_1=\left(\frac{\sum q_1 L_1}{\sum L_1}-\frac{\sum q_0 L_1}{\sum L_1}\right)\sum L_1+\left(\frac{\sum q_0 L_1}{\sum L_1}-\frac{\sum q_0 L_0}{\sum L_0}\right)\sum L_1$$

故有　　$-1\ 946$（万元）$=7\ 658-9\ 604$

第六步：结论。

从相对数看，该总公司劳动生产率总平均水平降低了0.81%。这是以下两个因素共同影响的结果：A公司、B公司劳动生产率各自平均水平的提高，使劳动生产率总平均水平提高了3.33%；A公司、B公司从业人员结构变动使劳动生产率总平均水平降低了4.01%。

从绝对数看，该总公司劳动生产率总平均水平降低了1.39万元/人，致使增加值降低了1 946万元。这是以下两个因素共同影响的结果：A公司、B公司劳动生产率各自平均水平的提高，使劳动生产率总平均水平提高了5.47万元/人、增加值提高了7 658万元；A公司、B公司从业人员结构变动，使劳动生产率总平均水平降低了6.86万元/人、增加值降低了9 604万元。

2. 人员结构变动对劳动生产率影响的指数分析

如前所述，工业生产单位的劳动者人员通常有基本生产工人、生产工人、直接生产人员、职工、从业人员等不同范围，因此可以分别计算各种人员范围的劳动生产率。

因为　$\frac{\text{工业产品产量}}{\text{职工平均人数}}=\frac{\text{工业产品产量}}{\text{直接生产人员平均人数}}\times\frac{\text{直接生产人员平均人数}}{\text{职工平均人数}}$

所以　　职工劳动生产率指数＝直接生产人员劳动生产率指数×直接生产人员比重指数

用符号表示为：

$$\frac{A_1\ B_1}{A_0\ B_0}=\frac{A_1\ B_1}{A_0\ B_1}\times\frac{A_0\ B_1}{A_0\ B_0} \tag{8.27}$$

式中：A_0，A_1——基期和报告期直接生产人员劳动生产率；

B_0，B_1——基期和报告期直接生产人员比重。

上述关系式表明职工劳动生产率的变动可以分解为直接生产人员劳动生产率和直接生产人员比重两个因素的影响，因此可以构建指数体系并进行因素分析。

[例8-3]　某工业企业人员与产量资料整理的统计数据资料如表8-2所示，其中报告期职工平均人数（L_1）为6 000人，构建职工劳动生产率指数体系并进行因素分析。

表8-2　某工业企业劳动生产率资料

指标	直接生产人员劳动生产率（台/人）		直接生产人员比重（%）		职工劳动生产率（台/人）		
符号	A_0	A_1	B_0	B_1	A_0B_0	A_1B_1	A_0B_1
数值	290	320	84.48	89.38	245	286	259

第一步：测算职工劳动生产率指数。

$$\frac{A_1\ B_1}{A_0\ B_0}=\frac{286}{245}\approx116.73\%$$

$$A_1B_1-A_0B_0=286-245=41\text{（台/人）}$$

$$(A_1B_1-A_0B_0)L_1=41\times6\ 000=246\ 000\text{（台）}$$

第二步：测算直接生产人员劳动生产率指数。

$$\frac{A_1\ B_1}{A_0\ B_1}=\frac{286}{259}=110.42\%$$

$A_1B_1-A_0B_1=286-259=27$（台/人）

$(A_1B_1-A_0B_1)L_1=27\times 6\ 000=162\ 000$（台）

第三步：测算直接生产人员比重指数。

$$\frac{A_0\ B_1}{A_0\ B_0}=\frac{259}{245}\approx 105.71\%$$

$A_0B_1-A_0B_0=259-245=14$（台/人）

$(A_0B_1-A_0B_0)L_1=14\times 6\ 000=84\ 000$（台）

第四步：相对数关系。

$$\frac{A_1\ B_1}{A_0\ B_0}=\frac{A_1\ B_1}{A_0\ B_1}\times\frac{A_0\ B_1}{A_0\ B_0}$$

$116.73\%=110.42\%\times 105.71\%$

第五步：绝对数关系。

$(A_1B_1-A_0B_0)=(A_1B_1-A_0B_1)+(A_0B_1-A_0B_0)$

41（台/人）$=27+14$

$(A_1B_1-A_0B_0)L_1=(A_1B_1-A_0B_1)L_1+(A_0B_1-A_0B_0)L_1$

246 000（台）$=162\ 000+84\ 000$

第六步：结论。

该工业企业报告期职工劳动生产率比基期职工劳动生产率提高了16.73%，增加绝对额为41台/人，总产量增加246 000台。这是以下两个因素共同影响的结果：直接生产人员劳动生产率提高10.42%，使职工劳动生产率增加绝对额为27台/人，总产量增加162 000台；直接生产人员比重提高5.71%，使职工劳动生产率增加绝对额为14台/人，总产量增加84 000台。

3. 生产工人劳动时间利用情况对劳动生产率影响的指数分析

如前所述，工业生产单位的劳动时间可以细化为小时、日、月等不同长度，相应的劳动生产率的高低也受到不同时间长度及利用程度的影响。

$$\frac{\text{工业产品产量}}{\text{生产工人月平均人数}}=\frac{\text{工业产品产量}}{\text{生产工人全月实际工作工时}}\times\frac{\text{生产工人全月实际工作工时}}{\text{生产工人全月实际工作工日}}\times\frac{\text{生产工人全月实际工作工日}}{\text{生产工人月平均人数}}$$

$$\begin{matrix}\text{工业生产工人月}\\\text{劳动生产率指数}\end{matrix}=\begin{matrix}\text{工业生产工人小时}\\\text{劳动生产率指数}\end{matrix}\times\begin{matrix}\text{工业生产工人工作日}\\\text{实际长度（小时）指数}\end{matrix}\times\begin{matrix}\text{工业生产工人工作月}\\\text{实际长度（天）指数}\end{matrix}$$

用符号表示为：

$$\frac{a_1\ b_1\ c_1}{a_0\ b_0\ c_0}=\frac{a_1\ b_1\ c_1}{a_0\ b_1\ c_1}\times\frac{a_0\ b_1\ c_1}{a_0\ b_0\ c_1}\times\frac{a_0\ b_0\ c_1}{a_0\ b_0\ c_0}\tag{8.28}$$

式中：a_0，a_1——基期和报告期工业生产工人小时劳动生产率；

b_0，b_1——基期和报告期工业生产工人工作日实际长度（小时）；

c_0，c_1——基期和报告期工业生产工人工作月实际长度（天）。

［例8-4］ 某年某工业企业月劳动生产率有关资料见表8-3，建立工业生产工人月

劳动生产率指数体系并进行因素分析。

表 8-3　某年某工业企业月劳动生产率有关资料

指标	小时劳动生产率（件/人）		工作日实际长度（小时）		工作月实际长度（天）		月劳动生产率（件/人）			
符号	a_0	a_1	b_0	b_1	c_0	c_1	$a_0b_0c_0$	$a_1b_1c_1$	$a_0b_0c_1$	$a_0b_1c_1$
数值	8	10	7.6	7.9	26	24	1 580.8	1 896.0	1 459.2	1 516.8

第一步：测算月劳动生产率指数。

$$\frac{a_1\ b_1\ c_1}{a_0\ b_0\ c_0}=\frac{1\ 896.0}{1\ 580.8}\approx 119.94\%$$

$$a_1b_1c_1-a_0b_0c_0=1\ 896.0-1\ 580.8=315.2\ (\text{件/人})$$

第二步：测算小时劳动生产率指数。

$$\frac{a_1\ b_1\ c_1}{a_0\ b_1\ c_1}=\frac{1\ 896.0}{1\ 516.8}\approx 125\%$$

$$a_1b_1c_1-a_0b_1c_1=1\ 896.0-1\ 516.8=379.2\ (\text{件/人})$$

第三步：测算工作日实际长度指数。

$$\frac{a_0\ b_1\ c_1}{a_0\ b_0\ c_1}=\frac{1\ 516.8}{1\ 459.2}\approx 103.95\%$$

$$a_0b_1c_1-a_0b_0c_1=1\ 516.8-1\ 459.2=57.6\ (\text{件/人})$$

第四步：测算工作月实际长度指数。

$$\frac{a_0\ b_0\ c_1}{a_0\ b_0\ c_0}=\frac{1\ 459.2}{1\ 580.8}\approx 92.31\%$$

$$a_0b_0c_1-a_0b_0c_0=1\ 459.2-1\ 580.8=-121.6\ (\text{件/人})$$

第五步：相对数关系。

$$\frac{a_1\ b_1\ c_1}{a_0\ b_0\ c_0}=\frac{a_1\ b_1\ c_1}{a_0\ b_1\ c_1}\times\frac{a_0\ b_1\ c_1}{a_0\ b_0\ c_1}\times\frac{a_0\ b_0\ c_1}{a_0\ b_0\ c_0}$$

$$119.94\%=125\%\times 103.95\%\times 92.31\%$$

第六步：绝对数关系。

$$(a_1b_1c_1-a_0b_0c_0)=(a_1b_1c_1-a_0b_1c_1)+(a_0b_1c_1-a_0b_0c_1)+(a_0b_0c_1-a_0b_0c_0)$$

$$315.2\ (\text{件/人})=379.2+57.6-121.6$$

第七步：结论。

该工业企业报告期工业生产工人月劳动生产率比基期工业生产工人月劳动生产率提高了 19.94%，绝对数增加了 315.2 件/人。这是以下三个因素综合影响的结果：小时劳动生产率提高了 25%，使月劳动生产率绝对数增加了 379.2 件/人；工作日实际长度增加了 3.95%，使月劳动生产率绝对数增加了 57.6 件/人；工作月实际长度减少了 7.69%，使月劳动生产率绝对数减少了 121.6 件/人。

4. 技术装备程度及利用程度变动对劳动生产率影响的指数分析

考察工业生产单位技术装备程度及固定资产利用程度变动对劳动生产率的影响，可以利用如下关系式进行指数体系的因素分析。

$$\frac{\text{工业产品产量}}{\text{生产工人平均人数}}=\frac{\text{固定资产平均原值}}{\text{生产工人平均人数}}\times\frac{\text{工业产品产量}}{\text{固定资产平均原值}}$$

$$\text{生产工人劳动生产率指数} = \text{生产工人劳动技术装备程度指数} \times \text{固定资产利用程度指数}$$

用符号表示为：

$$\frac{A_1 B_1}{A_0 B_0} = \frac{A_1 B_1}{A_0 B_1} \times \frac{A_0 B_1}{A_0 B_0} \tag{8.29}$$

式中：A_0，A_1——基期和报告期生产工人劳动技术装备程度；

B_0，B_1——基期和报告期固定资产利用程度。

上述关系式表明生产工人劳动生产率的变动可以分解为生产工人劳动技术装备程度和固定资产利用程度两个因素的影响，因此可以构建指数体系并进行因素分析。

[例 8-5] 根据某工业企业产品产量、生产工人人数及固定资产原值资料整理的统计数据资料如表 8-4 所示，构建生产工人劳动生产率指数体系并进行因素分析。

表 8-4 某工业企业劳动生产率资料

指标	生产工人劳动技术装备程度（万元/人）		固定资产利用程度（吨/万元）		生产工人劳动生产率（吨/人）		
符号	A_0	A_1	B_0	B_1	A_0B_0	A_1B_1	A_0B_1
数值	16	20	140	190	2 240	3 800	3 040

第一步：测算生产工人劳动生产率指数。

$$\frac{A_1 B_1}{A_0 B_0} = \frac{3\ 800}{2\ 240} \approx 169.64\%$$

$$A_1B_1 - A_0B_0 = 3\ 800 - 2\ 240 = 1\ 560 \text{（吨/人）}$$

第二步：测算生产工人劳动技术装备程度指数。

$$\frac{A_1 B_1}{A_0 B_1} = \frac{3\ 800}{3\ 040} \approx 125\%$$

$$A_1B_1 - A_0B_1 = 3\ 800 - 3\ 040 = 760 \text{（吨/人）}$$

第三步：测算固定资产利用程度指数。

$$\frac{A_0 B_1}{A_0 B_0} = \frac{3\ 040}{2\ 240} \approx 135.71\%$$

$$A_0B_1 - A_0B_0 = 3\ 040 - 2\ 240 = 800 \text{（吨/人）}$$

第四步：相对数关系。

$$\frac{A_1 B_1}{A_0 B_0} = \frac{A_1 B_1}{A_0 B_1} \times \frac{A_0 B_1}{A_0 B_0}$$

$$169.64\% = 125\% \times 135.71\%$$

第五步：绝对数关系。

$$(A_1B_1 - A_0B_0) = (A_1B_1 - A_0B_1) + (A_0B_1 - A_0B_0)$$

$$1\ 560 \text{（吨/人）} = 760 + 800$$

第六步：结论。

该工业企业报告期生产工人劳动生产率比基期生产工人劳动生产率提高了 69.64%，增加绝对额为 1 560 吨/人。这是以下两个因素共同影响的结果：生产工人劳动技术装备程度提高 25%，使生产工人劳动生产率增加绝对额为 760 吨/人；固定资产利用程度提高 35.71%，使生产工人劳动生产率增加绝对额为 800 吨/人。

(三) 人力资源劳动生产率变动对产量和劳动量的影响分析

考察生产单位人力资源劳动生产率变动对产量的影响，可以利用如下关系式进行指数体系的因素分析。

$$产品产量=\frac{产品产量}{劳动量}\times 劳动量$$

$$产品产量指数=劳动生产率指数\times 劳动量指数$$

用符号表示为：

$$\frac{A_1 B_1}{A_0 B_0}=\frac{A_1 B_1}{A_0 B_1}\times\frac{A_0 B_1}{A_0 B_0} \tag{8.30}$$

式中：A_0，A_1——基期和报告期劳动生产率；

B_0，B_1——基期和报告期劳动量。

上述关系式表明产品产量的变动可以分解为劳动生产率和劳动量两个因素的影响，因此可以构建指数体系并进行因素分析。

同时，将上述关系式进行变换，即

$$劳动量指数=\frac{产品产量指数}{劳动生产率指数} \tag{8.31}$$

这一表达式说明在产品产量指数一定的条件下，劳动生产率指数与劳动量指数成反比，进一步可以分析由于劳动生产率变动对劳动量的影响。

[例 8-6]　根据某建筑企业总产出、职工人数资料整理的统计数据资料如表 8-5 所示，构建总产出指数、劳动生产率指数、职工人数指数体系并进行因素分析。

表 8-5　某建筑企业劳动生产率资料

指标	劳动生产率（万元/人）		职工平均人数（人）		总产出（万元）		
符号	A_0	A_1	B_0	B_1	A_0B_0	A_1B_1	A_0B_1
数值	4.5	5.6	2 800	3 200	12 600	17 920	14 400

第一步：测算总产出指数。

$$\frac{A_1 B_1}{A_0 B_0}=\frac{17\ 920}{12\ 600}\approx 142.22\%$$

$$A_1B_1-A_0B_0=17\ 920-12\ 600=5\ 320\ (万元)$$

第二步：测算劳动生产率指数。

$$\frac{A_1 B_1}{A_0 B_1}=\frac{17\ 920}{14\ 400}\approx 124.44\%$$

$$A_1B_1-A_0B_1=17\ 920-14\ 400=3\ 520\ (万元)$$

第三步：测算职工平均人数指数。

$$\frac{A_0 B_1}{A_0 B_0}=\frac{14\ 400}{12\ 600}\approx 114.29\%$$

$$A_0B_1-A_0B_0=14\ 400-12\ 600=1\ 800\ (万元)$$

第四步：相对数关系。

$$\frac{A_1B_1}{A_0B_0}=\frac{A_1B_1}{A_0B_1}\times\frac{A_0B_1}{A_0B_0}$$

142.22%=124.44%×114.29%

第五步：绝对数关系。

$$(A_1B_1-A_0B_0)=(A_1B_1-A_0B_1)+(A_0B_1-A_0B_0)$$

5 320（万元）=3 520+1 800

第六步：结论。

该建筑企业报告期总产出比基期总产出提高了42.22%，增加绝对额为5 320万元。这是以下两个因素共同影响的结果：劳动生产率提高了24.44%，使总产出增加绝对额为3 520万元；职工平均人数增长14.29%，使总产出增加绝对额为1 800万元。

此外，由于报告期总产出比基期总产出提高了42.22%，如果劳动生产率不变，则报告期职工平均人数也必须增加42.22%，达到3 982（142.22%×2 800）人，但实际上仅为3 200人。显然，由于劳动生产率提高了24.44%，使该建筑企业节约了728（3 982−3 200）人。

本章小结

本章阐述了人力资源劳动效率统计的基本思想和方法。首先，明确了人力资源劳动效率统计的范畴及意义，人力资源劳动效率统计有利于人力资源的合理利用及为微观企业决策提供重要依据。其次，从静态角度分别构建了劳动生产率及劳动效益静态分析指标体系，为进一步进行动态分析提供理论前提。最后，结合实例从动态角度分别对劳动生产率及劳动效益进行指数体系的因素分析。

关键概念

人力资源劳动效率　　人力资源劳动生产率　　人力资源劳动效益

复习题

1. 简述人力资源劳动效率统计的范畴及意义。
2. 如何构建人力资源劳动生产率静态分析指标体系？
3. 如何构建人力资源劳动效益静态分析指标体系？

讨论及思考题

1. 如何进行人力资源劳动生产率指数体系的因素分析？
2. 如何进行人力资源劳动效益指数体系的因素分析？

第九章

人力资源报酬与收入统计

要点提示

◇ 人力资源报酬与收入统计的意义
◇ 工资总额的核算和分析
◇ 收入水平的统计和分析
◇ 工资外收入的统计
◇ 最低工资标准制度

内容引言

据国家统计局公布的2019年国民经济和社会发展统计公报显示，在2015—2019年的5年中，我国劳动生产率年均增长了10.6%。

然而，高劳动生产率并没有体现在工资水平的增长上。与劳动生产率迅速提高、人均产出快速增长对比鲜明的是我国的工资增长相对缓慢，全国居民人均工资性收入占可支配收入的比重连年下降。之所以出现这种工资增长与劳动生产率提高倒挂的现象，与国民财富分配存在结构上的不合理密切相关。本章将详细介绍怎样对从业人员劳动报酬与收入进行统计，以及如何科学地对这些数据做动态分析和横向比较，从而为宏观经济和微观企业单位服务。同时，本章还将介绍涉及收入分配均衡问题的不良指数和基尼系数、用于调节收入分配的个人所得税以及保障劳动者基本利益的最低工资标准等相关指标是怎样计算出来并用于实际分析的。

第一节 人力资源报酬与收入统计的意义

人力资源报酬主要是指劳动报酬，是从业人员根据所提供的劳动的数量和质量，从为社会所创造的新价值中取得，并能归个人占有与支配的那部分价值量。人力资源报酬总额是指在报告期内直接支付给本单位使用的全部劳动报酬的总和，包括在岗职工工资总额、不在岗职工生活费、聘用及留用的离退休人员的劳动报酬、外籍及港澳台方人员劳动报酬以及人事档案关系保留在原单位的人员的劳动报酬。从业人员收入的内涵及外延比人力资源报酬更广。从广义上讲，一切有形的收入和无形的收入都可视为从业人员的收入。它与人力资源报酬的关系是包含与被包含的关系，人力资源报酬是从业人员收入的最主要的组成部分，是属于劳动收入的那一部分，不包括按生产要素分配取得的收入。

如实准确地统计人力资源报酬和收入，大到关系国计民生，小到关系一个企业的经营发展，全社会都应该予以足够重视。具体来说，它主要有三个方面的意义。

一、对宏观经济的意义

人力资源报酬与收入统计在宏观上能为反映和研究国民生活水平情况、宏观分配关系和分配政策提供直接依据。社会主义社会生产的目的是不断增加人民群众的收入，提高人民群众的生活水平。在国民的全部收入中，人力资源报酬和收入占绝大部分，调查统计从业人员的劳动报酬和收入情况，能直接反映我国人民群众收入和生活情况。同时，人力资源报酬和收入占全部国民收入比重的大小、人力资源报酬和收入内部的分配结构比例以及在不同地区、不同行业间的比较差异，都直接影响到广大劳动者的劳动积极性、关系到劳动者的切身利益，进而在很大程度上影响到国家职能的发挥和国民经济的可持续发展。因此，对其进行统计，能为国家调整宏观分配关系、制定分配政策提供最为主要和最为有力的决策依据。党的十七大报告中首次提出，在初次收入分配中也要实现公平与效率的统一，“初次分配和再分配都要处理好效率和公平的关系，再分配更加注重公平”；强调要“提高劳动报酬在初次分配中的比重”，提出促进社会公平正义，努力使全体人民学有所教、劳有所得、病有所医、老有所养、住有所居，推动建设和谐社会。这一社会分配理念变革的提出，就是建立在当前对我国社会的人力资源报酬和收入统计工作之上的。

二、对微观企业的重要意义

人力资源报酬与收入统计在四个方面对微观企业具有重要意义：第一，对正确处理劳动者利益与企业生产经营发展的关系有重要作用；第二，是促使“按劳分配”原则在企业内具体实现的重要手段；第三，是检查和分析企业工资计划执行情况的重要依据；第四，是研究企业内部工资关系与其他企业工资关系的重要依据。

三、为政府制定政策提供依据

我国的市场经济正逐步走向法制化的轨道。《中华人民共和国个人所得税法》《中华人民共和国劳动法》已经颁布且还在不断修订、调整和完善中，劳动保障的各项法律也已制定并正在实施。各项涉及从业人员的法律法规中，很多都与人力资源报酬和收入有着直接的关系。例如，它是个人所得税征收的主要依据；社会平均工资是调整和制定城镇劳动力失业救济金标准、城镇居民最低生活保障标准、最低工资标准、离退休职工离退休金的依据；在社会保障的各项法律法规中，养老保险、失业保险、医疗保险等社会保险统筹金的收缴额均以工资总额为基数等。

第二节 工资总额的核算和分析

工资总额是指各单位在一定时期内直接支付给本单位全部职工的劳动报酬总额。职工工资总额反映了一定时期职工从单位得到的全部工资，是计算国内生产总值的基础性指标，也是研究劳动者收入状况和居民购买力的主要依据。要想更好地理解工资总额的核算，就要了解它的核算内容，即它包括哪些部分、不包括哪些部分。此外，还应该了解在实际工作的操作过程中应注意的问题。

一、工资总额的构成

工资总额从构成结构上看，可分为基本工资和辅助工资两部分。

（一）基本工资

基本工资是指劳动者在法定工作时间内提供正常劳动所得的报酬，它构成劳动者所得工资额的基本组成部分。

1. 基本工资的特征

（1）常规性。即基本工资所对应的是劳动者在法定工作时间内和正常条件下所完成的衡量劳动或定额劳动。

（2）结构性。即基本工资一般可分为若干个职能各自不同的单元。

（3）等级性。即基本工资的主要单元都存在一定的等级差别和相应的多级收入。

（4）固定性。即基本工资主要单元的等级和相应的标准在一定的时间内一般固定不变。

（5）主干性。即基本工资占全部工资的比重大。

（6）基准性。即基本工资可以成为确定辅助工资单元数额的计算基准。

2. 基本工资的构成

基本工资包括计时工资和计件工资两部分。

（1）计时工资是指按计时工资标准和工作时间支付给个人的劳动报酬。包括对已做工作按计时工资标准支付的工资；实行结构工资制的单位支付给职工的基础工资、等级工资和职务（岗位）工资；新参加工作职工的见习工资（学徒的生活费）；合同制人员按规定缴纳的不超过本人标准工资一定比例的退休养老基金；职工受处分期间的工资。

（2）计件工资是指对已做工作按计件单价支付的劳动报酬。主要包括实行超额累进计件、直接无限计件、超额计件等工资形式的企业，按规定的劳动定额和计件单价支付的计件工资，按工作量包干计件方式支付给个人的工资以及按营业额提成或利润提成办法支付给个人的工资。

（二）辅助工资

辅助工资是指基本工资之外的，在工资构成中处于辅助地位的工资组成部分。辅助工资通常包括奖金、津贴和补贴、加班加点工资和特殊情况下支付的工资。

（1）奖金是指支付给在岗职工的超额劳动报酬和增收节支的劳动报酬。包括生产奖、节约奖、劳动竞赛奖、机关事业单位的奖励工资及其他奖金等。

（2）津贴和补贴是指为了补偿职工特殊或额外的劳动消耗和因其他特殊原因支付给职工的津贴，以及为了保证职工工资水平不受物价影响支付给职工的物价补贴（见表 9-1）。

表 9-1　津贴和补贴的内容

津贴	补偿职工特殊或额外劳动消耗的津贴	包括高空津贴、井下津贴、流动施工津贴、野外工作津贴、林区津贴、高温作业临时津贴、海岛津贴、艰苦气象台（站）津贴、微波站津贴、高原地区临时津贴、冷库低温津贴、基层审计人员外勤工作津贴、邮电人员外勤津贴、夜班津贴、中班津贴、班（组）长津贴、学校班主任津贴、三种艺术（舞蹈、武功、管乐）人员工种津贴、运动队班（队）干部驻队津贴、公安干警值勤岗位津贴、环卫人员岗位津贴、广播电视天线工岗位津贴、盐业岗位津贴、废品回收人员岗位津贴、殡葬特殊行业津贴、城市社会福利事业单位岗位津贴、环境监测津贴、收容遣送岗位津贴等。
	保健性津贴	包括卫生防疫津贴、医疗卫生津贴、科技保健津贴、各种社会福利院职工特殊保健津贴等。
	技术性津贴	包括特级教师津贴、科研津贴、研究生导师津贴、工人技师津贴、中药老药工技术津贴、特殊教育津贴、高级知识分子特殊津贴（国务院特殊津贴）等。
	年功性津贴	包括工龄津贴、教龄津贴等。
	地区津贴	包括艰苦边远地区津贴和地区附加津贴等。
	其他津贴	包括直接支付给个人的伙食津贴（火车司机和乘务员的乘务津贴、航行和空勤人员伙食津贴、水产捕捞人员伙食津贴、专业车队汽车司机行车津贴、体育运动员和教练员伙食补助费、少数民族伙食津贴、小伙食单位补贴、无食堂补贴等）、合同制职工的工资性补贴、书报费、工种粮补贴等。

续表

补贴	包括保证职工工资水平不受物价上涨或变动影响而支付的各种补贴，如副食品价格补贴（含肉类等价格补贴），粮、油、蔬菜等价格补贴，煤价补贴，住房补贴，水电补贴，房改补贴，以及提高煤炭价格后部分地区实行的民用燃料和照明电价格补贴等。

（3）加班加点工资是指对法定节假日和公休假日工作的职工，以及在正常工作日以外延长工作时间的职工，按规定支付的加班工资和加点工资。

（4）特殊情况下支付的工资主要包括以下两部分：

1）根据国家法律、法规和政策规定，因病、工伤、产假、婚丧假、事假、探亲假、定期休假、停工学习、执行国家或社会义务等原因，按计时工资标准或计时工资标准的一定比例支付的工资；

2）附加工资、保留工资以及调整工资后补发的工资等。

二、工资总额不包括的项目

工资总额不包括以下 15 项内容：

（1）根据国务院的有关规定发放的创造发明奖、国家星火奖、自然科学奖、科学技术进步奖，合理化建议奖和技术改进奖，以及支付给运动员在重大体育比赛中的奖金。

（2）有关劳动保险和职工福利方面的费用。职工保险福利费用包括医疗卫生费、职工死亡丧葬费及抚恤费、职工生活困难补助、文体宣传费、集体福利事业设施费和集体福利事业补贴、探亲路费、计划生育补贴、冬季取暖补贴、防暑降温费、婴幼儿补贴（即托儿补助）、独生子女牛奶补贴、独生子女补贴、“六一”儿童节给职工的独生子女补贴、工作服洗补费、献血员营养补助及其他保险福利费。

（3）劳动保护的各种支出。劳动保护支出包括工作服、手套等劳动保护用品，解毒剂、清凉饮料，以及按照 1963 年 7 月 19 日劳动部等七单位规定的范围，对接触有毒物质、矽尘作业、放射线作业和潜水、沉箱作业、高温作业等五类工种所享受的由劳动保护费开支的保健食品待遇。

（4）有关离休、退休、退职人员待遇的各项支出。

（5）支付给外单位人员的稿费、讲课费及其他专门工作报酬。

（6）出差补助、误餐补助。包括职工出差应购卧铺票实际改乘坐席的减价提成归己部分；因实行住宿费包干，实际支出费用低于标准的差价归己部分。

（7）对自带工具、牲畜来企业工作的从业人员所支付的工具、牲畜等的补偿费用。

（8）实行租赁经营单位的承租人的风险性补偿收入。

（9）一些单位职工集资入股或购买企业债券后发给职工的股息分红、债券利息以及职工个人技术投入后的税前收益分配。

（10）劳动合同制职工解除劳动合同时由企业支付的医疗补助费、生活补助费以及一次性买断工龄支付给职工的费用。

（11）劳务派遣单位收取用工单位支付的人员工资以外的手续费和管理费。

（12）支付给家庭工人的加工费和按加工订货办法支付给承包单位的发包费用。

（13）支付给参加企业劳动的在校学生的补贴。

（14）调动工作的旅费和安家费中净结余的现金。

（15）由单位负担并缴纳的各项社会保险、住房公积金。

三、对工资总额统计的要求

实际工作中，对工资总额的统计应该遵循以下要求：

第一，应以直接支付给职工的全部劳动报酬为依据。

各单位支付给本单位全部职工的劳动报酬，不论是计入成本还是不计入成本，不论是以货币形式支付还是以实物形式支付，不论是单位自筹的资金还是上级（或政府财政部门）下拨的资金，不论是本单位筹集的资金还是下面附属经营单位筹集的资金，不论在会计账务处理上是列入“应付工资”科目还是列入其他科目，只要是符合国家统计局规定的工资总额的内容，均应统计在工资总额计算的范围。同时，工资总额应该反映单位全部职工的劳动报酬总额，因此，统计的时候应该遵循“全部职工”原则。

第二，月、季、年工资总额实发数计算要合理。

各单位在统计月、季、年工资总额时，均应以当期实发数目来计算。因为补发调整工资影响当月工资总额变动较大时，应该在统计表中予以注明。

第三，工资构成项目的填报原则。

（1）如实反映。即单位以什么形式发放的工资，就应填报在什么项目中。统计报表中允许出现由于难以区分而没有分类填报所导致的分项指标值小于总计的情况。

（2）先进后分。即在企业发放的项目与工资构成表中所列项目不易对号入座的时候，须首先确认这些属不属于工资。若属于工资，则应先填入工资总计中，再考虑其该对应到何种项目名下。

（3）先主后次。即应该先填报好主要构成项目（如基本工资），再填报次要的。

（4）先易后难。即在填报构成项目时，应先填报容易区分的项目，再填报难以区分的项目。

四、工资总额的动态研究

企业或单位的工资总额由人均工资水平的高低和职工总人数的多少直接决定。三者之间的关系为：

$$\text{工资总额}=\text{人均工资水平}\times\text{职工总人数} \tag{9.1}$$

同样，工资总额的变动由人均工资水平的升降和职工总人数的变动共同决定。它们之间有以下指数关系：

$$\text{工资总额指数}=\text{人均工资指数}\times\text{职工人数指数} \tag{9.2}$$

以 X_1 和 X_0 分别代表报告期和基期的工资总额；以 $\overline{X}_1$ 和 $\overline{X}_0$ 分别代表报告期和基期的人均工资水平；以 f_1 和 f_0 分别代表报告期和基期的职工人数。则工资总额动态指标可表示为：

$$\text{工资总额动态指标}=\frac{\text{报告期工资总额}}{\text{基期工资总额}}=\frac{X_1}{X_0}$$

$$=\frac{\text{报告期人均工资}\times\text{报告期职工总人数}}{\text{基期人均工资}\times\text{基期职工总人数}}$$

$$=\frac{\overline{X_1}\,f_1}{\overline{X_0}\,f_0} \tag{9.3}$$

$$\text{平均工资可变构成指数}=\frac{\overline{x}_1}{\overline{x}_0}=\frac{\sum x_1 f_1}{\sum f_1}\div\frac{\sum x_0 f_0}{\sum f_0} \tag{9.4}$$

$$\text{工资水平的升降绝对额}=\overline{x}_1-\overline{x}_0=\frac{\sum x_1 f_1}{\sum f_1}-\frac{\sum x_0 f_0}{\sum f_0} \tag{9.5}$$

$$\text{工资水平的升降程度}=\frac{\overline{x}_1}{\overline{x}_0}-100\%=\frac{\sum x_1 f_1}{\sum f_1}\div\frac{\sum x_0 f_0}{\sum f_0}-100\% \tag{9.6}$$

第三节　收入水平分析

平均工资指的是一定时期内职工的人均工资额，即工资总额与职工平均人数的比值。其计算公式为：

$$\text{平均工资}=\frac{\text{一定时期内工资总额}}{\text{职工平均人数}} \tag{9.7}$$

根据统计制度规定，职工平均工资是以城镇单位为基本统计元素进行的，统计范围为城镇集体以及国有、集体和外资等其他经济类型的职工，从单位性质看，包括企业、事业单位和国家机关。各单位在计算职工平均工资时，将本单位所有职工的工资综合汇总在一起，除以一定时期的职工平均人数，即得出了单位职工平均工资。经过各单位职工工资、平均人数的再次汇总，再将工资总额除以平均人数，得出一个地区的职工平均工资。

一、平均工资的意义

平均工资主要用来计算退休金、征收社会保障统筹金和个人所得税、收缴学费等费用，以及制定最低工资标准、失业救济标准和法院判决赔偿的基本依据。同时，通过各单位、地区或行业不同时期职工平均工资的对比，可以看出平均工资水平增减变动及存在的差距。对企业来说，职工平均工资与企业平均利税、劳动生产率等有密切的联系。平均工资与平均劳动效率比较，可以判断工资水平和增长速度是否合理。

二、平均工资动态分析

平均指标是反映社会经济现象总体平均水平的指标。它一般决定于两个因素：一是总体内部各部分的平均水平（固定构成因素）；二是总体的结构，即各部分在总体中所占的比重（结构影响因素）。因此对总体平均指标变动进行因素分析时，需相应地编制两个平均指数：固定构成指数和结构影响指数。在对职工平均工资的动态分析中，一般将各组工资的平均水平视为固定构成因素，将各组职工人数在总体中的比重视为结构影响因素。

依上述结构加权综合指数编制的原则，平均工资指数体系由三种指数组成：

(1) 平均工资可变构成指数。它全面反映职工总体平均工资水平的综合变动状况，是各组平均工资和各组人数变化双重影响的结果。

(2) 平均工资固定构成指数。它专门用于综合反映各组平均工资水平的变动对总体平均工资水平的影响。

(3) 平均工资结构影响指数。它专门用于反映各组职工人数的变动对总体平均工资的影响。

要想科学合理地分析平均工资的动态变化，就应当灵活地运用上述三种指数之间的重要关系：

平均工资可变构成指数＝平均工资固定构成指数×平均工资结构影响指数

(一) 平均工资可变构成指数

平均工资可变构成指数体现了总体工资水平的变化，综合了固定构成因素（各组工资水平）和结构影响（各组职工的平均人数或各组人数占总人数的比重）两方面的影响。

以 $\bar{x}_1$ 和 $\bar{x}_0$ 分别代表报告期和基期的总体平均工资；以 x_1 和 x_0 分别代表各组报告期和基期的工资水平；以 f_1 和 f_0 分别代表各组报告期和基期的职工人数。则平均工资可变构成指数的计算公式可表示为：

$$\text{平均工资可变构成指数} = \frac{\bar{x}_1}{\bar{x}_0} = \frac{\sum x_1 f_1}{\sum f_1} \div \frac{\sum x_0 f_0}{\sum f_0} \tag{9.8}$$

$$\text{工资水平的升降绝对额} = \bar{x}_1 - \bar{x}_0 = \frac{\sum x_1 f_1}{\sum f_1} - \frac{\sum x_0 f_0}{\sum f_0} \tag{9.9}$$

$$\text{工资水平的升降程度} = \frac{\bar{x}_1}{\bar{x}_0} - 100\% = \frac{\sum x_1 f_1}{\sum f_1} \div \frac{\sum x_0 f_0}{\sum f_0} - 100\% \tag{9.10}$$

(二) 平均工资固定构成指数

平均工资固定构成指数是研究在固定各组职工平均人数的情况下（通常以报告期人数为基准），仅由各组平均工资水平的变化所造成的对总体工资水平变动的影响程度。其计算公式为：

$$\begin{aligned}\text{平均工资固定构成指数} &= \frac{\sum x_1 f_1}{\sum f_1} \div \frac{\sum x_0 f_1}{\sum f_1} \\ &= \sum x_1 \frac{f_1}{\sum f_1} \div \sum x_0 \frac{f_1}{\sum f_1}\end{aligned} \tag{9.11}$$

$$\text{工资水平的升降绝对额} = \sum x_1 \frac{f_1}{\sum f_1} - \sum x_0 \frac{f_1}{\sum f_1} \tag{9.12}$$

$$\text{工资水平的升降程度} = \left(\sum x_1 \frac{f_1}{\sum f_1} - \sum x_0 \frac{f_1}{\sum f_1}\right) \div \sum x_0 \frac{f_0}{\sum f_0} \tag{9.13}$$

（三）平均工资结构影响指数

平均工资结构影响指数是研究在固定各组工资的平均水平不变的情况下（通常以基期工资为基准），各工资水平组职工的人数（或比重）的变化对总体工资水平变动的影响程度。其计算公式为：

$$\text{平均工资结构影响指数}=\frac{\sum x_0 f_1}{\sum f_1}\div\frac{\sum x_0 f_0}{\sum f_0}$$

$$=\sum x_0\frac{f_1}{\sum f_1}\div\sum x_0\frac{f_0}{\sum f_0} \tag{9.14}$$

$$\text{工资水平的升降绝对额}=\sum x_0\frac{f_1}{\sum f_1}-\sum x_0\frac{f_0}{\sum f_0} \tag{9.15}$$

$$\text{工资水平的升降程度}=\left[\sum x_0\frac{f_1}{\sum f_1}-\sum x_0\frac{f_0}{\sum f_0}\right]\div\sum x_0\frac{f_0}{\sum f_0} \tag{9.16}$$

三个指数之间有下列关系：

平均工资可变构成指数＝平均工资固定构成指数×平均工资结构影响指数

$$\frac{\dfrac{\sum x_1 f_1}{\sum f_1}}{\dfrac{\sum x_0 f_0}{\sum f_0}}=\frac{\dfrac{\sum x_1 f_1}{\sum f_1}}{\dfrac{\sum x_0 f_1}{\sum f_1}}\times\frac{\dfrac{\sum x_0 f_1}{\sum f_1}}{\dfrac{\sum x_0 f_0}{\sum f_0}} \tag{9.17}$$

平均工资升降绝对额＝各组工资水平升降影响绝对额＋各组职工人数变化影响绝对额

$$\frac{\sum x_1 f_1}{\sum f_1}-\frac{\sum x_0 f_0}{\sum f_0}=\left(\frac{\sum x_1 f_1}{\sum f_1}-\frac{\sum x_0 f_1}{\sum f_1}\right)+\left(\frac{\sum x_0 f_1}{\sum f_1}-\frac{\sum x_0 f_0}{\sum f_0}\right) \tag{9.18}$$

平均工资升降程度＝各组工资水平升降影响程度＋各组职工人数变化影响程度

$$\frac{\dfrac{\sum x_1 f_1}{\sum f_1}}{\dfrac{\sum x_0 f_0}{\sum f_0}}-100\%=\frac{\sum x_1\dfrac{f_1}{\sum f_1}-\sum x_0\dfrac{f_1}{\sum f_1}}{\sum x_0\dfrac{f_0}{\sum f_0}}+\frac{\sum x_0\dfrac{f_1}{\sum f_1}-\sum x_0\dfrac{f_0}{\sum f_0}}{\sum x_0\dfrac{f_0}{\sum f_0}} \tag{9.19}$$

此外，值得注意的是，当用总体平均工资乘以 $\sum f_1$ ，实际上得到的就是工资总额。因此，可将上述方法推广到分析工资总额的动态变化中去，即

$$\text{工资总额升降绝对额}=(\bar{x}_1-\bar{x}_0)\sum f_1 \tag{9.20}$$

[例9-1] 表9-2的数据为2019年和2020年某地区按企业、事业和机关分组的城镇单位就业人员工资总额和平均人数。试分析该地区2019—2020年的全部职工平均工资可变构成指数、平均工资固定构成指数和平均工资结构影响指数以及它们之间的相对和绝对变动关系。

表9-2 2019年和2020年某地区城镇单位就业人员工资情况表

	工资总额（亿元）		平均人数（万人）	
	2019年	2020年	2019年	2020年
企业	17 853	20 495	7 064.1	7 325.0
事业	18 720	20 988	2 712.9	2 748.0
机关	20 828	23 039	1 073.3	1 087.6
该地区总计	57 401	64 522	10 850.3	11 160.6

2020年该地区城镇单位职工平均工资较2019年提升了：

$$\text{该地区城镇单位职工平均工资指数}=\frac{\dfrac{20\,495\times7\,325+20\,988\times2\,748+23\,039\times1\,087.6}{7\,325+2\,748+1\,087.6}}{\dfrac{17\,853\times7\,064.1+18\,720\times2\,712.9+20\,828\times1\,073.3}{7\,064.1+2\,712.9+1\,073.3}}\times100\%$$

$$\approx\frac{20\,864}{18\,364}\times100\%$$

$$\approx113.61\%$$

该地区城镇单位职工平均工资增加额度＝20 864－18 364＝2 500（亿元）

即2019—2020年，该地区城镇单位职工年均工资提升幅度为13.61%，全年额度增加了2 500亿元。其中，企业、事业和机关三类单位工资均有所提高，由工资水平提高带来的该地区城镇职工平均工资的改变为：

$$\text{平均工资固定构成指数}=\frac{\dfrac{20\,495\times7\,325+20\,988\times2\,748+23\,039\times1\,087.6}{7\,325+2\,748+1\,087.6}}{\dfrac{17\,853\times7\,325+18\,720\times2\,748+20\,828\times1\,087.6}{7\,325+2\,748+1\,087.6}}\times100\%$$

$$\approx\frac{20\,864}{18\,356}\times100\%$$

$$\approx113.66\%$$

这表明三类单位的平均工资上升了13.66%，全部职工工资水平额度增加了：

20 864－18 356＝2 508（亿元）

工资的变化对全部职工平均工资的影响程度为：

$$\frac{2\,508}{18\,364}\times100\%\approx13.66\%$$

其中，企业、事业和机关三类单位的职工人数和比重也略微发生了变化，由各部分职工人数比重改变带来的该地区城镇职工平均工资的改变为：

$$\text{平均工资结构影响指数}=\frac{\dfrac{17\,853\times7\,325+18\,720\times2\,748+20\,828\times1\,087.6}{7\,325+2\,748+1\,087.6}}{\dfrac{17\,853\times7\,064.1+18\,720\times2\,712.9+20\,828\times1\,073.3}{7\,064.1+2\,712.9+1\,073.3}}\times100\%$$

$$\approx\frac{18\ 356}{18\ 364}\times 100\%$$

$$\approx 99.96\%$$

这表明由于三类单位的职工人数或比重发生了改变（这里主要为各部分职工人数增加），导致全部职工工资水平下降了0.04%。全部职工工资水平额度变化了：

18 356−18 364=−8（亿元）

各部分职工人数或比重的变化对全部职工平均工资的影响程度为：

$$\frac{-8}{18\ 364}\times 100\%\approx -0.04\%$$

以上三组指标之间的关系为：

平均工资可变构成指数=平均工资固定构成指数×平均工资结构影响指数

即　113.61%=113.66%×99.96%

平均工资升降绝对额=各组工资水平升降影响绝对额+各组职工人数变化影响绝对额

即　2 500（亿元）=2 508+（−8）

平均工资升降程度=各组工资水平升降影响程度+各组职工人数变化影响程度

即　13.62%=13.66%+（−0.04%）

三、名义工资和实际工资

以货币来表现的工资称为名义工资；以这些货币所能实际买到的生活资料的数量来计算的工资称为实际工资。名义工资与实际工资并不是两种不同的工资，而是同一种工资的两个侧面。名义工资是实际工资存在的前提，在其他条件不变的情况下，名义工资和实际工资的变动是一致的。但是，当物价水平等多种因素变动时，两者之间的变动就会不一样。当物价上涨、捐税加重时，即使名义工资不变或有所提高，但只要这种提高赶不上物价、捐税增加的幅度，实际工资仍会下降。所以，在日益开放的市场经济体制下，由于存在通货膨胀、物价高涨以及税收加重等情况，名义工资并不一定能确切地反映劳动者的实际生活水平的变化，计算扣除商品价格和服务价格变动因素后的职工的实际工资水平，对研究国民实际生活水平状况更具现实意义。

（一）实际工资的计算

如前所述，在计算人均实际工资时，要扣除价格因素的影响。在目前国家统计部门所编制的各种价格指数当中，最能反映物价对人们生活影响程度的是居民消费价格指数。因此，一般采用报告期人均货币工资与报告期的居民消费价格指数之比来表示人均实际工资。

$$平均实际工资=\frac{报告期平均货币工资}{报告期城镇居民消费价格指数} \tag{9.21}$$

［例9-2］　2019年某地区城镇单位在岗职工平均工资为52 388元，同期城镇居民消费价格指数（2019年对比2020年）为102.6%，则

$$2019年某地区城镇单位在岗职工实际人均工资水平=\frac{52\ 388}{102.6\%}\approx 51\ 060（元）$$

结果表明：2019年某地区职工的货币工资，消除物价上涨因素后为51 060元，有

1 328 元被物价上涨所抵销。

（二）实际工资指数的计算

人均实际工资的增减幅度一般是通过计算人均实际工资指数来反映的。计算公式为：

$$\text{人均实际工资指数}=\frac{\text{报告期人均工资指数}}{\text{报告期城镇居民消费价格指数}}\times 100\%$$
$$=\frac{\dfrac{\text{报告期平均工资}}{\text{基期平均工资}}}{\text{报告期城镇居民消费价格指数}}\times 100\% \tag{9.22}$$

［例 9-3］ 2020 年某地区城镇单位在岗职工平均工资为 52 388 元，2019 年某地区城镇单位在岗职工平均工资为 47 593 元，2020 年对比 2019 年的城镇居民消费价格指数是 102.6%，则

$$\begin{array}{c}\text{2020 年某地区城镇单位在岗}\\\text{职工实际人均工资指数}\end{array}=\frac{52\,388\div 47\,593}{102.6\%}=107.2\%$$

即 2020 年某地区城镇单位在岗职工平均工资增幅（比 2019 年）在扣除了物价上涨因素后为 7.2%。

四、工资与生产经营的关系

研究工资与生产经营的关系实际上是研究生活消费与生产的关系，更进一步说，是研究分配与生产的关系。生产力的大小，直接决定了分配的多少，反之，分配也制约着生产。从微观的企业角度看，工资与生产间的关系可从几个方面进行分析。

（一）分析职工工资占净产值的比重

净产值工资含量的计算公式为：

$$\text{净产值工资含量}=\frac{\text{职工工资总额}}{\text{净产值}}\times 100\% \tag{9.23}$$

如果将工资总额改为总收入，则可计算企业净产值的分配率。其计算公式为：

$$\text{企业净产值分配率}=\frac{\text{职工总收入}}{\text{企业净产值}}\times 100\% \tag{9.24}$$

（二）分析工资的增长与生产增长是否协调

职工工资增长弹性的计算公式为：

$$\text{职工工资增长弹性}=\frac{\text{职工工资增长率}}{\text{企业净产值增长率}} \tag{9.25}$$

它反映的是企业生产每增加 1%，职工工资能相应地增长多少。一般情况下，增长弹性应该是小于 1。

（三）分析工资的增长与劳动生产率的增长是否协调

工资比例系数的计算公式为：

$$\text{工资比例系数}=\frac{\dfrac{\text{报告期平均工资}}{\text{报告期劳动生产率}}}{\dfrac{\text{基期平均工资}}{\text{基期劳动生产率}}}=\frac{\dfrac{\text{报告期平均工资}}{\text{基期平均工资}}}{\dfrac{\text{报告期劳动生产率}}{\text{基期劳动生产率}}}$$

$$=\frac{\text{平均工资增长率}}{\text{劳动生产率增长率}} \tag{9.26}$$

如果该系数小于1，就表示职工平均工资增长速度慢于劳动生产率的增长速度，会为企业节约工资支付费用或增加盈利。一般认为，职工工资的增长应低于社会劳动生产率的增长。

$$\begin{aligned}\begin{matrix}\text{总的工资支付的}\\\text{节约额（或超支额）}\end{matrix} &= \begin{matrix}\text{平均支付给每人的}\\\text{工资节约额（或超支额）}\end{matrix}\times\text{报告期职工平均人数}\\ &=\left(\frac{\text{报告期}}{\text{平均工资}}-\frac{\text{基期}}{\text{平均工资}}\times\frac{\text{报告期劳动生产率}}{\text{基期劳动生产率}}\right)\\ &\quad\times\text{报告期职工平均人数}\end{aligned} \tag{9.27}$$

［例9-4］　某企业工资水平如表9-3所示，若该企业职工为2 000人，求该企业总的工资支付的节约额或超支额。

表9-3　某企业工资水平表

	年平均工资（元）	年劳动生产率（元/年）	工资/劳动生产率（%）
2019年	18 000	80 000	22.5
2020年	22 000	110 000	20.0
指数（%）	122.2	137.5	112.5

由表9-3中的资料可知，2020年该企业工资比2019年增长了22.2%，而劳动生产率增长了37.5%，要高于工资的增长率。工资与劳动生产率的比例在2020年下降了12.5%，工资费用投入比例下降了2.5%。因此，该企业的工资支付费用将为企业带来盈利的增加。

依上述公式有：

$$\begin{aligned}\text{总的工资支付的节约额}&=\left(22\ 000-18\ 000\times\frac{110\ 000}{80\ 000}\right)\times 2\ 000\\&=-550\ (\text{万元})\end{aligned}$$

也就是说，工资的增长幅度小于劳动生产率的增长，为该企业在2020年增加了550万元的效益。

五、工资与收入水平差异的分析

用于分析工资与收入水平差异的方法简单地可以做最高工资与最低工资分析比较、工资增收与减收差距的分析，更为常用的主要有五等分法、基尼系数法等。下面重点介绍五等分法和基尼系数法。

（一）五等分法

五等分法是将所要分析的职工或居民人数按收入的高低依次排序分成五等份，用20%的最高收入家庭与20%的最低收入家庭之比的倍数来说明总体收入差距程度。五等分法又称“收入不良指数”。这种测量收入分配公平与否的方式，目前在欧美国家中比较流行，我国也常采用。

五等分法既可用于宏观上对国家或地区的收入分配等方面的评定，也可用于对微观的企业和单位内的分配问题的研究。以下以某企业职工的工资收入数据为例，说明如何使用五等分法进行职工收入分配的分析。

[例 9-5] 某企业职工工资结构如表 9-4 所示。

表 9-4 某企业职工工资结构表

月工资（元）	人数（人）	组工资合计（元）	工资累计（元）	组占累计百分比（%）
2 800	9	39 600	25 200	27.05%
2 400	6		39 600	
2 250	15	33 750	73 350	23.05%
2 000	12	29 550	97 350	20.18%
1 850	3		102 900	
1 750	12	25 500	123 900	17.42%
1 500	3		128 400	
1 450	3	18 000	132 750	12.3%
1 200	7		141 150	
1 050	5		146 400	

从表 9-4 可以看出，这家企业职工中，工资最高的 20%占有了总工资的 26.8%，工资最低的 20%占有了总工资的 12.2%，则

$$收入不良指数=\frac{27.05\%}{12.3\%}\approx 2.2$$

一般收入不良指数在 1～3，表示分配尚比较平均，不存在较大的差距。

(二) 基尼系数法

基尼系数是意大利经济学家基尼（Gini）1922 年根据洛伦茨曲线的性质所提出的判断收入分配差异程度的定量指标。它的经济含义是：在全部居民收入中用于不平均分配的百分比，其值域范围为 [0，1]。当值为 0 的时候，代表收入分配绝对公平；当值为 1 时，代表收入分配绝对不平均。关于基尼系数代表的具体含义见表 9-5。目前，在收入差异分析的众多方法中，基尼系数被最为广泛地采用。

表 9-5 基尼系数含义表

基尼系数	代表含义
0	绝对平均
0.2 以下	高度平均
0.2～0.3	相对平均
0.3～0.4	比较合理
0.4	警戒线
0.4～0.6	差距偏大
0.6 以上	高度不平均
1	绝对不平均

对于基尼系数，人们一般习惯于借助洛伦茨曲线直观地予以形式化的表述。基尼系数的计算通常是通过计算洛伦茨曲线图中洛伦茨曲线与对角线之间的面积以及对角线右下方的直角三角形面积，将这两块面积相除而求得。其计算公式为：

$$G=\frac{S_A}{S_{A+B}} \tag{9.28}$$

式中：G——基尼系数；

S_A——洛伦茨曲线 L 和直线 OC 围成的面积（如图 9－1 所示）；

S_{A+B}——ODC 的面积。

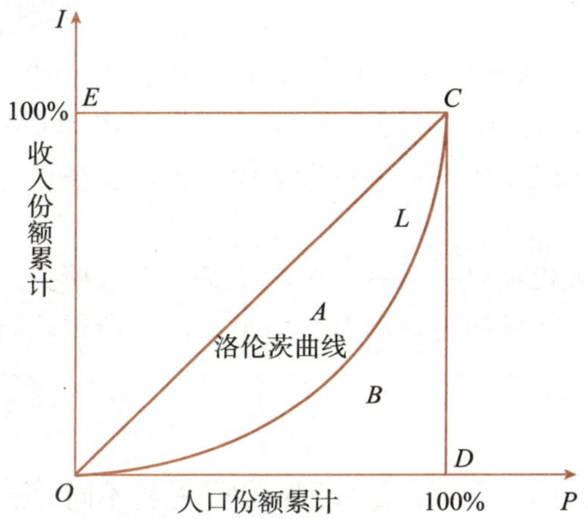

图 9－1　基尼系数图

上式虽较简单明了，却不具有实际的可操作性。目前在基尼系数的计算和分解上存在许多公式和算法，以下仅举其中较为简单的一种为例。

$$G=1+\frac{1}{n}-\frac{2}{n^2\bar{y}}(y_1+2y_2+\cdots+ny_n) \tag{9.29}$$

式中：G——基尼系数；

n——被调查的人数，即样本容量；

$\bar{y}$——被调查全部人员的平均收入；

y_n——第 n 个被调查者的个人收入；

y_1，y_2，…，y_n——是自高到低排列的每一位被调查者的收入。

基尼系数的计算过程如下：

（1）将全部被调查人员的收入从高到低进行排序；

（2）计算全部被调查人员的平均工资 y；

（3）将调查数据代入公式，计算 G。

［例 9－6］　若某单位 4 个人的月工资分别是 1 600 元、1 000 元、1 000 元、800 元。求 G。

$$G=1+\frac{1}{4}-\frac{2}{4^2\times 1\ 100}\times(1\times 1\ 600+2\times 1\ 000+3\times 1\ 000+4\times 800)$$

$$\approx 1.25-1.11=0.14$$

对于上述 4 人，当最高工资（1 600 元）是最低工资（800 元）的两倍时，基尼系数为 0.14，说明收入分配依然是高度平均的。

六、工资薪金的个人所得税计算

个人所得税是对个人（自然人）取得的各项应税所得征收的一种税。它是政府取得收入的基本手段之一，也是政府进行宏观调控的工具之一。从微观主体角度来讲，自然人缴纳所得税，一方面是自然人享用公共产品的相应义务，另一方面也能调节收入差距、平衡利益分配，做到“让富人少富一点，通过政府间接地为穷人多做一点贡献”，故个人所得税在国外又被称为“罗宾汉税”。

（一）概述

《中华人民共和国个人所得税法》于1980年9月10日由第五届全国人民代表大会第三次会议通过，先后于1993年10月、1999年8月、2005年10月、2007年6月、2007年12月、2011年6月、2018年6月进行过七次修正，起征点也从最初的800元上调到了现行的5 000元。

列入个人所得税的征税项目一共有9个：工资、薪金所得，劳务报酬所得，稿酬所得，特许权使用费所得，经营所得，利息、股息、红利所得，财产租赁所得，财产转让所得，偶然所得。

（二）适用税率

个人所得税根据不同的征税项目，分别规定了三种不同的税率。

1. 7级超额累进税率

工资、薪金所得，适用7级超额累进税率，按月应纳税所得额计算征税。该税率按个人月工资、薪金应税所得额划分级距，最高一级为45%，最低一级为3%，共7级。

2. 5级超额累进税率

该税率适用于按年计算、分月预缴税款的个体工商户的生产、经营所得和企事业单位的承包经营、承租经营的全年应纳税所得额，将应税所得额划分级距，最低一级为5%，最高一级为35%，共5级。

3. 比例税率

对个人的稿酬所得，劳务报酬所得，特许权使用费所得，利息、股息、红利所得，财产租赁所得，财产转让所得，偶然所得和其他所得，按次计算征收个人所得税，适用20%的比例税率。其中，对稿酬所得适用20%的比例税率，并按应纳税额减征30%；对劳务报酬所得一次性收入畸高的、特高的，除按20%征税外，还可以实行加成征收，以保护合理的收入和限制不合理的收入。

（三）工资、薪金所得税的计算方法

1. 分段计算后再加总

表9-6是分段计算后再相加的税率表。

表9-6　个人所得税税率表（工资、薪金所得适用）

级数	全月应纳税所得额	税率（%）
1	不超过3 000元的	3
2	超过3 000元至12 000元的部分	10
3	超过12 000元至25 000元的部分	20
4	超过25 000元至35 000元的部分	25
5	超过35 000元至55 000元的部分	30
6	超过55 000元至80 000元的部分	35
7	超过80 000元的部分	45

计算公式为：

$$\text{个人所得税应纳税额}=\sum(\text{工资或薪金数额}-\text{免征额})\times\text{逐级税率} \tag{9.30}$$

计算步骤：

(1) 用工资或薪金减去免征额得到应税金额。

(2) 将应税金额代入第一级税率中，若低于 3 000 元，则以实际金额乘以 3%的税率；若高于 3 000 元，则以上限 3 000 元乘以 3%的税率（90 元），多于 3 000 元的部分进入下一级税率计算中。

(3) 上面进入第二级税率计算的金额，若低于 9 000 元（上限 12 000 元减去下限 3 000 元），则以实际金额乘以 10%的税率；若高于 9 000 元，则以 9 000 元乘以 10%的税率（900 元），多于 9 000 元的部分进入第三级税率计算。依此类推，逐级嵌套。

(4) 将按照各级税率算出的税款加总，即求得应缴纳的个人所得税。

[例 9－7] 某人月工资为 17 000 元，计算应缴纳的个人所得税。

应税金额＝工资－免征额＝17 000－5 000＝12 000（元）

第一级：不超过 3 000 元的，应纳税＝3 000×3%＝90（元）

第二级：3 000～12 000 元的，应税金额 12 000 元减 3 000 元为 9 000 元，应纳税＝9 000×10%＝900（元）；

上述两步合计税款为：

90＋900＝990（元）

2. 利用速算公式计算

应纳税额的速算公式为：

$$\text{应纳税额}=\text{应税金额}\times\text{相应税率}-\text{速算扣除数} \tag{9.31}$$

其中，速算扣除数见表 9－7。

表 9－7　个人所得税速算扣除数额表（工资、薪金所得适用）

级数	含税级距	税率（%）	速算扣除数额（元）
1	不超过 3 000 元的	3	0
2	超过 3 000 元至 12 000 元的部分	10	210
3	超过 12 000 元至 25 000 元的部分	20	1 410
4	超过 25 000 元至 35 000 元的部分	25	2 660
5	超过 35 000 元至 55 000 元的部分	30	4 410
6	超过 55 000 元至 80 000 元的部分	35	7 160
7	超过 80 000 元的部分	45	15 160

[例 9－8] 仍然以月工资 17 000 元为例计算。

应税金额＝工资－免征额＝17 000－5 000＝12 000（元）

应纳税额＝应税金额×相应税率－速算扣除数

＝12 000×10%－210

＝990（元）

可见，利用速算公式计算与分段计算后再加总的结果是一样的。在实际统计工作中一般采用速算公式计算相应工资应缴的所得税。

第四节 工资外收入的统计

职工工资外收入是指职工在工资总额以外从本单位内及单位外得到的各种收入。一般来说，单位支付给职工的工资应居于职工收入的主要地位，工资外收入处于从属地位。但随着我国改革开放的深入和经济生活的更加活跃，工资外的收入在总收入中的比重正在快速上升，因此，研究职工工资外收入对于获取我国广大职工的收入全貌，正起着越来越重要的作用。

一、工资外收入的构成

凡是支付给职工个人工资外的费用，按其来源不同，都应按照职工工资外收入核算。

（1）保险福利费用，指各单位在工资总额以外实际支付给本单位全部职工个人的劳动保险和保险福利，包括丧葬抚恤救济费、生活困难补助、各种非工资性补贴、实行医疗制度改革的单位直接支付给职工个人的医疗费等。

（2）劳动保护费用，指职工从单位得到的由劳动保护费开支的保健食品待遇、解毒剂、清凉饮料、夏季冷饮费等。

（3）未列入工资总额的各种劳动报酬，包括创造发明奖、合理化建议奖、运动员名次奖、稿费、讲课费、第二职业收入等。

（4）实物折款，指职工个人从单位内外得到的，按规定未列入工资总额和保险福利费用的各种实物折款。

（5）财产性收入，包括职工个人从银行和企业获得的存款利息、债券利息、股息和股金分红等。

（6）转移性收入，包括职工从职工以外其他阶层人员中得到的赠送收入、亲友搭伙费、遗产收入、捐赠收入等。

（7）其他收入，包括实行租赁经营单位承租人的风险性补偿收入、职工误餐补贴、出国人员置装费、出差补助、调动工作的旅费和安家费等。

除上述名目外，现实中工资外收入还包括回扣、单位私设“小金库”、搞账外账发给职工的部分以及某些灰色或非法收入等。

二、工资外收入的分析

分析职工的工资外收入最常见的方法是分析工资外收入占职工总收入的比重。其计算公式为：

$$\text{工资外收入的比重}=\frac{\text{工资外收入}}{\text{工资总额}+\text{工资外收入}}\times 100\% \tag{9.32}$$

工资外收入是工资收入的补充，如果工资外收入接近工资或是超过工资，则表明现行的工资制度存在一定程度的不合理。然而，一般来说，在工资政策的制定与实施过程中，制定者往往将注意力放在工资的供给面上，而很少从工资总量的需求面上考虑。也就是说，对于微观的企业或单位，该给职工发多少工资常常是从本单位的成本、效益等角度出发建立工资制度，而较少考虑随着物价的上涨，职工工资应该以怎样的幅度增加等这些问题。实际上，由于工资收入的刚性作用，即使根据效益原则或财政收支状况不应该增加工资，但是从消费的角度讲，因为各种收入水平的职工所面对的都是同一个市场，在同一消费市场上，并不会因为某些职工收入低而能在市场上受到价格上的优惠。如果物价上涨幅度较大，而工资增长补偿不足，职工要求增加工资的压力也会很大，特别是对不直接生产物质产品的机关和部分事业单位。因此，在研究工资外收入占总收入的比重时，如果工资总量的来源与对工资总量的需求二者吻合或比较一致，且从结构上看工资收入分配也比较合理，则工资外收入的比重就会得到较好的控制。否则，工资外收入比重的增长就成为必然结果。研究工资外收入的比重对用人单位研究本单位人力资本的定价是否合理、工资制度该如何改革都具有重要的意义。

此外，从工资外收入的来源方向，可分析其来源于本单位内和单位外的比例关系：

$$来自单位内的比重=\frac{从单位内取得的工资外收入}{工资外总收入}\times 100\% \tag{9.33}$$

$$来自单位外的比重=100\%-单位内的比重 \tag{9.34}$$

分析工资外收入中来自单位内外的比例，可知本单位的工作任务是否饱满、工作制度是否松弛，进而对岗位的人员配置和工作量的安排做出必要调整。

背景资料

我国职工工资外收入的增长状况

我国实行社会主义市场经济体制以来，整个经济生活活跃程度大增，职工的工资外收入日益增多。据权威部门统计测算，1979—1985年，人均工资外收入每年实际增长14.8%，职工实际平均工资每年增长4.8%，工资外收入增长快于工资增长10个百分点；1986—1990年，人均工资外收入每年实际增长14.4%，职工实际平均工资每年增长2.4%，工资外收入增长快于工资增长12个百分点；1991—1995年，工资外收入每年实际增长11.8%，职工实际平均工资每年增长5.8%，工资外收入增长快于工资收入增长6个百分点。国家统计局城调总队1999年的数据表明，1999年8月工资性收入占总收入的44.5%，虽仍然是家庭收入的重要来源，但工资外收入已经占到总收入的55.5%，超过了工资性收入。

由于各行业和各单位间的工资外收入差异巨大，目前工资外收入增长的不均等已经是形成社会各阶层贫富差距的主要因素之一。另据调查，财产性收入、个体经营净收入、转移性收入等，在高收入组中占有很大份额，其中5%的高收入组人群占有40%的个体经营净收入、60%的财产性收入和48%的转移性收入（1999年），这些分项收入加剧了总收入的不均等。社会救济金、最低生活保障金等虽然在较低收入组中获取了较大的份额，在一定程度上平抑了收入差距，但毕竟力度较小。因此，加强对工资外收入的统计和对不合理甚至不合法的工资外收入的监管和整顿，有利于缩小社会总体贫富差距，有利于实现构建社会主义和谐社会的目标。

第五节 最低工资标准制度

一、最低工资标准的概念

最低工资标准是指劳动者在法定工作时间或依法签订的劳动合同约定的工作时间内提供了正常劳动的前提下，用人单位依法应支付的最低劳动报酬。其目的与结果是维护劳动者取得劳动报酬的合法权益，保障劳动者个人及其家庭成员的基本生活，实质上是通过强制性的立法把初级劳动力的工资提高到市场均衡工资之上，以此来实现社会公平。最低工资标准制度的实施能吸引农村剩余劳动力参与就业，促进收入公平分配、充分就业等目标的达成。鉴于其对建设社会主义和谐社会的重要性，2007 年 3 月的第十届全国人民代表大会的《政府工作报告》中指出，要“合理调整和严格执行最低工资制度，落实小时最低工资标准，加强企业工资分配调控和指导，建立健全工资正常增长机制和支付机制”。

二、最低工资标准的计算

最低工资标准的确定要综合考虑各种因素，这些因素一般包括城镇居民生活费用支出，职工个人缴纳社会保险费、住房公积金，职工平均工资，失业率，经济发展水平等因素。用公式可表示为：

$$M=f\ (C,\ S,\ A,\ U,\ E,\ a) \tag{9.35}$$

式中：M——最低工资标准；

C——城镇居民人均生活费用；

S——职工个人缴纳社会保险费、住房公积金；

A——职工平均工资；

U——失业率；

E——经济发展水平；

a——调整因素。

确定最低工资标准的通用方法有三种：

1. 比重法

根据城镇居民家庭调查资料，确定一定比例的最低人均收入户为贫困户，统计出贫困户的人均生活费用支出水平，乘以每一就业者的赡养系数，再加上一个调整数。

2. 恩格尔系数法

根据国家营养学会提供的年度标准食物普及标准食物摄取量，结合标准食物的市场价格，计算出最低食物支出标准，除以恩格尔系数，得出最低生活费用标准，乘以每一就业者的赡养系数，再加上一个调整数。以上方法计算出月最低工资标准后，再考虑职工个人缴纳社会保险费、住房公积金、职工平均工资水平、社会救济金和失业保险金标准、就业状况、经济发展水平等进行必要的修正。用公式可表示为：

$$最低工资水平=\frac{最低食物支出费用}{恩格尔系数}\times 赡养系数\pm 调整额 \quad (9.36)$$

3. 以月平均工资的40%～60%来计算

我国目前采用的一般是前两种方法，而国际上目前通行的计算方法是第三种。

［例9-9］　某地区最低收入组人均每月生活费支出为310元，每一就业者赡养系数为1.37，最低食物费用为187元，恩格尔系数为0.60，平均工资为1 000元。

(1) 按比重法计算得出该地区月最低工资标准为：

$$月最低工资标准=310\times 1.37+a=425+a$$

(2) 按恩格尔系数法计算得出该地区月最低工资标准为：

$$月最低工资标准=\frac{187}{0.60}\times 1.37+a\approx 427+a$$

两个公式中的调整因素 a，主要考虑当地个人缴纳养老、失业、医疗保险费和住房公积金等费用。

按照国际上一般月最低工资标准相当于月平均工资的40%～60%，则该地区月最低工资标准范围应在440～660元。

由此可以看出，该地区采用前两种方法计算出来的最低工资标准基本上相等，但都低于以国际通用方法（按月平均工资的40%～60%）所计算出来的结果。这也与我国目前最低工资制度的现状比较相符。

小时最低工资标准的计算公式为：

$$\begin{aligned}\text{小时最低工资标准}&=\left[\left(\frac{月最低工资标准}{22.92\times 8}\right)\times\left(1+\frac{单位应当缴纳的基本养老保险}{费、基本医疗保险比例之和}\right)\right]\\&\quad\times(1+浮动系数)\end{aligned} \quad (9.37)$$

式 (9.37) 中，22.92是平均每月工作日数，8是平均每日工作小时数。浮动系数的确定主要考虑非全日制就业劳动者工作的稳定性、劳动条件和劳动强度、福利等方面与全日制就业人员之间的差异。各地可参照以上测算办法，根据当地实际情况合理确定月、小时最低工资标准。

背景资料

最低工资制度在我国的发展

我国政府在1984年就已宣布批准承认国际劳工组织1928年制定的《确定最低工资办法公约》，1993年由劳动部以行政规章的形式制定了《企业最低工资规定》。1994年7月《中华人民共和国劳动法》的颁布最终以国家立法形式确立了我国的最低工资保障制度。2004年3月1日，劳动和社会保障部颁布并实施了《最低工资规定》（以下简称《规定》），各地都依据《规定》制定了或调整了新的最低工资标准。《规定》明确出台小时工资标准，标准调整期限缩短。这些措施更加有效地保障劳动者的合法权益，目前已经有31个省、自治区、直辖市建立了最低工资保障制度，由政府颁布并实施了本地区的最低工资标准。2004年《规定》颁布后，各地普遍加快了对最低工资标准的调整。近年来，随着我国居民收入差距的扩大和“构建和谐社会”的提出，同时，受物价上涨和工资增长等因素的影响，我国最低工资标准呈逐年上调的趋势，2015 年各地方政府纷纷上调最低工资标准，先后有湖南省、海南省、西藏自治区、天津市、深圳市、北京市等宣布最低工资标准。其中深圳市提高到 2 030 元/月，最低工资标准首次超过 2 000 元大关，成为目前全国最高的地区。

当前关于最低工资制度的热点主要表现在以下几个方面：

1. 最低工资标准的提高是否会牵引人工成本和物价水平的上涨，进而形成恶性循环的通货膨胀？

目前，国内一些经济学家认为，工资报酬提高（包括调高最低工资标准）可能导致失业率提高和造成物价上涨。其实，物价上涨形成的因素是多方面的，因最低工资标准的提高带来的工资总额增加仅仅占社会工资总额增加量的很小百分比，对整个企业人工成本提高和物价上涨的作用也微乎其微。在实际考察中可以发现，近年来，我国经济发展偏快、结构失衡，导致原材料短缺，引起价格上涨，以及石油等原材料国际价格上涨，才是物价上涨的主要原因。而每次最低工资标准的上调，实际上都是物价水平上升对这部分劳动者及其家庭的基本生活构成负面影响之后，在社会其他工资收入成员的收入已得到调整的情况下，才由政府事后补偿性地上调的。

2. 最低工资制度是否无助于缩小收入差距？

一些西方经济学家认为，最低工资对减少失业或使家庭收入分配比较平等的作用是很小的。最低工资标准对一个主要收入来源于工资的家庭的减轻贫困的作用十分有限，如家庭非劳动的赡养人口众多，这个家庭仍然会处于官方规定的贫困线以下。同时，他们认为，由于社会上各阶层薪酬之间的差距形成是有客观比例规律的，因而，工资最低的劳动者由于实施或提高最低工资标准而相对获得的工资收益，在时间上只是暂时的，即只能产生即时效应，经过一两年的时间，又会重新恢复各阶层之间原有的收入差距。但是，最低工资制度规定定期提高最低工资标准的真正意义在于确定一个劳动者必需的最低收入的绝对标准，而不在于通过它来追求相对标准。从规范经济学的角度看，它的积极意义在于保护劳动者不受过低工资价格的伤害，虽然它来自市场的机制。同时，通过调整最低工资标准使之回复到与劳动力创造的边际收入相适应的价位，尤其在劳动者方面缺乏集体交涉能力的情况下，政府实质上体现的是劳工代言人的角色，对工资水平起着决定性的均衡作用。

本章小结

1. 劳动报酬是从业人员根据所提供的劳动的数量和质量，从为社会所创造的新价值中所取得，并能归个人占有与支配的那部分价值量。它与从业人员收入的关系是被包含与包含的关系，劳动报酬是从业人员收入的最主要的组成部分，属于劳动收入的那一部分，不包括按生产要素分配取得的收入。

2. 工资总额是指各单位在一定时期内直接支付给本单位全部职工的劳动报酬总额。从构成上，工资总额可划分为基本工资和辅助工资两部分。

3. 企业或单位的工资总额由人均工资水平的高低和职工总人数的多少直接决定。同样，工资总额的变动由人均工资水平的升降和职工总人数的变动共同决定。

4. 研究平均工资的动态变化，涉及各种工资水平和不同工资水平上的职工人数两方面因素的变动，应运用平均工资指数体系分析的方法。平均工资指数体系由三个工资指数组成，分别是平均工资可变构成指数、平均工资固定构成指数和平均工资结构影响指数。它们之间的关系是：平均工资可变构成指数＝平均工资固定构成指数×平均工资结构影响指数。

5. 以货币来表现的工资称为名义工资，以这些货币所能实际买到的生活资料的数量来计算的工资称实际工资。计算扣除商品价格和服务价格变动因素后的职工的实际工资水平，对研究国民实际生活水平状况更具现实意义。

6. 研究工资与生产经营的关系实际上是研究分配与生产的关系。可以通过分析职工工资占净产值的比重、工资的增长与生产的增长是否协调、工资的增长与劳动生产率的增长是否协调几个方面来衡量工资与生产经营的关系是否协调。

7. 不良指数和基尼系数都是用于衡量居民收入分配是否平均的指标。一般不良指数在1～3之间，表示分配还比较平均，不存在大的差距。基尼系数在0.4以下可以认为收入分配比较合理，0.4为基尼系数的警戒线。

8. 职工工资外收入是指职工在工资总额以外从本单位内及单位外得到的各种收入。分析职工的工资外收入最常见的是分析工资外收入占职工总收入的比重。

9. 最低工资标准是指劳动者在法定工作时间或依法签订的劳动合同约定的工作时间内提供了正常劳动的前提下，用人单位依法应支付的最低劳动报酬。常用的计算方法有三种，即比重法、恩格尔系数法和国际通用的以月平均工资的40%～60%来计算的方法。

关键概念

工资总额　　平均工资　　名义工资　　实际工资　　个人所得税
不良指数　　基尼系数　　工资外收入　　最低工资标准制度

复习题

1. 工资总额由哪几部分构成？

2. 平均工资指数体系由哪些指数构成？它们各自的含义是什么？它们之间有什么关系？

3. 什么是名义工资和实际工资？怎样计算实际工资和实际工资指数？

4. 简述常用的几种比较收入水平的方法。

5. 什么是个人所得税？简述怎样通过速算公式计算个人所得税。
6. 什么是工资外收入？
7. 简述最低工资标准制度的意义。

讨论及思考题

1. 为什么要对从业人员的劳动报酬与收入进行统计？
2. 研究平均工资的意义是什么？
3. 可以从哪些方面（或哪些指标）来分析工资与生产经营的关系？

第十章 人力资源成本统计

■ 要点提示

◇ 人工成本统计的意义
◇ 人工成本的核算范围和结构组成
◇ 人工成本相关的重要指标和分析方法
◇ 如何进行人工资源成本管理

■ 内容引言

社会主义市场经济体制的发展与逐步成熟，以及我国作为“世界工厂”地位的进一步巩固，都对我国企业的劳资工作提出了新的、更高的要求。加强人力资源成本的统计、分析和管理，无论是对微观企业经营机制的改进，还是对宏观劳动工资整体管理水平的提高，都将发挥重要作用。

第一节 人力资源成本统计概述

人力资源成本是指在微观企业中我们通常所说的人工成本，即企业（或雇主）在一定时期内，在生产经营和提供劳务活动中使用劳动力而发生的各项直接和间接的费用的总和。

一、对人工成本与总成本的理解

总成本，即成本费用总额，是指企业（或雇主）在获取收入的过程中对所掌握资产的消耗。一般意义上的总成本主要是指为获取营业收入提供商品或劳务而发生的耗费。根据其经济用途，总成本又可以分为两部分：制造成本和期间费用。制造成本包括直接材料、直接人工、燃料和动力、制造费用等；期间费用则包括管理费用、销售费用和财务费用三部分。总成本是针对生产经营全过程的，其中因用人而发生的费用属于人工成本。总成本与人工成本既有相互重叠的部分，又有各自区别的地方，现将其异同列举如下：

1. 人工成本与总成本共同的部分

（1）直接人工，即直接参加产品生产工人的工资及职工福利费用。

（2）制造费用中的工资和福利费、劳动保护费、社会保险费用（包括养老保险、失业保险、工伤保险、医疗保险和生育保险）。

（3）管理费用中的工会经费、职工教育经费、职工文体宣传费、社会保险费用及总部管理人员工资和福利费。

（4）销售费用中企业为销售产品而专设销售机构的费用中的职工工资和福利费。

2. 人工成本中除去与总成本共同部分之外的其他部分

（1）福利费用中的职工福利设施费，它是从企业税后利润中支出的，主要用于集体福利设施建设，如兴建幼儿园、托儿所、职工宿舍等。

（2）住房费用，源自住房折旧、公益金中用于住房方面的资金、借入的住房资金和住房周转金，主要用于缴纳住房公积金、企业（或雇主）按规定给职工提供的住房补贴和住房困难补助等。

3. 企业总成本中除去与人工成本共同部分之外的其他部分

（1）直接材料费。

（2）燃料和动力费。

（3）制造费用中的折旧费、修理费、办公费、水电费及其他制造费用。

（4）管理费用中除去工会经费、职工教育经费、社会保险费、总部管理人员工资和福利费之外的其他部分，如业务招待费、税金、技术转让费、无形资产摊销、咨询费、诉讼费、坏账损失等。

（5）销售费用中扣除职工工资与福利费用后的部分，如包装费、运输费、装卸费、保险费、展览费、广告费、租赁费。

（6）职工福利费、工会经费、职工教育经费按职工工资总额计算提取数与实际发生数的差额。

（7）财务费用。

（8）对实行工效挂钩的企业来说，成本费用总额还包括提取的效益工资与实际发放的工资总额的差额。

二、人工成本统计的意义

人工成本统计对企业、职工、国家等都具有重要意义。主要体现在下述四个方面。

（一）有利于企业进行成本核算

用最少的投入换取最大的产出，是所有企业一致的努力目标。这一目标的实现需要技术水平高、熟练程度高的劳动者。通过人工成本统计，企业可以清楚地知道自己因使用劳动力而付出的代价，从而更加重视企业的管理和核算。

（二）有利于增加利润和职工收入

物耗成本、人工成本和剩余价值（或利润）表明了企业总产出的价值构成关系。传统的管理方式习惯于把物耗成本和人工成本二者作为成本总和与利润对立看待，为尽可能多地增加利润，总会最大限度地压低成本。在现代管理模式中，企业则更加注重人工成本和利润的扩充和增大。人工成本和利润是劳动者通过劳动过程新创造的附加价值，人工成本和利润用附加价值经营的观点来看，二者是同一源泉，也可以同方向变化。简单地讲就是：把企业做大，利润和劳动者工资应该一起增加。

（三）是宏观政策制定的重要依据

人工成本可以从整体上反映国家经济结构状况，有助于产业和消费结构调整政策的制定。鉴于人工成本有支出和收入的双重性，它的高低不但能直接影响到企业的盈利水平、左右企业的投资方向、导致产业结构的调整，而且也直接影响到消费。人工成本统计的研究，对于劳动力市场价格的定位、社会保障政策的制定和实施都有着重大的意义。

（四）有利于国际交流与合作

人工成本是企业人力资源管理统计的指标，也是进行国际交流时可比性较强的指标，因为它能反映出劳动力费用支出的全貌，反映劳动力的市场价格，这在世界各国基本上都是一致的。通过人工成本主要指标的国际比较，企业可以看出在哪个国家或哪个地区投资效果更好，甚至可以判断出生产哪些产品创利更大，从而决定投资方向和数量。特别是中国加入 WTO 后，成员间劳动力可以自由流动，加强人工成本的研究显得尤为重要。

第二节　人工成本总量统计

各国的人工成本总量统计都是参照国际标准并结合自身国情来确定相应的统计口径

而进行的。我国目前实行的人工成本总量统计与国际标准有略微差别，要理解我国的人工成本总量统计，可以从我国人工成本总量的核算范围、构成以及与国际标准的差别三个方面来理解。

一、人工成本总量的核算范围

要进行人工成本的核算，首先要搞清楚人工成本核算的范围。在核算的时候应该注意以下六点：

（1）在我国实行人工成本统计核算的主体是企业，机关和事业单位不进行人工成本核算。

（2）人工成本是由企业（或雇主）支付的。计算人工成本，必须以企业名义支付费用为准；以个人名义支付的，不能计算在内。

（3）人工成本的支付是以企业全体员工为对象的。企业支付的人工成本是为本企业全部人员支付的人工费用。为企业外人员支付的人工费用，不能计入人工成本。

（4）人工成本包括直接费用和间接费用。企业为其全部员工支付的费用，无论是直接发放到个人的费用，还是缴纳的各种社会保险费用等使个人能够间接受惠的费用，都应该计算在内。

（5）不考虑计入人工成本的费用的经费来源。企业所付出的人工费用，其经费可能来自营业外收入、利润提成、工资科目或福利费等，这些均应计入人工成本。

（6）不考虑计入人工成本的费用的发放形式。企业所付出的人工费用，既有货币形式，也有实物形式，都应该计入人工成本。

二、人工成本的构成

根据有关文件规定，我国的企业人工成本范围（即人工成本范围）包括企业（或雇主）支付给所有从业人员的劳动报酬、社会保险费用、福利费用、住房费用、教育经费、劳动保护费用和其他人工成本等七大项。

（一）从业人员的劳动报酬

从业人员的劳动报酬是指企业（或雇主）在一定时期内直接支付给本单位全部从业人员的劳动报酬总额。包括在岗职工工资总额和本单位其他从业人员劳动报酬两部分。企业支付给职工的工资总额，由计时工资、计件工资、奖金、津贴和补贴、加班加点工资以及特殊情况下支付的工资六个部分组成，对其进行统计，应该严格按照国家统计局1990年发布的《关于工资总额组成的规定》进行。企业其他从业人员，按照国家统计局的有关统计口径要求，不作为职工统计，但实际参与单位工作并由单位支付劳动报酬的人员，包括再就业的离退休人员、民办教师、在本单位工作的港澳台人员、外籍人员、兼职人员、从事第二职业的人员以及录用的其他单位下岗人员等，作为职工统计。

（二）社会保险费用

社会保险费用是指企业（或雇主）实际为所有从业人员支付的各种社会保险费用。包括养老保险、医疗保险、失业保险、工伤保险、生育保险和企业建立的补充养老保险、补充医疗保险等费用。此项人工成本费用只计算用人单位缴纳的部分，不计算个人缴纳的部分，因为个人缴费已计算在工资总额之内。

（三）福利费用

福利费用是指企业（或雇主）在工资以外实际支付给从业人员以及用于集体福利费用的总额。包括从业人员的医疗卫生费（不包括医疗保险费）、丧葬抚恤救济费、生活困难补助、文体宣传费、集体福利事业补贴费、集体福利设施费、计划生育补贴、冬季取暖补贴及其他福利费用。从业人员福利费用包括直接人工费中的福利费、制造费用中的福利费、管理费用中的福利费和企业净利润分配“公益金”中的“集体福利设施费”。

（四）住房费用

住房费用是指企业（或雇主）为改善从业人员居住条件而支付的所有费用。包括从职工宿舍提取的折旧费用、企业（或雇主）缴纳的住房公积金、实际支付的从业人员住房补贴和住房困难补助、企业住房的维修和管理费用、归还住房借款本息和住房租赁保证金以及用于住房方面的其他支出。

（五）教育经费

教育经费是指企业（或雇主）为职工学习先进技术和提高文化水平而支付的费用。包括就业前培训、在职提高培训、转岗培训、派外培训、职业道德等方面的培训费用，企业自办大中专、职业技术院校等培训场所所发生的费用，以及职业技能鉴定费用。

（六）劳动保护费用

劳动保护费用是指企业（或雇主）为实施安全技术措施、工业卫生等发生的费用以及用于从业人员劳动保护用品的费用。不包括劳动保护设备的购置费、维修费以及个人只能在工作现场使用的特殊用品购置费用。

（七）其他人工成本

其他人工成本是指企业（或雇主）支付的、不包括在以上各项中的其他人工成本项目。包括工会经费，因招聘员工实际花费的招工、招聘费用，根据国家有关规定颁发的创造发明奖、自然科学奖、科技进步奖和技术改进奖等，实行租赁经营企业的承租人的风险补偿收入及与人工成本有关的税收等。

三、人工成本统计的国际标准

根据第十一届国际劳动统计学家会议（ICLS）上形成的《关于人工成本统计的决议》，人工成本被定义为雇主因雇用劳动力而发生的所有费用。它包括对已经完成的工作的报酬，未工作而有报酬时间的工资，红利和赏金，食品、饮料费用以及其他实物支付，雇主负担的工人住房费用，雇主为雇员支付的社会保障费用，雇主支付的职业技术培训费用、福利服务和其他费用（如工人的交通、工作服费和招工费用等），还有与人工成本有关的税收。其具体分项见表 10－1。

表 10-1　人工成本统计项目

项目	含义
1. 直接工资和薪金	包括计时工人正常工作时间的报酬、计时工人的鼓励性报酬、计件工人的所得（不包括加班费）以及为加班、夜班和节假日工作所支付的报酬。
2. 未工作而有报酬时间的工资	包括年假、其他有报酬的休假（包括长期服务休假）、公共节假日和其他被承认的假期、其他准予的带薪不上班的假期（如家庭成员的出生或死亡、雇员结婚、理事会办公会议、工会活动）期间内的工资以及不被看作社会保险支出的解雇金与解雇补偿费用。
3. 红利和赏金	包括年终和季度红利、利润分成奖金、对假期的附加支出和对正常假期的补充支付以及其他奖金和赏金。
4. 食品、饮料、燃料和其他实物支付	
5. 雇主负担的工人住房费用	包括属基层企业所有的工人住房费用、属非基层企业所有的房屋费用以及其他房屋费用。
6. 雇主的社会保障支出	包括缴纳的法定社会保障费用（社会保障项目包括老年、丧失工作能力和遗属、患病、生育、工伤、失业以及家庭补贴等）；经劳资谈判同意、契约性的和非义务性的向私人社会保障项目的缴款（这些社会保障项目包括老年、丧失工作能力和遗属、患病、生育、工伤、失业以及家庭补贴等）；对于患病、生育、工伤而不能上班的雇员直接支付的、作为对其补偿的费用和其他作为社会保险待遇给雇员的直接支付、医疗和卫生服务费用、被看作社会保险支出的解雇金与解雇补偿费用。
7. 职业培训费用	包括学费和聘请非本单位教员的费用、培训学校的费用、教材开支等。
8. 福利服务费用	包括食堂和其他食品服务费用、教育文化相关设施及服务费用、给信用合作社的赠款和对雇员有关服务的费用。
9. 其他人工成本	包括由雇主支付给雇员的上下班交通费、工作服费、招工费和其他人工成本。
10. 与人工成本有关的税收	如对就业者或工资的征税。这种税收应作为纯税收，即在扣除了国家的补贴或退税之后的税收。

鉴于各国的情况有所不同，国际劳工组织建议在无法收集人工成本资料的情况下填报与人工成本内容相近的“雇员报酬”指标。雇员的报酬＝直接工资与薪金＋未工作时间的报酬＋红利和赏金＋食品、饮料、燃料和其他实物支付＋雇主负担的雇员住房费用＋雇主为雇员支付的社会保障费用＋支付给理事会成员的报酬。可以看出，国际劳工组织的“雇员报酬”就相当于我国人工成本组成部分的职工工资总额（第一部分）＋社会保险费用（第二部分）＋住房费用（第四部分）＋其他人工成本（第七部分）。

背景资料

各国的人工成本统计情况及我国人工成本统计的发展

鉴于一个国家的人工成本直接关系到该国产品在国际上的竞争力，世界各主要国家对人工成本统计都十分重视。国际劳工组织的统计表明，截至 1998 年，全世界已有 47 个国家（地区）进行了人工成本或雇员报酬的统计，包括美国、日本、德国、英国、法国、意大利、印度、韩国等。这些国家在开展人工成本统计调查时，一方面基本上按照国际劳工组织的定义进行，另一方面也都根据自己的国情进行了特殊处理。其主要区别在于对待统计对象的口径上有所差别。现列举如下：

美国：特指生产工人及相关的工人的小时人工成本，不包括实物支付价值以及住房费。

日本：30人或30人以上的私人制造企业的月人工成本。

德国：10人或10人以上企业的小时人工成本。

英国：10人或10人以上企业的小时人工成本。

法国：每小时人工成本，定义和范围同国际劳工组织标准。

意大利：10人或10人以上企业的小时人工成本。

印度：每天人工成本，定义和范围同国际劳工组织标准。

韩国：每月人工成本，定义和范围同国际劳工组织标准。

我国的人工成本统计起步较晚。1991年，哈尔滨市劳动局率先在人工成本统计方面进行了有益的尝试。原劳动部综合计划与工资司在研究中国劳动统计指标体系时对人工成本进行了系统的研究，在此基础上设计出了国有企业人工成本统计表，于1992年在北京、青岛等5市进行试填。1994年，劳动部在全国进行了人工成本抽样调查试点，共调查了10个省、自治区、直辖市的3 219家企业。1995年，经国家统计局批准，劳动部将企业人工成本统计表正式纳入了劳动统计报表制度。随着我国社会主义市场经济体制的日益成熟和完善，以及我国加入WTO后与世界经济的快速接轨和融合，我国的人工成本统计工作对于国家宏观经济政策的制定、加强“中国制造”的成本优势在世界范围内的竞争力等多个方面起到了重要作用。

第三节 人工成本的统计分析方法

人工成本是企业和国家都十分重视的劳动工资管理指标，也是重要的投入产出指标。加强对人工成本的分析和管理不仅直接关系到企业（雇主）的生产和经营水平的提高，还关系到劳动部门管理职能的转变，进而提升我国劳动工资的整体管理水平。人工成本的统计分析方法按不同类型可分为对比分析法、结构分析法、因素分析法、时间数列分析法等。

一、对比分析法

对比分析法是指对两个或两个以上的人工成本进行比较，它又可分为纵向比较和横向比较两种。

（一）纵向比较

纵向比较是立足于企业自身，将其现在的人工成本与过去的人工成本相比，着眼于单位人工成本的升降。最常用的是报告期与基期数据的对比，此外还可以是实际到达数与计划数的对比、本期水平与历史最好时期（或与某关键时期）的对比等。它一般包括对人工成本总额的分析和对平均人工成本的分析。

1. 人工成本总额分析

对人工成本总额进行纵向比较分析，可以反映出一定时期一个企业、行业或一个国家人工成本总体情况和增减趋势，对于研究人工成本总体情况、企业的生产经营状况和国民经济发展状况具有重要意义。它一般从人工成本增长的相对数（增长率）和增减的绝对数两方面进行分析。其计算公式为：

$$人工成本总额增长率=\left(\frac{报告期人工成本总额}{基期人工成本总额}-1\right)\times 100\% \tag{10.1}$$

$$人工成本总额增减绝对值=报告期人工成本总额-基期人工成本总额 \tag{10.2}$$

［例 10-1］ 某企业 2020 年共支付人工成本 1 200 万元，2019 年支付人工成本 1 000 万元，那么人工成本的增长率为：

$$\left(\frac{1\ 200}{1\ 000}-1\right)\times 100\%=20\%$$

此外，我们也可以计算出一定时期内人工成本的年均增速和增量来反映一定时期内的平均发展水平。年均增长速度的计算公式为：

$$人工成本年均增长速度=\left(\sqrt[年数]{\frac{报告期人工成本}{计算期人工成本}}-1\right)\times 100\% \tag{10.3}$$

年均增长量的计算公式为：

$$人工成本年均增长量=\frac{逐年累积增长量}{年数} \tag{10.4}$$

［例 10-2］ 某企业 2010—2020 年人工成本从 100 万元增加到 500 万元，计算该企业 10 年间的人工成本的年均增速和增量。

解：

$$年均人工成本增长率=\left(\sqrt[10]{\frac{500}{100}}-1\right)\times 100\%\approx 17.46\%$$

2. 平均人工成本分析

平均人工成本是指一定时期内企业平均花费在每个职工身上的人工成本，它反映出一定时期职工收入水平的高低程度以及企业在劳动力市场上的竞争能力有多高。

（1）平均人工成本的计算。可以从两个方面来计算平均人工成本：一是人均人工成本；二是单位产品人工成本。

人均人工成本表明企业聘用一名职工大致需要支出多少人工费用。其计算公式为：

$$人均人工成本=\frac{报告期人工成本总额}{报告期从业人员平均人数} \tag{10.5}$$

单位产品人工成本应按单一产品或按价值量（或工作量）折算成同一产品产量计算。它反映出企业产品竞争能力的强弱、产品成本水平状况，表明了企业生产某种单位产品人工成本耗费（投入）水平。其计算公式为：

$$单位产品人工成本=\frac{报告期人工成本总额}{报告期产品产量} \tag{10.6}$$

［例 10-3］ 某企业某年共花费人工成本 2 000 万元，生产出 200 件 A 产品、300 件 B 产品和 400 件 C 产品，按工作量折算，每生产一件 B 产品和 C 产品的工作量分别是 A

产品的2倍和0.5倍，则当年度该企业三种产品的人工成本是多少？

解：

首先将B和C两种产品的工作量都折合成A产品：

200＋300×2＋400×0.5＝1 000（件）

生产A产品的单位人工成本＝2 000÷1 000＝2（万元/件）

生产B产品的单位人工成本＝2×2＝4（万元/件）

生产C产品的单位人工成本＝2×0.5＝1（万元/件）

（2）平均人工成本增长情况的分析。平均人工成本增长情况分析主要是通过计算人均人工成本的增量数量（相对数和绝对数）或通过计算单位产品人工成本的增减情况来展开。与人工成本总量分析方法基本一致，反映平均人工成本的动态变化。

（二）横向比较

横向比较是将自身的单位人工成本与本行业同类企业相比较，包括本单位水平与相邻单位（或本行业、本地区、国外同类型单位）的对比，本单位水平与国际先进水平的对比等。被用于横向对比的主要是企业的平均人工成本，目的在于反映本企业人工成本在同类单位中的水平及产品竞争力的强弱。

1. 比较方法

（1）将所有同类企业平均人工成本水平按高低顺序排列组成数列，进行对比分析，检视本企业人工成本在该数列中的位置，以及与该数列中处于众数/中位数的企业的差别。

（2）相对系数，即本企业平均人工成本与同类企业人工成本（平均水平、最高水平或最低水平）相比的倍数或成数，借以了解本企业平均人工成本在同类企业中的相对位置。

2. 注意事项

（1）恰当地选择对比标准。选择对比标准是一个关键性问题。标准选择恰当，就可以客观、明确、生动地把事物的状态描述、评价出来。用来对比的标准一般有目标标准、时间标准、空间标准等。

（2）对比的几个基本原则：

1）一致性原则。即用来对比的人工成本指标含义必须一致；计算口径必须一致；时间限制必须一致；空间限制必须一致；计量单位必须一致等。

2）同等条件原则。如要对比两个企业的人工成本指标时，两企业生产的客观条件应基本一致。当然，我们说条件一致，也不是绝对的一致，但应尽量使得客观条件一致，尤其是主观努力也可以改变的客观条件。

3）稳定性原则。即用于对比的对象要具有稳定性，其指标数值不能是起伏不定、脱离常规的。

二、结构分析法

结构分析法是通过总体内各组的总量与总体总量之比来反映总体内部的构成，用以说明总体构成的相对数，称为结构相对数。其计算公式为：

$$结构相对数=\frac{人工成本}{总体的总量指标}\times 100\% \tag{10.7}$$

（1）总成本中的人工成本含量。

$$总成本中的人工成本含量=\frac{人工成本}{成本费用总额}\times 100\% \tag{10.8}$$

它是人工成本相当于总成本的百分比，说明企业总成本中有多少用于人工费用，反映了活劳动对物化劳动的吸附程度。该比值越高，反映活劳动所推动的物化劳动越小；反之，则活劳动对物化劳动的推动越大。由于各行业间存在劳动密集型、资本密集型、技术密集型等差异，因此不同行业的这一指标差别可能较大。

（2）一定时期人工成本某组成部分（如工资总额、社会保险费用等）所占份额。

$$\begin{matrix}一定时期人工成本\\某组成部分所占比重\end{matrix}=\frac{该时期某组成部分数量}{同期人工成本总量}\times 100\% \tag{10.9}$$

在计算出基期和报告期人工成本某组成部分所占份额后，就可以计算出该部分所占份额的增减情况，用来反映人工成本中该部分在人工成本总量中重要程度的变化情况。计算公式为：

$$\begin{matrix}一定时期人工成本某组成\\部分所占份额增减（\%）\end{matrix}=\begin{matrix}报告期某组成\\部分所占比重\end{matrix}-\begin{matrix}基期该部分\\所占比重\end{matrix} \tag{10.10}$$

［例 10-4］ 2020 年某企业人工成本为 1 500 万元，其中工资总额为 900 万元，社会保险费用 450 万元；该企业 2010 年人工成本为 200 万元，其中工资总额为 150 万元，社会保险费用 20 万元。分析工资总额、社会保险费用在人工成本中所占份额的变化。

解：

2020 年工资总额占人工成本的份额：$\frac{900}{1\ 500}\times 100\%=60\%$

2020 年社会保险费用占人工成本的份额：$\frac{450}{1\ 500}\times 100\%=30\%$

2010 年工资总额占人工成本的份额：$\frac{150}{200}\times 100\%=75\%$

2010 年社会保险费用占人工成本的份额：$\frac{20}{200}\times 100\%=10\%$

由上述计算可知，工资总额在人工成本中所占的份额由 2010 年的 75%下降到了 2020 年的 60%，所占份额减少了 15%；而社会保险费用占人工成本的份额由 2010 年的 10%上升到了 2020 年的 30%。

结构分析在人工成本的分析实践中具有重要意义。它既可以反映总成本内部的各种成本构成，也可以反映包括人工成本在内的各种成本的发展方向及趋势，还可以分析它们构成的依存制约情况及决定质变的数量界限等。除计算各结构所占的比例外，对于人工成本的各组成部分，可以分别计算出其在人工成本总量中所占的比重，同时通过计算各组成部分所占份额的增减变化情况，分析各组成部分的此消彼长，反映人工成本各组成部分的合理程度。

三、因素分析法

人工成本的动态变化主要是职工人数和平均人工成本水平的影响结果。在分析时，我们一般将职工人数视为数量因素；平均人工成本水平视为质量因素。由于人工成本总额是平均人工成本与从业人员平均人数之积，这样，人工成本总额指数也就是平均人工成本指数与从业人员平均人数指数之积。

人工成本总额指数＝平均人工成本指数×从业人员平均人数指数

用代数式可表示为：

$$\frac{L_1}{L_0}=\frac{C_1}{C_0}\times\frac{W_1}{W_0}=\frac{W_1C_0}{W_0C_0}\times\frac{W_1C_1}{W_1C_0} \tag{10.11}$$

式中：L_1——报告期人工成本总额；

L_0——基期人工成本总额；

C_1——报告期平均人工成本；

C_0——基期平均人工成本；

W_1——报告期从业人员平均人数；

W_0——基期从业人员平均人数。

由上式可知，从业人员平均人数变动对人工成本变动的影响程度为$\frac{W_1C_0}{W_0C_0}$，影响绝对数为$W_1C_0-W_0C_0$；平均人工成本变动对人工成本总量的影响程度为$\frac{W_1C_1}{W_1C_0}$；影响绝对数为$W_1C_1-W_1C_0$。

［例 10－5］ A 企业 2020 年人工成本资料如表 10－2 所示。计算该企业人工成本总额指数。

表 10－2 A 企业 2020 年人工成本资料

	基期	报告期	指数（%）（报告期/基期）
平均人工成本（万元）	2.0	2.5	125.0
从业人员平均人数（人）	1 000	1 500	150
人工成本总额（万元）	2 000.0	3 750.0	187.5

解：

$$\frac{L_1}{L_0}=\frac{C_1}{C_0}\times\frac{W_1}{W_0}=\frac{W_1C_0}{W_0C_0}\times\frac{W_1C_1}{W_1C_0}$$

$$\frac{3\,750}{2\,000}=\frac{1\,500\times2.0}{1\,000\times2.0}\times\frac{1\,500\times2.5}{1\,500\times2.0}$$

187.5%＝150%×125%

人工成本总额增长＝（3 750/2 000）×100%＝187.5%

平均人工成本增长＝（2.5/2.0）×100%＝125%

从业人员人数增长＝（1 500/1 000）×100%＝150%

企业人工成本总额增长了 187.5%。其中，由于平均人工成本增加而使人工成本总额增长了 125%；由于从业人员人数增加而使人工成本增长了 150%。

企业人工成本总额共增加了 1 750 万元。其中，由于平均人工成本增加而使人工成本总额增加了（1 500×2.5)－(1 500×2.0）＝750（万元），由于从业人员人数增加而使人工成本总额增加了（1 500×2.0)－(1 000×2.0）＝1 000（万元）。

四、时间数列分析法

这是一种动态比较的方法，它通过列出一套按时间顺序排列的统计数据，分析其趋势，找出其问题，研究其规律性。

进行时间数列比较时，由于对比的标准不同，有定基与环基之分。定基比较，即将某一年（或季、月、日）作为对比的固定基期，时间数列的其他各年（或季、月、日）的数据都以这一固定基期的数据作为对比标准（即作为分母）进行一一比较；环基比较，即将时间数列中的每一年（或季、月、日）依次作为基期，时间数列中的每一个数据逐个将前期的数据作为对比标准（即作为分母）进行比较。比较结果则分别为不同的发展速度、增长速度、增长量等。以对某企业平均人工成本情况进行分析为例，时间数列见表 10－3。

表 10－3 某企业平均人工成本分析表

项目	平均人工成本（元）	环比发展速度（%）	定基发展速度（%）	环比增长量（元）	定基增长量（元）	环比增长速度（%）	定基增长速度（%）	增长 1%绝对值（元）
2016 年	15 000	—	—	—	—	—	—	—
2017 年	18 000	1.20	1.20	3 000	3 000	0.20	0.20	150
2018 年	20 000	1.11	1.33	2 000	5 000	0.11	0.33	180
2019 年	23 000	1.15	1.53	3 000	8 000	0.15	0.53	200
2020 年	26 000	1.13	1.73	3 000	11 000	0.13	0.73	230

以上列举了最主要的几种人工成本的分析方法。理想的人工成本分析结果应是 U 形的，即“两高一低”，高人均人工成本、低人工成本含量、高人工成本投入产出系数。建立和推行有效的人工成本分析，既有助于我们通过模型对人工成本指标进行层层分解，从构成指标的因素入手，帮助企业寻找管理差距，为提高企业管理水平提供帮助；又有助于预测企业未来的人工成本走向，为企业规划提供决策依据；还有助于考核企业人力资源部门业绩，为加强人力资源管理指明努力方向。

本章小结

1. 人工成本是指企业（或雇主）在一定时期内在生产经营和提供劳务活动的过程中使用劳动力而发生的各项直接和间接费用的总和。其范围包括从业人员劳动报酬、社会保险费、职工福利费、职工教育费、劳动保护费用、职工住房费用和其他人工成本费用等共七项。

2. 人工成本是企业和国家都十分重视的劳动工资管理指标，也是重要的投入产出指标。人工成本的统计分析方法按不同类型可分为对比分析法、结构分析法、因素分析法、时间数列分析法等。

（1）对比分析法的重点是人工成本总额和平均人工成本的纵向对比分析。

(2) 结构分析法主要应掌握结构相对指标的分析，包括总成本中人工成本含量分析和人工成本某组成部分所占比重分析。

(3) 因素分析法主要是对影响人工成本总额的因素进行分析。

(4) 时间数列分析法主要是对人工成本在纵向的时间轴上进行环比速度、定基速度等分析。

关键概念

人工成本　总成本　人工成本指数　人均人工成本
劳动分配率　人工成本管理

复习题

1. 人工成本与总成本有何异同?
2. 怎样进行人工成本管理?

讨论及思考题

1. 简述人工成本的意义。
2. 人工成本的分析方法主要有哪些?

第十一章

人力资源安全与保障统计

要点提示

◇ 人力资源安全与保障统计
◇ 安全统计
◇ 保险统计

内容引言

人力资源的保护有利于提高劳动生产率并有助于优化整个劳动过程，因此，人力资源的安全与保障统计对人力资源管理具有重要的指导意义。它不仅是实时监测人力资源安全状况的指示器，也是制定人力资源保护措施的重要依据，还是提高劳动生产率的有力保证。

第一节　人力资源安全与保障统计概述

人力资源的安全与保障工作是人力资源管理的重要组成部分。人力资源管理也称为劳动管理，指的是有关劳动方面的组织工作和计划工作。其主要内容包括劳动定额与劳动定员、劳动组织、职工培训和招收、劳动调配、劳动竞赛、劳动保护、工资福利和奖惩等工作。

一、人力资源安全与保障的概念

人力资源安全与保障就是从生产和生活两个方面对劳动者进行保护和提高，确保劳动者在生产过程中的安全与生活水平的提高，进而提高人力资源水平，为生产率的提高创造条件。

（一）人力资源安全

人力资源安全指的是为改善劳动者的工作条件、确保劳动者安全健康等而采取的措施。劳动安全是生产发展的客观需要，为劳动保护制度和相关法律的制定提供了重要的参考和依据，是基于劳动中存在的消极因素和劳动者发挥劳动能力的限制因素而产生的。

一般来说，在生产过程中，不安全、不卫生的因素，以及其他对劳动者造成危害的潜因，都是劳动过程中自然对人类的反作用。所谓不安全因素，是指劳动者利用劳动资料对劳动对象进行加工时，劳动资料和对象都可能造成劳动者伤亡，如采煤时，煤矿中可能发生的瓦斯爆炸会严重威胁到矿工的生命等；而不卫生因素，是指劳动过程中烟雾、尘埃、粉尘、有毒气体等不卫生物质会导致劳动者患职业病，损害身体健康。除了这些不安全、不卫生因素之外，劳动者自身劳动能力的发挥还要受到生理的、道德的因素限制。

（二）人力资源保障

人力资源保障是国家为保护劳动者权益而制定的一种社会保障制度。社会保障制度，是保障劳动者在特殊情况下能够维持基本生活不可缺少的重要制度，是指国家对公民在年老、疾病、伤残、失业、生育、死亡、遭遇灾害、面临生活困难时，由政府和社会依法给予物质帮助，以保障公民基本生活需要的制度。

我国的社会保障体系包括社会保险、社会救助、社会福利、社会优抚等。社会保险是社会保障体系中最为重要的部分，它是保障劳动者及其直系亲属在失去各种生活经济来源时能够从社会获得必需的物质帮助，包括养老保险、工伤保险、医疗保险、失业保险等内容。我们所说的人力资源保障，主要研究的就是社会保险。

社会保险是指劳动者因年老、患病、生育、伤残、死亡等原因而丧失劳动能力（暂时丧失劳动能力）或因失业中断劳动，本人及其家属失去生活来源时，能够从社会或国家获得的物质帮助。这种物质帮助包括现金补助、提供社会服务以及预防丧失劳动能力及失业后的再就业措施等。社会保险是社会对劳动者在特殊情况下分配消费品的一种形式，有助于促进社会资源的合理分配和社会生活的和谐。

二、安全统计与保险统计的含义

在劳动中，最终目的是提高劳动生产率，而周围的工作环境、设备、设施等的好坏，直接影响到劳动者的劳动效率。安全统计的目的是通过实时监测，把生产过程中存在的不卫生、不安全因素发生的可能性降到最低，给劳动者提供更加安全的劳动环境。

保险统计则是从数量关系上对社会保险的现状及发展变化规律进行描述，来反映劳动者的受惠程度以及各种保险在生产活动中的应用普及情况，对社会保险各方面的发展和结果做出评价，为相关法律政策的制定和实施提供依据。

安全统计与保险统计的具体任务有如下三点：

（1）设计一套完整的关于人力资源保护的指标体系，以反映社会单位总体劳动状况发展的内在规律，进而反映出其与经济、社会发展的内在关系。

（2）充分利用各种统计调查方法收集和整理资料，得到反映人力资源安全与保障实际情况的统计信息。

（3）运用各种方法研究如何进行安全统计与保障的统计分析，通过外在现象的数量表现来考察现象的运动状态及其内部隐含的规律。

在下面的两节中，我们将分别对安全统计与保险统计进行介绍，力求全面、具体地对人力资源的保护与提高进行详细分析。

第二节 安全统计

劳动安全统计是劳动安全保护工作的一部分，它可以为生产环境的安全性和健康性提供一个更加科学的衡量标准和指标体系，为劳动环境的改善和安全政策的制定提供科学可行的依据。

劳动安全保护工作，是为了确保劳动者在生产和工作中的安全和健康而在法律、技术、设备、组织制度和教育等方面采取的一整套措施。劳动安全统计一般分为劳动环境统计、劳动保护措施统计、工伤事故统计以及职业病统计四类。

一、劳动环境统计

（一）劳动环境的要素

劳动环境的好坏直接关系到劳动者的健康和安全，好的劳动环境可以显著提高劳动者的生产效率。劳动环境指的是，在生产环境和劳动过程中，关系到劳动者安全的卫生、劳动强度和硬件等影响劳动安全的种种因素的集合体。影响因素包括：

1. 生产过程因素

（1）物理因素：包括温度、湿度、气象条件、噪声、超声波、辐射和振动等。

（2）化学因素：包括各种有害气体、生产性毒物等。

（3）生物因素：包括各种有害病菌、致病微生物和寄生虫等。

2. 劳动过程因素

（1）劳动组织制度，如对劳动时间和休息时间的规定。

（2）劳动强度。

（3）劳动工具等的使用和安排。

3. 生产环境因素

（1）生产作业场所设计，如厂址选择、流水线的安排等。

（2）卫生技术设备的布置，如通风、排气、供暖和照明等设施的布置。

（3）安全防护设施的设计，如防爆、防触电、防高空坠落设施的设计。

（4）劳动者个人防护品的发放和使用。

（二）劳动环境统计的分析和评价

1. 劳动环境绿化情况分析

厂区的绿化环境有利于缓减恶劣的工作环境对劳动者所造成的不利影响。绿化情况可以用植树植花的覆盖程度来反映：

$$\text{覆盖率}=\frac{\text{厂区植树植花面积}}{\text{厂区占地面积}}\times 100\% \tag{11.1}$$

也可以用平均每人拥有绿化面积的指标来反映劳动环境的绿化情况：

$$\text{平均每人拥有绿化面积}=\frac{\text{厂区植树植花面积}}{\text{企业职工数量}}\times 100\% \tag{11.2}$$

2. 生产车间空气质量评估

生产车间空气质量的衡量以单位体积内某物质含量的浓度为依据，同时应该按照国家规定的相关标准设计内部卫生标准。通常适用的指标有含尘浓度、超标倍数和超标率。

（1）含尘浓度。含尘浓度是指每立方米空气中所含粉尘的质量数（mg/m^3）和每立方厘米空气中所含粉尘的粒数（个/cm^3）。

（2）超标倍数。超标倍数越高，说明空气污染越严重。其计算公式为：

$$\text{超标倍数}=\frac{\text{空气实测浓度}-\text{国家规定的最高浓度标准}}{\text{国家规定的最高浓度标准}} \tag{11.3}$$

（3）超标率。超标率是衡量生产环境污染程度的指标，是指受检样品总数中超过允许浓度标准的样品所占比重。超标率越高，说明空气污染越严重。其计算公式为：

$$\text{超标率}=\frac{\text{超过允许浓度值的样本数}}{\text{实测样本总数}}\times 100\% \tag{11.4}$$

3. 生产设备的完好状况分析

生产设备的正常运转是安全生产的必要条件，生产设备的非正常运转，将极大地增加生产风险，为人员和财产损失埋下祸根。由此可见，提高生产设备的完好率，最大程度避免事故的发生，也是改善劳动环境的一个重要方面。设备完好率越高，说明生产设备的状况越好。其计算公式为：

$$\text{设备完好率}=\frac{\text{技术完好的设备台数}}{\text{已安装的设备总数}}\times 100\% \tag{11.5}$$

4. 防护设施的达标分析

要建立良好的劳动环境，需建立常规性检查制度，做到生产场地整洁、通风照明设施运转正常、相关指示标志明显等。因此有必要制定相关指标与标准，使得检查有据可依。防护设施的安全性可以用达标率来表示，达标率越高，说明防护设施越完备。其计算公式为：

$$达标率=\frac{符合标准的检查点数}{实际检查总点数}\times 100\% \tag{11.6}$$

5. 个人防护用品的发放使用分析

个人防护用品的使用可以有效减轻各种职业危害，保护劳动者的安全和健康。但是需要注意的是，个人防护用品的使用具有局限性，只能当作一项辅助性措施使用。正确的劳动防护原则是：先使用安全防护装置改善大环境，再借助个人防护用品保护劳动者。

可以用发放率和使用率两个指标来衡量个人防护用品的效果。其计算公式为：

$$发放率=\frac{实际发放的防护用品数}{应该发放的防护用品数}\times 100\% \tag{11.7}$$

$$使用率=\frac{使用防护用品人数}{领取防护用品人数}\times 100\% \tag{11.8}$$

二、劳动保护措施统计

所谓劳动保护措施，是指在生产过程中，为了保护劳动者的健康和安全而采取的有关技术性和组织性的措施，是改善劳动条件、做好劳动安全卫生工作、防止工伤事故和职业病的一项重要举措。

（一）劳动保护措施项目名称

劳动保护措施实施情况统计，是以各个独立的劳动保护措施项目为计量单位进行统计核算的。按劳动部、全国总工会 1979 年发布的《安全措施计划的项目总名称表》规定，共有 40 个项目，分为以下四类：

（1）安全技术措施，以防止工伤事故为目的。

（2）工业卫生技术措施，以改善生产环境、防止职业中毒和职业病为目的。

（3）辅助房屋及设施，以确保劳动者的健康安全为目的。

（4）安全生产宣传教育所需措施。

（二）劳动保护措施项目实施统计

1. 施工项目的计算

与施工项目有关的指标包括开工项目数、继续施工项目数、期末在施项目数、撤销项目数以及停施项目数等。

2. 完工项目核算

完工项目是指按规定的实施内容，在计算期内全部完成，经过验收合格，可以交付使用的劳动保护措施项目。

核算指标如计算期完工项目数，表明在本期内已经实现的劳动保护措施项目的总量，可检查劳动保护措施项目规划的实现程度。

3. 施工项目和完工项目的关系

(1) 本期施工项目。指本期内施过工的项目，与期内是否完工或停工等无直接关系。

$$本期施工项目=本期新开工项目+本期继续施工项目 \tag{11.9}$$

(2) 期末在施项目。

$$\begin{aligned}期末在施项目=&本期新开工项目+本期继续施工项目\\&-本期完工项目-本期实施项目\end{aligned} \tag{11.10}$$

(三) 项目完成情况检查统计

检查劳动保护措施项目规划的实施状况，是为了督促生产者按质按时完成保护措施项目，切实为劳动者建起安全屏障。实际进行检查评价时，可采用劳动保护措施项目实现程度、项目累计实施进度和完工率三个指标。

1. 劳动保护措施项目实现程度

将本期已完工的项目数与要求完工的项目数对比，可反映综合完成计划的程度（注：计划外完工项目不在其中）。

$$劳动保护措施项目实现程度=\frac{实际完工的项目数}{计划规定完工项目数}\times 100\% \tag{11.11}$$

[例 11－1]　某工厂在一定时期内计划完工的项目数是 100 项，实际完工的项目数是 90 项。此外，由于特殊情况，又完成计划外项目 15 项，总计完成 105 个项目。但是这 15 项不应列入实现程度的计算范围，因此该工厂在本期内劳动保护措施项目的实现程度是 90%。

2. 项目累计实施进度

项目累计实施进度可反映逐月检查本年劳动保护措施完工项目的进度计划的完成情况。

$$\begin{matrix}自年初起劳动保护措施\\项目累计实现程度指标\end{matrix}=\frac{自年初至本期止实际完工的项目数}{全年计划完工数}\times 100\% \tag{11.12}$$

3. 完工率

完工率是指劳动保护措施项目施工的程度。它可以按全年核算，也可以按时间进度核算。

$$\begin{aligned}完工率&=\frac{本年完工数}{本年实际实施项目数}\times 100\%\\&=\frac{自年初累计已完工项目数}{自年初累计实际完工项目数}\times 100\%\end{aligned} \tag{11.13}$$

(四) 劳动保护措施费用统计

1. 劳动保护措施费用的内容

劳动保护措施费用是指用于保护劳动者在生产劳动过程中的安全和健康方面的全部费用，但不包括固定资产投资额中的劳动保护措施费用。

劳动保护措施费用总额的主要内容包括以下五个方面：

（1）实施劳动保护措施项目支付的费用，指因采取安全措施、实施工业安全技术设施等实际发生并支付的费用。

（2）个人劳动保护用品费用，用以保护劳动者在生产中的安全，包括在日常生产费用内。

（3）保健食品费用是指为保护劳动者在特殊环境下工作的健康而支付的食品费用，如高温、化学毒物、放射等特殊的工作环境。

（4）特殊劳动群体的劳动保护费用，如女职工和未成年工。

（5）其他劳动保护费用，指用于安全宣传教育及组织等工作所支付的费用。

2. 劳动保护措施费用完成额的核算

劳动保护措施费用完成额是指一定时期内用于劳动保护所支付的费用，是将已完成的劳动保护措施的工作量以货币的形式表现出来，包括相关的设备、器具的购置费、建筑安装工程费及其他相关费用。

需要注意的是，设备、器具的购置费用要按照验收入库核定的数额计算；建筑安装工程费用要按照计算期实际完成的建筑安装工作量计算。此外，为便于统一标准，一般应按预算价格核算。

通常情况下，劳动保护措施费用是由固定资产更新改造基金支付的，具有专用基金的性质。单位或企业更新改造基金的来源包括固定资产折旧基金、固定资产的变价收入以及主管部门调拨调剂的其他基金等。

核算劳动保护措施费用的完成指标，还应该注意划清与其他费用的界限，以免造成遗漏与误算。不但要注意劳动保护措施费用同一系列资金如大修理资金、固定资产投资、生产资金等的区别，而且应注意发放给个人使用的劳动保护用品，不在劳动保护措施费用完成额计算之内，而属于生产费用中的经常开支。

3. 劳动保护措施费用计划执行情况的检查

劳动保护措施费用必须按照计划规定的内容和要求使用，才能发挥劳动保护措施费用的有效功能。这里我们可以从过程监控和结果评价两个角度进行检查。

（1）劳动保护措施费用计划执行程度的过程监控。

$$\begin{array}{c}\text{劳动保护措施费用}\\ \text{计划执行实际进度}\end{array}=\frac{\text{年初到计算期止累计完成费用额}}{\text{全年费用计算控制额}}\times 100\% \tag{11.14}$$

（2）劳动保护措施费用计划执行结果的评价。

$$\begin{array}{c}\text{年度劳动保护措施}\\ \text{费用计划完成程度}\end{array}=\frac{\text{全年措施费用实际完成额}}{\text{全年措施费用计划控制额}}\times 100\% \tag{11.15}$$

（五）女职工和未成年工劳动保护统计

女工和未成年工（16～18岁的工人）属于弱势群体，因此对他们的劳动保护工作也显得尤为重要。

1. 女职工劳动保护统计

女性由于生理的特殊性，比男性在工作中受到危害的概率要大，尤其是在经、孕、产、哺期，且女职工的健康还关系到下一代的人口素质，所以对女职工的劳动保护就显得更加重要了。对女职工劳动保护的统计研究，重点在于“硬件”措施的落实情况，如女工卫生室、哺乳室等设施的设置和利用程度；女工的工种配置情况，特别要注意一些工种如重体力、高空作业、有毒作业等“男女有别”的特性以及对处于怀孕期、生产期和哺乳期女职工保护措施的落实情况。

2. 未成年工劳动保护统计

未成年工劳动保护的统计研究，主要是看工作日制度的安排是否合理，以及工种配置和劳动条件的设置是否科学，以最大限度地保护未成年工的身心健康。

三、工伤事故统计

工伤事故的统计，就是观察和记录工伤事故的发生情况，计算受伤人数和经济损失，分析工伤事故的严重程度和造成的严重后果。通过工伤事故的统计可以揭露安全工作中的隐患和薄弱环节，为制定有效的防范措施提供事实依据，最大程度地减少和杜绝安全事故的发生。

2018 年全国工伤认定事故总数达到了 198.5 万件，减少工伤事故的数量、最大限度地保障劳动者安全已经成为一个全社会关注的问题。工伤事故统计是国家统计资料中非常重要的一部分，正确的统计分析是国家制定方针政策和进行宏观调控的重要依据，同时也为减少生产中工伤事故的发生、完善工伤事故预防体系提供了必不可少的数据支持。

（一）生产安全检查统计

经常对生产安全情况进行检查对于减少和杜绝各类生产安全事故的发生是非常必要的。生产安全检查的内容主要包括各单位劳动保护与安全生产法律法规的贯彻实施情况，操作流程的制定与实际运作情况，以及组织机构人员的工作情况。通过生产安全检查统计，可以总结劳动保护的经验与教训，为监督和管理生产安全保障工作提供依据。生产安全检查有定期和不定期两种形式。

1. 生产安全检查的规模核算

受检单位是指接受过生产安全检查的单位。在计算期内接受生产安全检查的单位数量可以说明检查的实施规模，但是并不是每个生产单位都有机会接受检查，所以要计算“受检率”这一指标。

$$\text{受检率}=\frac{\text{计算期已受检查的单位数}}{\text{计算期应该检查的单位数}}\times 100\% \tag{11.16}$$

对于未被检查到的单位，事后要进行补查，可以用“补查率”这一指标来核算。

$$\text{补查率}=\frac{\text{计算期补查的单位数}}{\text{计算期漏查的单位数}}\times 100\% \tag{11.17}$$

2. 生产安全工作质量评价

通过生产安全检查，对受检单位的安全生产质量进行综合评价，可根据具体要求分为“良”“合格”“差”三类。还可以根据各类单位占接受检查单位总数的比重来反映生产安全的基本情况，指标如下：

$$\text{安全生产合格率}=\frac{\text{检查合格和良的单位数}}{\text{接受安全检查的全部单位数}}\times 100\% \tag{11.18}$$

$$\text{平均每单位安全隐患件数}=\frac{\text{检查出的安全隐患件数}}{\text{接受检查单位总数}}\times 100\% \tag{11.19}$$

$$每千职工工伤事故次数=\frac{工伤事故总次数}{职工平均人数}\times 1\,000‰ \tag{11.20}$$

$$每千职工工伤伤害人数=\frac{工伤总人数}{职工平均人数}\times 1\,000‰ \tag{11.21}$$

$$工伤频率=\frac{工伤总人次数}{职工平均人数}\times 1\,000‰ \tag{11.22}$$

$$每千职工工伤歇工工日=\frac{工伤歇工总工日}{职工平均人数}\times 1\,000‰ \tag{11.23}$$

$$每千职工重大死亡事故次数=\frac{重大死亡事故总次数}{职工平均人数}\times 1\,000‰ \tag{11.24}$$

$$平均每次工伤事故受伤/重伤人数=\frac{工伤/重伤总人数}{工伤事故总次数} \tag{11.25}$$

$$平均每名伤愈者歇工总天数=\frac{伤愈人员全部歇工工日}{伤愈总人数} \tag{11.26}$$

3. 事故隐患核算

许多生产事故的发生都是由于对生产中的隐患预防不足而造成的，查处隐患，可以防患于未然，将事故消灭在萌芽中。

所谓隐患，是指人所在的活动场所、设备及设施处于不安全状态，或者由于人的不安全行为和管理上的缺陷而可能导致人身伤害或者经济损失的潜在危险。事故隐患有两种情况：一是外部环境方面，现代化技术、设备和原料的应用增加了发生事故和患职业病的可能性；二是人的因素，包括对安全保护的忽视和劳动者自身的疏忽和失职。

事故隐患以“件”为单位进行计算，可以按原因、分布、性质等分类研究，这有利于受检单位按照事故隐患的轻重缓急处理，可以通过如下指标进行衡量：平均每单位安全隐患件数［计算公式见式（11.19）］、平均每单位发生的未遂事故数。

$$\begin{array}{c}平均每单位发生的\\未遂事故数\end{array}=\frac{各单位发生的未遂事故总件数}{受检单位总数}\times 100\% \tag{11.27}$$

（二）连续安全生产时间核算

我们常常看到新闻报道里出现诸如“某单位连续安全生产达到300天”之类的话，这里的“300天”指的就是安全生产时间。

1. 连续安全生产时间的界定

连续安全生产是指一段时期内不发生任何大小事故的连续生产活动。连续安全生产时间指的是自开始作业日（或前次事故处理后）起，按日历天数累计至工伤事故发生前一日止的时间（单位是天），又称为连续无事故安全生产时间。这种时间连续越长，对生产越有利，同时也反映出人们有高度的安全意识，劳动保护工作质量水平较高。

2. 时间指标的具体表示

时间指标的具体表示有很多种形式：按空间来表示，一般是以企业为核算单位，也可以根据实际情况扩大到地区、集团等，或者缩小到车间、班组等；按时间表示形式，常用“连续安全生产天数”来表示；按事故性质，通常用“无重大事故天数”来反映；

用产量和工作量来表示，如交通运输业的“安全行车公里数”等指标。

（三）工伤事故的统计分析

工伤事故是安全生产过程中最需重视的问题，它直接威胁到劳动者的身心健康和生命安全。国家特别制定了伤亡事故处理报告制度，以便及时了解和研究员工伤亡事故发生的情况，从而采取预防措施，防止同类事故再次发生。进行工伤事故统计，必须严格遵守国家制定的职工伤亡处理报告制度。

1. 工伤事故的概念

工伤事故是指在生产作业现场发生的与生产活动有关的、致使工人和职员的人身受到突然伤害或导致死亡的事故。判断工伤事故，应掌握三个基本因素：工作时间、工作条件和工作原因。

工伤事故的统计核算是以基层单位（如企业）为基础的，因此，企业劳动者在企业劳动生产过程中，所发生的与生产或工作有关的伤亡事故，均在核算范围之内。对工伤事故的核算范围有以下四点具体要求：

（1）虽在企业生产区域外执行企业生产任务，而因作业条件不良造成职工受到伤害的，按工伤事故处理。

（2）职工在执行企业生产任务之外进行的，与生产无关的所有活动所造成的所有伤害，不按工伤事故处理，如代表企业参加体育竞赛受伤、一般患病的死亡致残、企业职工上下班途中发生车祸受伤等。

（3）在企业生产作业中，本企业职工以外的作业人员，因工伤事故而造成的伤害，不应作为本企业工伤事故核算，需另外单独表示。

（4）突发性中毒事故按工伤事故处理。

有些伤亡事故不在核算范围之内。比如，军工、建勤民工和实习学生在企业参加生产劳动时发生的伤亡事故；企业职工因生产作业造成外单位员工的伤亡事故；因生产或工作负伤但休息在一个工作日内的轻微伤害事故等。

在工伤事故发生之后，还可以根据事故性质的不同，对事故展开分类研究。有的按工伤事故损失工作日分类，如轻伤、重伤、死亡事故等；有的按工伤事故严重程度分类，如重大伤亡事故和特大伤亡事故；也有的按照经济损失大小分类，如一般、较大、重大、特大损失事故等。

2. 工伤事故的总量核算

目前，劳动部门和工会执行职工工伤事故统计报表制度，下面的这些指标更具有代表性：

（1）工伤事故总次数。工伤事故总次数，指在规定时期内单位所发生的工伤事故的次数累计，反映了该单位工伤事故发生的规模。

（2）工伤总人数。工伤总人数，指在规定时期内单位所发生的工伤事故导致的受伤和死亡的人数总和，也可将受伤人数和死亡人数分开计算。工伤总人数指标是按“人”计算的，而不是按“人次”计算，如一定时期内一名职工总计受到多次工伤事故的伤害，只能按一人计算。

（3）工伤总人次数。工伤总人次数，指一定时期内工伤事故导致受伤害的人次数的累计。它综合了工伤事故次数和受伤害人数，反映单位内工伤事故发生的总规模。工伤总人次数指标的计量单位是“人次”。一名职工在同一计算期内，受到多次工伤事故的伤害，受到伤害一次，就计算一人次。

（4）非永久性丧失劳动能力时间。所谓非永久性丧失劳动能力时间，是指人员因受到工伤事故的伤害，而无法从事生产和工作的时间，通常以“工日”为计量单位。在单位计算时，一定时期内应将每个因工伤事故受伤害者的工伤休息时间加总。但是要注意以下三点：

1）丧失劳动能力是暂时的，即“非永久性”。若受伤害人员经医疗机构诊断为“永久丧失劳动能力”，则从确诊之日起，这个指标不再考虑。

2）丧失劳动能力的时间是连续性的，即从负伤之日始，至治愈或正式上班前止的连续工伤休息时间。

3）在核算时，应将公休时间从日历天数中扣除。因工伤死亡的人员不考虑，若在治疗中因医治无效而死亡，从死亡之日起不再计算。

关于非永久性丧失劳动能力的时间指标，由于在指标经济内容上运用的不同，可分别用以下两个指标表示：

第一，计算期工伤歇工工日指标。指在计算期内，因工伤事故受伤害者的工伤休息工日的总和，表明工伤事故造成本期劳动时间损失的总量。

第二，计算期工伤伤愈人员歇工工日指标。指在计算期内，工伤伤愈人员从受伤休息日始至伤愈或恢复工作日前止连续工伤休息的工日总和，反映了工伤受伤人员受到伤害的严重程度。

两个“歇工工日”指标的经济联系是：

$$\begin{matrix}\text{计算期工伤}\\\text{歇工工日}\end{matrix}=\begin{matrix}\text{计算期工伤伤愈}\\\text{人员歇工工日}\end{matrix}-\begin{matrix}\text{计算期工伤伤愈}\\\text{人员前期歇工工日}\end{matrix}+\begin{matrix}\text{计算期工伤伤愈}\\\text{人员本期歇工工日}\end{matrix} \tag{11.28}$$

3. 工伤事故的频繁程度分析

研究一定时期内单位工伤事故波及的范围和发生的频繁情况，分析工伤事故的发生程度是十分必要的，这就是工伤事故的频繁程度分析。主要有以下几个指标：

（1）平均发生工伤事故次数。每千职工工伤事故次数反映了工伤事故发生的频繁程度，次数越多，说明工伤事故发生越频繁。其计算公式见式（11.20）。

（2）工伤事故平均受害人数。每千职工工伤伤害人数反映了工伤事故伤害的扩散程度，人数越多，说明工伤事故伤害范围越大。其计算公式见式（11.21）。

（3）工伤频率。工伤频率反映了工伤事故出现的强度，比率越高，说明工伤事故出现的强度越大，反之则越小。其计算公式见式（11.22）。

（4）平均工伤歇工工日。每千职工工伤歇工工日反映了工伤事故发生的强度。其计算公式见式（11.23）。

（5）平均发生重大伤亡事故次数。每千职工重大死亡事故次数揭示了发生重大死亡事故的影响程度，次数越多，说明发生重大死亡事故的影响越严重。其计算公式见式（11.24）。

4. 工伤事故严重程度分析

（1）每次工伤事故受伤害人数。主要有两个指标：平均每次工伤事故受伤/重伤人数［计算公式见式（11.25）］，平均每次重大伤亡事故受重伤/死亡人数。

$$\text{平均每次重大伤亡事故受重伤/死亡人数}=\frac{\text{重伤/死亡总人数}}{\text{重伤、死亡事故总人数}} \tag{11.29}$$

（2）工伤死亡比率。工伤死亡比率的计算，一般用死亡率指标反映职工因工伤事故的死亡密度，是工伤事故死亡总人数与全部职工平均人数的百分比；也会使用到工伤事故死亡指数（FAFR），指的是在一亿工作小时内，直接置身于生产或工作中的死亡概率，又称为“一亿工时死亡率”。

（3）负伤严重程度。负伤严重程度可以用平均每名受伤人员休息天数表示，所需休息的天数越多，受到的伤害越大。其计算公式如下：

$$\text{平均每名受伤者休息天数}=\frac{\text{本期负伤者歇工总工日}}{\text{本期工伤负伤人数}} \tag{11.30}$$

此外，还可用平均每名伤愈者歇工总天数来反映，其计算公式见式（11.26）。

（4）工伤歇工率。即工伤歇工工日与本期制度工作日的百分数。它从工作损失的角度揭示了工伤事故的危害程度。

5. 工伤事故的经济损失分析

工伤事故的发生会给各单位造成种种损失，这些损失不仅包括劳动者的伤亡，还包括经济财产的损失，以及由此引发的生产秩序的混乱。

经济损失包括直接经济损失和间接经济损失两大类。直接经济损失可按本期已支付的数额核算，除计算总额外，还可分别计算各项细额；间接经济损失一般难以确定，通常以间接经济损失相当直接损失4～7倍的经验数据来估算。

在国外，对于工伤事故经济损失的估算方法主要是海因利希事故损失计算法和西蒙兹事故损失计算法。

（1）海因利希事故损失计算法。利用经验估计进行推算，其中，直接损失是通过申请，由保险公司支付的金额。

$$\text{直接损失}:\text{间接损失}=1:4 \tag{11.31}$$

（2）西蒙兹事故损失计算法。除直接损失由保险公司赔付额取得外，间接损失按有关费用率计算。

$$\begin{aligned}\text{事故总损失额}&=\text{直接损失}+\text{间接损失}\\&=\text{保险费用赔付}+A\times\text{受伤人数}+B\times\text{受伤后住院人数}\\&\quad+C\times\text{急救治疗人数}+D\times\text{无伤害事故次数}\end{aligned} \tag{11.32}$$

式中：A，B，C，D——各项的单位损失费用率。

［例11-2］ 研究某企业的事故总损失额。已知在一定时期内，该企业由保险公司赔付的保险费用是10 000元，受伤人数是15人，受伤后住院人数有10人，急救治疗了3人，无伤害事故次数是10次。并且，受伤人数的单位损失费用率A是1 000元/人，受伤后住院人数的单位损失费用率B是3 000元/人，急救治疗人数的单位损失费用率C是500元/人，无伤害事故次数的单位损失费用率D是200元/次，通过计算可知，事故总损失额为：

$$10\,000+1\,000\times15+3\,000\times10+500\times3+200\times10=58\,500\text{（元）}$$

6. 工伤事故损失的比较效益分析

工伤事故造成的人员伤亡或财产损失的数额表明了损失的严重程度，损失越大，表明事故越严重。在一定时期内，事故发生越频繁，损失就会越大。将“严重度”和“频率”两个因素综合考虑，可以判断出工伤事故的损失情况。

$$损失率=严重度\times 频率 \tag{11.33}$$

损失率表示财产损失的，用货币单位作计量单位；损失率表示人员伤亡的，用“人”作计量单位。

四、职业病统计

职业病是泛指一切由生产性有害因素诱发的疾病，它的涵盖面很广，各行各业都有自己的职业病。例如，从事煤炭井下作业的工人染上的硅肺；从事放射性生产作业的工人患上的放射性疾病等。

（一）法定职业病及其种类

所谓法定职业病，就是具有立法意义的职业病，一般是指由政府主管部门通过法律和文件明文规定的职业病。我国政府规定，凡是法定职业病患者，在治疗和病休期间，以及经医疗后确定为残疾或治疗无效而死亡的，均要按我国有关劳动保险的规定给予应有的待遇。

根据 2013 年卫计委、人力资源和社会保障部安全监督管理总局、全国总工会颁布的《职业病分类和目录》，可将法定职业病分为 10 类 132 种，10 大类包括职业性尘肺病及其他呼吸系统疾病、职业性皮肤病、职业性眼病、职业性耳鼻喉口腔疾病、职业性化学中毒、物理因素所致职业病、职业性放射性疾病、职业性传染病、职业性肿瘤、其他职业病。

（二）职业病的调查与核算

1. 职业病的普查

对职业病的观察，通常采用普查方式，反映普查的工作效果和检查的普及程度的指标是受检率。

$$受检率=\frac{实际受检查人数}{应该受检查人数}\times 100\% \tag{11.34}$$

一般来说，职工应该全部接受职业病检查，这样的调查才全面可信。但是，实际中由于各种各样的原因，总是会造成一些漏检，因此需要用受检率来分析。通常，受检率高于或等于 90%时，普查结果是可信的。

2. 职业病患病人数

在职业病的核算过程中，一般企业在一段时期内会出现不止一种职业病，这就需要按照具体的法定职业病种类列出明细，并逐项计算。

计算本期职业病患病人数可以用以下几个指标：上期职业病患病人数、本期新发现职业病患病人数、本期职业病治愈人数。它们之间的关系是：

$$\begin{matrix}本期职业病\\患病人数\end{matrix}=\begin{matrix}上期职业病\\患病人数\end{matrix}+\begin{matrix}本期新发现\\职业病患病人数\end{matrix}-\begin{matrix}本期职业病\\治愈人数\end{matrix} \tag{11.35}$$

3. 职业病死亡总人数

按计算期内因职业病医治无效计算。

4. 职业病病例数

职业病病例数是指单位或企业在本期内实际患有各种职业病的病例总数，包括本期新发现、死亡和痊愈的各种职业病的病历数。其计量单位是“病例”。

$$\text{期末未愈病例数}=\text{上期末未愈病例数}+\text{本期新发现病例数}-\text{本期痊愈病例数}-\text{本期死亡病例数} \tag{11.36}$$

（三）职业病发病程度分析

职业病的发病程度可以通过发病密度、发病时间及在职工中的危害情况进行综合分析。其中，在职工中的危害情况属于定性分析，在此不作详细说明。

1. 发病密度指标

$$\text{发病率}=\frac{\text{某种法定职业病新发现病例}}{\text{从事某种作业职工人数}}\times 100\% \tag{11.37}$$

$$\text{患病率}=\frac{\text{某种法定职业病实有病例}}{\text{从事某种作业职工人数}}\times 100\% \tag{11.38}$$

$$\text{受检人患病率}=\frac{\text{受检人患职业病人数}}{\text{受检查总人数}}\times 100\% \tag{11.39}$$

以上指标都说明了比率越大，发病密度越高。

2. 发病时间的分析

通常职业病的发病时间用发病工龄表示。发病工龄是指劳动者从事某种易染职业病的工作时起，到发现和确诊患职业病时止的工作年限。职业病的发病工龄分为最早发病工龄、最晚发病工龄和平均发病工龄。

（四）职业病严重程度分析

职业病的严重程度，可用以下指标来反映：

（1）反映职业病的轻重程度。

$$\text{某种职业病治愈率}=\frac{\text{某种职业病痊愈人数}}{\text{某种职业病患病总人数}}\times 100\% \tag{11.40}$$

（2）反映职业病对人体主要器官损害的严重程度。

$$\text{某种职业病病残率}=\frac{\text{病愈后丧失劳动能力的人数}}{\text{某种职业病患病总人数}}\times 100\% \tag{11.41}$$

（3）反映职业病的轻重程度和对患者造成的痛苦程度。

$$\text{某种职业病痊愈病人平均患病时间}=\frac{\sum(\text{患病天数}\times\text{患病人数})}{\text{病愈总人数}}\times 100\% \tag{11.42}$$

（五）职业病造成的损失分析

职业病的发生和扩散会给社会、单位和个人造成各种影响和损失，这些损失有的是有形的，也有许多是无形的。因此，应从损失角度进行分析和评估。

1. 时间损失分析

劳动时间损失总额，指按计算期因职业病而休息的总工日数。在计算时不包括病休日中的公休和节假日，即按制度工作时间计算的病休工日数。

$$\text{病休总工日}=\sum(\text{各职业病患者病休工日}) \tag{11.43}$$

2. 劳动力损失当量分析（按折合成劳动力当量的劳动时间损失来表示）

（1）减产的实物量指标。

$$减产的实物量=职业病患者病休工日\times日实物劳动生产率 \tag{11.44}$$

（2）减产的价值量指标。

$$减产的总产值=职业病患者病休工日\times日总产值劳动生产率 \tag{11.45}$$

（3）减少收入指标（减少收入指标可通过销售收入、利润等具体表示）。

$$销售收入减少量=职业病患者病休工日\times平均每工日销售收入 \tag{11.46}$$

3. 工资损失指标

工资损失指标，可按实际支付的职业病患者病休工资计算，为了简化，也可采用平均工资推算。

$$工资损失费用=职业病患者病休总工日\times日平均工资 \tag{11.47}$$

4. 其他费用的损失指标

损失的其他费用，主要包括医疗、伙食补助和困难补助等方面的支付，计算时要以实际支付额为准。费用支付的加总可反映因职工患职业病而造成的损失总额，也可与企业生产费用总支出对比，计算其损失比率。

$$损失比率=\frac{工资损失+其他费用损失}{企业生产费用总支出}\times100\% \tag{11.48}$$

第三节 保险统计

我国的社会保险可以分为养老保险、医疗保险、失业保险、生育保险、职业伤害保险、遗属保险等。

一、养老保险统计

（一）养老保险的意义与范围

养老保险是指国家按照法律规定，为保障劳动者因年老而丧失劳动能力并离开工作岗位之后的基本生活，给他们提供基本生活资料的一种保障制度。它是社会保险制度中的重要内容。

养老保险直接关系到职工年老后的基本生活，关系到社会安定，也关系到我国未来的经济发展。因而，养老保险是与劳动者和国家密不可分的一件大事。养老保险制度的建立是社会化发展的客观要求，有利于解除劳动者的后顾之忧，调动其劳动积极性，而且，在现今人口老龄化日益严峻的情况下，养老保险也为我国解决老龄化问题创造了必要的条件。

养老保险统计的对象，顾名思义就是养老保险的受惠人群，即退休养老人员。我国的退休养老人员包括退休人员、离休人员、退职人员等。

我国基本养老保险基金的收入多年来一直呈上升趋势，2017 年达到了 42 793.9 亿元，2018 年则上升到 50 144.8 亿元，同比增长了 17.2%。养老保险统计的发展，为研究我国养老保险的现状、寻找养老保险体系中的不足提供了宝贵的资料，有利于我国养老保险体系的发展和完善。

（二）退休人员的总量分析

可用以下五个指标来反映一定时期内退休人员的总量和规模：

（1）期末退休人数。期末退休人数反映年末（或季末、月末）实有的退休人员数量。

（2）本期新退休人数。本期新退休人数，指在本期内正式办理退休手续的退休人员总和，即新增加的退休人员数。

（3）本期退休人员平均数。本期退休人员平均数可以反映一定时期内退休人员规模的一般水平。

（4）退休率。退休率反映了在职人员对退休人员的负担程度。其计算公式为：

$$退休率=\frac{实际退休人数}{在职职工人数合计}\times 100\% \tag{11.49}$$

（5）退休养老保险覆盖率。退休养老保险覆盖率反映了退休保险的普及程度。其计算公式为：

$$退休养老保险覆盖率=\frac{实际参加养老保险人数}{企业全部从业人员人数}\times 100\% \tag{11.50}$$

（三）退休养老人员生活水平研究

对于绝大多数劳动者来说，在退休后，退休金成为其生活的唯一经济来源，所以，合理的退休金水平将直接关系到退休劳动者的生活水平。退休金对退休劳动者的实际生活保障程度，可以通过退休金系数、退休金保有比率以及退休金对生活的保障程度来反映。

（1）退休金系数，即退休金与在职职工工资水平比较。

$$退休金系数=\frac{退休人员人均退休金}{企业从业人员的平均工资}\times 100\% \tag{11.51}$$

［例 11－3］　若某市退休职工一年的平均退休金为 4 000 元，而该市职工的平均工资为 10 000 元，计算其退休金系数。

解：

$$退休金系数=\frac{4\ 000}{10\ 000}\times 100\%=40\%$$

（2）退休金保有比率，即退休金与最低工资水平比较。最低工资水平，是指劳动者在法定工作时间内提供了正常劳动的前提下，其所在单位应支付的最低劳动报酬。通过退休金与最低工资的比较，可建立退休金保有比率指标。

$$退休金保有比率=\frac{退休人员人均退休金}{最低工资水平}\times 100\% \tag{11.52}$$

（3）退休金对生活的保障程度分析。通过退休金与居民人均生活费支出、最低生活费水平的比较，可反映出退休金对退休职工实际生活的保障程度。

$$\begin{aligned}退休金对生活的保障程度&=\frac{退休人员人均退休金}{城镇居民人均生活费支出}\times 100\%\\&=\frac{退休人员人均退休金}{城镇最低生活费水平}\times 100\%\end{aligned} \tag{11.53}$$

二、医疗保险统计

（一）医疗保险的含义

医疗保险是指由国家和社会为患病治疗的劳动者提供必要的医疗补贴和物质帮助的一种社会保险制度。它是社会保险中涉及面最广的一个险种，在保护和促进社会生产力方面，起着极其重要的作用。

医疗保险是一项社会化事业，它是通过在较大的范围内集中社会力量，广泛地筹集医疗保险基金，由社会保险事业机构统筹并运用互助互济的手段向患病、负伤的劳动者提供医疗服务，从而保护劳动者的健康，分担劳动者的个人风险，进而促进社会生产力的发展。医疗保险能够保障劳动者的身心健康，提高劳动者的生产积极性，同时也保证了社会再生产的顺利进行。

我国现行医疗保险制度，主要包括公费医疗制度、劳保医疗制度和农村合作医疗制度三大组成部分。

（二）享受医疗保险的人员统计

医疗保险的一般原则是：按工资比例缴纳医疗保险费；按实际需要享受医疗待遇。在国家实施医疗保险范围之内的人员，只要按规定缴纳了医疗保险费，就有资格享受医疗服务，都应纳入享受医疗保险待遇人员的统计范围。

对享受医疗保险人员分析的统计指标如下：

（1）反映参与医疗保险的广度。医疗保险参与率越高，说明参与医疗保险的广度越大；反之则越小。

$$\text{医疗保险参与率}=\frac{\text{医疗保险投保人数}}{\text{从业人员总数}}\times 100\% \tag{11.54}$$

（2）反映医疗保险的受惠广度。医疗保险受惠率越高，说明医疗保险的受惠广度越大；反之则越小。

$$\text{医疗保险受惠率}=\frac{\text{实际报销医疗费用人数}}{\text{医疗保险投保人数}}\times 100\% \tag{11.55}$$

（3）反映职工对医疗保险的受惠规模。从业人员医疗保险受惠率越高，说明职工的医疗保险受惠规模越大；反之则越小。

$$\begin{aligned}\text{从业人员医疗保险受惠率}&=\text{医疗保险参与率}\times\text{医疗保险受惠率}\\&=\frac{\text{实际报销医疗费用人数}}{\text{从业人员总数}}\times 100\%\end{aligned} \tag{11.56}$$

（三）医疗保险的统计分析

（1）伤病程度分析。伤病程度可用伤病频率来反映，表示在一定时期发生伤病、享受医疗保险待遇的人数在职工总人数中所占的比重，反映了伤病发生的频繁程度。

$$\text{伤病频率}=\frac{\text{上保险者发生伤病的人数}}{\text{上保险人员总数}}\times 100\% \tag{11.57}$$

（2）费用支出分析。从业人员医疗保险费支付额，指的是在一定时期内，参加保险的员工为治疗伤病而从医疗保险基金中实际支付的医疗费用总额。

（3）人均医疗保险费用。人均医疗保险费用反映了参加保险的伤病人员的实际受惠水平。

$$人均报销医疗费用=\frac{实际支付的医疗保险费总额}{实际领取医疗保险费总人数} \tag{11.58}$$

（4）费用支付与工资关系分析。可将医疗保险费与职工工资相比较，反映职工的生活保障程度。

$$医疗保险费用系数=\frac{人均报销医疗费用}{平均工资} \tag{11.59}$$

（5）费用支付与职工生活水平关系的分析。由于医疗保险费用的支出属于生活费支出，所以，医疗保险费用的支出与职工生活水平相比较，可以反映职工健康风险的减缓程度。

$$减缓程度=\frac{人均报销医疗费用}{城镇居民人均生活费收入}\times 100\% \tag{11.60}$$

三、失业保险统计

（一）失业保险的含义

失业是劳动者在就业年龄范围内，因自身或社会原因有就业能力但不能就业的社会现象，是现代经济运行中不可避免的问题。失业保险，是指根据国家法律的规定，筹集社会保险基金，对因失业后暂时失去工作机会的劳动者给予物质帮助或提供再就业机会的社会保险制度。

失业在社会经济发展过程中具有客观必然性，它对失业者个人以及整个社会造成许多不利的后果，因此，失业保险的建立对于社会的发展稳定和人们的正常生活具有十分重要的意义：

（1）保证了失业人员的基本生活，促进了失业人员的再就业，有利于维护社会的稳定。

（2）有利于社会再生产的顺利进行。国家以失业保险的方式给暂时失业的劳动者发放失业救济金，在保障其基本生活的同时，也组织他们进行转业训练。一方面维持了劳动力的再生产，另一方面也提高了劳动力的素质，为社会再生产的进行打下了坚实的基础。

（3）有利于国民经济的发展。随着经济体制改革的深化和社会主义市场经济的发展，市场机制的作用越来越突出，这就要求在保持劳动力相对稳定的同时，能够为劳动力的合理流动提供宽松的环境。

（二）失业人员统计

失业人员有广义和狭义两种理解。广义上是指在调查时间内，达到法定劳动年龄又有劳动能力而由于种种原因没有工作的人，以及正在寻找工作或定期被解雇而无工作收入的人员。

我们平常讲的失业人员一般是狭义上的失业人员，是指在城镇范围内，凡在劳动就业机构登记要求就业、正在等待就业、尚无任何工作收入的人员。包括宣告破产的企业的职工；企业终止、解除劳动合同的工人；企业辞退的职工等。

企业失业人员总数一般可表示为：

$$\begin{aligned}企业失业人数=&企业精简人数+企业终止或解除劳动合同人数\\&+企业辞退人数+其他失业人数\end{aligned} \tag{11.61}$$

[例 11－4] 某企业在一定时期内精简了 200 人，辞退的职工为 100 人，终止或解除劳动合同的人数是 50 人，因为其他原因失业的人数为 30 人，则该企业在调查期内的总失业人数有多少？

解：

企业失业人数＝200＋50＋100＋30＝380（人）

（三）失业保险费用分析

我国失业保险费用包括失业救济金、医疗费、死亡丧葬补助费等。其中，失业救济金的发放数额应该介于社会救济金的标准及其本人失业前的基本工资之间，而且支付时间上也有限制。到一定时期还未能就业者，应转入社会救济渠道，由国家民政部门发放救济，这有利于提高失业者寻找工作的积极性。

（1）工资替代系数。反映失业者人均支付的失业保险费用占平均工资水平的比重。

$$\text{工资替代系数}=\frac{\text{人均支付失业保险费用}}{\text{职工平均工资}} \tag{11.62}$$

（2）失业保险费对生活的保障程度。失业保险费用分别与居民人均生活费支出和最低生活费相比较，可以反映出失业保险费对失业人员生活的保障程度。

$$\text{保障程度}=\frac{\text{人均支付失业保险费用}}{\text{城镇居民人均生活费支出}}\times 100\% \tag{11.63}$$

$$\text{保障程度}=\frac{\text{人均支付失业保险费用}}{\text{城镇居民最低生活费}}\times 100\% \tag{11.64}$$

四、其他社会保险统计

除了上面我们提到的养老、医疗、失业“三大保险”统计之外，社会保障统计还包括生育保险统计、职业伤害保险统计和遗属保险统计等。

（一）生育保险

生育保险是指在职妇女因生育而不能正常工作时，社会给予的生活保障。生育保险是社会进步的一种表现，一方面它保障了妇女的合法权益，有利于保障妇女的身心健康和自身发展；另一方面它是人类自身生产顺利进行、实现优生优育的重要条件。

（二）职业伤害保险

职业伤害保险是指劳动者在生产中因意外事故或职业病造成的器官或生理功能损伤，在暂时或永久丧失劳动能力的情况下，从社会获得必要的物质帮助的制度。工伤保险具有赔偿性质，费用全部由单位或企业负担。

职业伤害保险作为社会保险体系的一个重要组成部分，同养老保险一样，直接关系到劳动力的保护，关系到社会再生产的顺利进行。它对于社会化大生产条件下的劳动者，起着特殊的重要的保护作用。

（三）遗属保险

遗属保险也称死亡保险，是社会保险机构对劳动者因意外或者自然死亡后，按照规定对死者本人所需丧葬费及死者生前所供养的直系亲属给予必要的物质帮助的保险项目，包括丧葬、抚恤、救济和生活困难补助等待遇。

这些保险项目的统计，无论在对象、方法还是在指标分析上，都与前面“三大保险”的统计有很大的相似之处，这里就不再详细说明了。

总之，社会保障体系的构成是人力资源保障统计的基础。我国现阶段社会保障体系还不够完善，一些特殊人群和特殊方面的保障措施还没有落实到位，社会保障还有很长的路要走，这也决定了社会保障统计还有广阔的发展前景。

劳动保障统计的实施为《劳动法》的颁布和实施提供了宝贵的素材和依据，促进了我国保障体系的完善；同时，《劳动法》也为保障统计的研究提供了充足的理论支持，它正吸引着更多的统计工作者探求更多的方法来研究社会保障体系。

本章小结

俗话说，“身体是革命的本钱”。人力资源的保护关系到劳动者的身心健康，也关系到劳动效率的提高。本章从安全与保障两个角度对人力资源的保护进行统计，先从劳动环境、保护措施、工伤事故和职业病方面的研究来衡量劳动安全的程度，接着通过养老保险、医疗保险和失业保险的统计反映劳动保险管理的具体效果，其目的是提高劳动者的工作生活质量，最终保障整个经济系统的正常运行。

关键概念

安全与保障统计　保险统计　劳动环境统计　劳动保护措施统计
工伤事故统计　职业病统计　养老保险统计　医疗保险统计
失业保险统计

复习题

1. 什么是安全统计和保障统计?
2. 劳动安全与保障之间存在什么关系?
3. 安全统计的研究范围是什么?
4. 劳动安全与保障统计的任务是什么?
5. 劳动环境统计的研究对象是什么?
6. 简述工伤事故统计的核算范围。
7. 养老、失业和医疗保险中劳动者的保障程度分别用何指标体现?

讨论及思考题

1. 用什么指标可以量化职业病统计中的经济损失（包括有形的与无形的)?
2. 讨论社会保障统计在保险统计之外的其他方面的发展情况。

第十二章

人力资源使用中的劳动关系统计

要点提示

◇ 人力资源劳动关系统计的意义
◇ 劳动争议仲裁统计
◇ 劳动参与统计

内容引言

人力资源劳动关系统计是人力资源劳动关系管理的一部分。劳动关系的统计可以从数量上反映劳动关系的现实状况，有利于制定措施促进组织经营活动的正常开展，并缓解和调整组织劳动关系的冲突，最终促进人力资源潜力的最大限度发挥。本章将从劳动争议仲裁和劳动参与统计两方面进行具体描述。

第一节 人力资源劳动关系统计概述

在改革开放的大潮下，劳动关系越来越成为社会关注的热点，如劳动合同、集体谈判、劳动争议、职工下岗、劳动仲裁等。在我国市场经济还不完善的今天，劳动关系未受到重视或者正视的情况屡见不鲜，这更加促使我们要认真看待这个问题，并认真分析，找到妥善解决这些问题的方法。

一、劳动关系的定义

劳动关系是指社会就业活动中雇主与雇员之间的关系。换种说法就是，劳动关系是一切与雇用行为有关的社会现象的总和。这里的雇主指广义的劳动力使用方，包括所有雇用劳动力的个人、企业、单位和政府机构等。被雇用人指具有劳动能力并通过合法劳动获取劳动收入的人，包括工人、职员或员工及政府机构的办事员等。

劳动关系的主体，从个体观察，是雇员与雇主；从集体观察，就是工会（代表雇员）与各类雇主协会和经营者组织等（代表雇主）。劳动关系主要就是靠工会与经营者组织之间的关系来体现的。为了协调双方的关系，在劳动关系中就出现了一种第三者的特殊主体，一般指的是政府的劳动行政主管部门，如我国的劳动仲裁委员会。

二、劳动关系统计的意义

劳动关系的好坏，关系到社会生产的方方面面，并直接影响整个社会大系统的运行。所以，对劳动关系的统计，则显得尤为重要。

劳动关系统计的作用体现在三个方面：第一，劳动关系统计可以反映我国劳动关系的现状，认识和研究我国劳动关系运行状况和运行规律；第二，劳动关系统计是国家制定有关劳动关系的法律法规和政策的基础和依据；第三，劳动关系统计有助于劳动主体了解当前社会劳动关系的基本现状，以便在协调各方的利益、关系与争议时，采取正确的措施。

三、劳动关系统计的任务

劳动关系统计的任务是及时反映人力资源关系的发展变化情况，研究劳动者对各种活动的参与以及劳动争议的发生情况。

无论是个人、单位、企业，还是政府机构，都是劳动关系统计研究的对象。其中以企业劳动关系统计的研究最为全面，也最具代表性，以下我们将主要从企业的角度来反映劳动关系统计的具体内容。

第二节 劳动争议仲裁统计

劳动争议，亦称劳动纠纷，是指劳动关系双方当事人因执行劳动法律、法规或履行劳动合同，在有关劳动的权利和义务上持不同的主张和要求而产生的争执和纠纷。

在劳动生产过程中，由于市场经济体制下企业追求利益最大化，这与劳动者追求自身价值的最大实现形成了矛盾，必然造成双方的利益冲突。因此劳动关系的利益化是劳动争议纠纷形成的根本原因。除此以外，企业的不规范管理、劳动者的弱势地位、劳动管理部门行政监管职能的薄弱，以及劳动立法的不完善等也是造成劳动争议的主要原因。

一、劳动争议仲裁统计的意义

所谓劳动争议仲裁，是指依法设立的各级劳动争议仲裁委员会作为第三者，依据一定的法律程序，按照劳动政策和劳动法律规范依据事实作出判断，对劳动争议当事人双方的劳动权利和劳动义务作出裁决，从而解决劳动争议的一项法律制度。劳动争议仲裁是处理劳动争议的重要形式和程序，它既与劳动争议调解一样具有灵活、快捷的特点，其生效和裁决又具有强制执行的特点，所以劳动争议仲裁在解决劳动纠纷工作中具有重要的作用，是维护社会主义劳动关系的一项重要措施。对劳动争议进行仲裁，与人民法院通过审判方式处理劳动争议相比较，具有及时、程序简单等特点。

随着我国政治、经济体制改革的深入，社会主义市场经济体制渐趋完善，劳动关系也越来越多样化、复杂化，劳动争议案件呈快速上升趋势。2020 年全国各级劳动争议仲裁委员会立案受理劳动争议案件达 109.5 万件，同比增长 2.34%。

劳动争议是劳动关系不协调时的反映，争议的发生，特别是集体争议的发生，容易引起怠工、罢工、闭厂等不良影响，会极大地影响社会安定团结。因此，企业应高度重视劳动争议现象，及时发现劳动关系各方面的问题，积极解决矛盾，协调好关系，维护职工的合法权益，促进生产活动的健康运行。所以，劳动争议仲裁统计的研究具有十分重要的意义。

开展劳动争议仲裁统计，必然要从数量上及时准确地反映劳动争议的发生和处理情况，研究劳动争议发生的原因，为争议的解决提供参考和服务。

劳动争议统计的任务主要有以下三点：

（1）研究劳动争议仲裁机构构成情况。

（2）研究劳动争议仲裁活动的规模、结构状况，分析其发生的原因。

（3）研究劳动争议仲裁的处理情况及变动情况。

二、劳动争议仲裁机构统计

（一）劳动争议仲裁机构

劳动争议仲裁机构，是按照《中华人民共和国劳动争议调解仲裁法》成立的，并依据法定程序，采用调解、仲裁的活动方式，处理劳动争议的常设的具有司法性质的国家行政机关，即地方各级劳动争议仲裁委员会。

根据《中华人民共和国劳动争议调解仲裁法》的规定，发生劳动争议，当事人不愿协商、协商不成或者达成和解协议后不履行的，可以向调解组织申请调解；不愿调解、调解不成或者达成调解协议后不履行的，可以向劳动争议仲裁委员会申请仲裁；对仲裁裁决不服的，除本法另有规定的外，可以向人民法院提起诉讼。

一般来说，劳动争议仲裁机构规模的大小，可从一个侧面反映出劳动争议仲裁案件数量的多少。若劳动争议仲裁案件数量多，难度也比较大，表明劳动关系当事人双方违背劳动法律规范的现象比较严重，所需要的仲裁人员及所组成的仲裁庭数就较多；劳动争议仲裁案件数量少，难度也较小，则表明劳动关系当事人双方对劳动法律规范的遵守较好，所需的仲裁人员以及所组成的仲裁庭数就较少。

（二）劳动争议仲裁规模的统计指标

从组织机构角度反映劳动争议仲裁规模有三项指标：仲裁庭数、特别仲裁庭数、仲裁员人件数。

1. 仲裁庭数

仲裁庭是根据案情不同而由不同的仲裁员组成的临时性办案组织形式。一般来说，仲裁庭数与仲裁案件数应大致相等。若仲裁庭数与仲裁案件数相差较大，说明简单劳动争议案件所占比重较大（因为对于简单的劳动争议案件无须设立仲裁庭），反映了企业调解委员会协调工作不够充分。

2. 特别仲裁庭数

若发生职工一方人数在 30 人以上的集体劳动争议案件时，劳动争议仲裁委员会组成特别仲裁庭进行审理，其审理结果是需要向当地政府报告的。所以，特别仲裁庭数量的多少，在一定程度上反映了劳动争议规模的大小以及劳动争议对生产和社会影响程度的大小。

3. 仲裁员人件数

仲裁员指劳动争议仲裁委员会按照法定程序和条件聘任的，具有负责劳动争议案件仲裁工作资格的人员。仲裁员人件数，指报告期内仲裁员所办理的劳动争议仲裁案件数的总和。由于一个仲裁员参与多个劳动争议案件的仲裁很常见，因此，用仲裁员人件数既可反映出仲裁员工作量的大小，也可较确切地反映出劳动争议仲裁的规模。

三、劳动争议受理情况统计

一般来说，劳动争议仲裁数量与规模的大小，直接表明了劳动关系当事人双方违背劳动法律规范现象的严重程度。但是有时，劳动争议仲裁数量少、规模小，可能是因为双方不懂得运用劳动法规来保护各自的利益，因而提起申诉而构成劳动争议的数量就少；也可能是由于劳动关系当事人双方的法律意识均较强，大都能自觉地遵守和履行与劳动有关的权利和义务，或者企业调解委员会能较好地解决本企业发生的劳动争议，从而减少了向仲裁委员会申诉的案件数。总之，不能根据劳动争议仲裁数量的多少、规模的大小，简单地作出结论，必须结合具体情况进行具体分析。

通常可以用案件受理数和争议人数两个指标来表示，反映劳动争议发生的规模和劳动关系协调（或紧张）的程度。也可以用劳动争议仲裁率，它能较确切地反映仲裁活动的普遍程度及劳动争议的严重程度。

（1）劳动争议案件受理数。

劳动争议案件受理数是指一定时期内企业发生的劳动争议的累计量。劳动关系当事人双方发生劳动争议，当一方正式向劳动争议仲裁委员会提出申诉，仲裁委员会受理立案后，劳动争议仲裁活动开始。时间可按季、半年或年进行统计。

$$\frac{劳动争议案件}{受理总件数}=\frac{企业调解委员会}{受理案件数}+\frac{劳动争议仲裁委员会}{受理的首次申诉案件数}+\frac{法院劳动法庭受理的劳动}{争议的首次申诉案件数} \tag{12.1}$$

（2）劳动争议人数和人次数。

为了更确切地表明企业劳动争议仲裁发生的规模，除了按“件”统计外，还需按“人”进行统计。

劳动争议人数是指每件争议案件所涉及的争议双方的人数。劳动争议仲裁总人数，是指报告期内仲裁机构受理案件中与企业发生劳动争议的总人数，以“人”为单位，不包括重复发生争议的人数；而劳动争议仲裁人件数，是指报告期内仲裁机构所受理的每件劳动争议所涉及的职工人数的总和，以“人件”为单位，包括重复发生争议的人数在内。劳动争议仲裁人件数减去重复发生争议人数，就是劳动争议仲裁人数。具体表达式如下：

$$劳动争议总人次数=\sum(每件劳动争议案件涉及的人数) \tag{12.2}$$

$$劳动争议总人数=劳动争议总人次数-重复争议人次数 \tag{12.3}$$

[例 12-1] 某仲裁机构报告期受理劳动争议为 40 件，每件涉及的人数均为 1 人，但其中有 10 名职工分别与本企业发生两件争议，因此，劳动争议仲裁人件数为 40 人件，扣除重复发生争议的职工，劳动争议仲裁人数为 30 人。

一般来说，一个职工很少在报告期内多次与企业发生争议，因而两者基本是一致的，用哪个都可以。但是，如果在报告期内重复发生争议的人数较多，除了用劳动争议仲裁人数外，还要对劳动争议仲裁人件数进行研究，以反映劳动争议仲裁的总体规模。

（3）劳动争议仲裁率。

$$劳动争议仲裁率=\frac{报告期劳动争议仲裁件数}{报告期劳动争议件数}\times 100\% \tag{12.4}$$

劳动争议仲裁率反映了劳动争议的仲裁程度。其中的报告期劳动争议件数，指的是将报告期内发生的每一件劳动争议汇总起来。

四、劳动争议处理统计

劳动争议申诉经受理立案后即由争议处理机构依法进行处理，处理结案的情况反映了劳动争议仲裁处理的进展和情况，是争议处理统计研究的一个重要方面，可以通过如下指标来反映：

（1）劳动争议调解结案数。它是指经劳动争议仲裁委员会调解结案件数的总和。

$$\frac{劳动争议调解}{结案总件数}=\frac{企业调解委员会}{调解案件数}+\frac{地区仲裁委员会}{调解案件数}+\frac{法院劳动法庭}{调解案件数} \tag{12.5}$$

（2）劳动仲裁委员会裁决结案件数。它是指因调解无效，申请由劳动仲裁委员会仲裁庭裁决结案的件数，以及经仲裁庭裁决后，当事方不服向法院起诉的件数。

（3）法院判决处理件数。即法院专门法庭依法判决结案的件数。

（4）劳动争议处理结案总件数。

$$\text{劳动争议案件处理总件数}=\text{劳动争议调解结案总件数}+\text{劳动争议仲裁裁决结案总件数}+\text{劳动争议法院判决结案件数} \tag{12.6}$$

（5）劳动争议处理未结案件数。它是指已受理的劳动争议案件中，各级各类劳动争议处理机构尚未处理结案的案件数的总和。该指标反映了某一时点上正在处理的劳动争议案件的总规模。

$$\text{上期期末未结案案件数}+\text{本期期末未结案案件数}=\text{本期案件受理件数}+\text{本期处理结案件数} \tag{12.7}$$

五、劳动争议仲裁统计分析

开展劳动争议仲裁统计的目的显而易见，就是为劳动争议的解决提供服务。具体地说，是为了全面深入地了解劳动争议的发生和处理情况，以便采取措施，加强企业管理（包括劳动管理），尽量减少或避免劳动争议的发生；劳动争议发生后，应及时处理，提高处理效率和质量，维护劳动关系当事人双方的合法权益，促进生产力的发展。

在研究中，单个的指标只能反映某一方面的情况，要想将争议仲裁活动看成一个整体进行统计分析，则应将有关指标联系起来，将其成果作比较分析，以提供更有价值的信息资料。

（一）劳动普遍程度与严重程度分析

1. 普遍程度

劳动争议仲裁件数与仲裁人数指标，虽然反映了仲裁机构所在地区的劳动争议的规模，但不能表明劳动争议发生的普遍程度。

假设两个地区报告期内受理劳动争议仲裁件数和劳动争议仲裁人数在数量上都相等，则两地劳动争议仲裁活动规模是一样的，但如果两地的企业职工人数不同，比如甲地是 10 万人，乙地却是 20 万人。两地劳动争议发生的普遍程度显然是不相等的，甲地的普遍程度是乙地的 2 倍。

反映劳动争议普遍程度的指标，有每千职工劳动争议仲裁件数与每千职工劳动争议仲裁人数（或人件数）等。其计算公式如下：

$$\text{每千职工劳动争议仲裁件数}=\frac{\text{劳动争议仲裁件数}}{\text{该地区职工平均人数(千人)}} \tag{12.8}$$

$$\text{每千职工劳动争议仲裁人数（或人件数）}=\frac{\text{劳动争议仲裁人数(或人件数)}}{\text{该地区职工平均人数(千人)}} \tag{12.9}$$

每千职工劳动争议仲裁件数越少，说明劳动争议普遍程度越低；反之，则越高。与每千职工的劳动争议仲裁件数相比较，每千职工劳动争议仲裁人数（或人件数）可以更准确地反映劳动争议的普遍程度。

2. 严重程度

平均每件劳动争议仲裁人数（或人件数）指标可用来反映劳动争议的严重程度。其计算公式为：

$$\text{平均每件劳动争议仲裁人数（或人件数）}=\frac{\text{劳动争议仲裁人数(或人件数)}}{\text{劳动争议仲裁件数}} \tag{12.10}$$

平均每件劳动争议涉及的职工人数越多，表明劳动争议越严重，反之，严重程度越低。

（二）劳动争议结构分析

对劳动争议结构的研究，可以了解劳动争议的构成状况。具体的分析指标有集体的劳动争议占劳动争议总量的比重、某类型劳动争议占劳动争议总量比重、企业职工劳动争议占劳动争议总量的比重等。

（三）劳动争议处理情况分析

1. 处理结案率

处理结案率是指一定时期内劳动争议处理案件数与劳动争议应处理件数的比率，反映了处理的效率。其计算公式为：

$$结案率=\frac{仲裁机构处理完结件数}{劳动争议应处理的件数}\times 100\% \tag{12.11}$$

上式中的仲裁机构处理完结件数包括仲裁完结件数和调解完结件数两部分。

［例 12－2］ 某仲裁机构在报告期内应处理的总件数是 1 000 件，其中仲裁内调解完结件数为 400 件，仲裁完结件数为 450 件，结案率是多少？

解：

$$结案率=\frac{400+450}{1\ 000}\times 100\%=85\%$$

2. 调解率

调解率指的是仲裁内调解完结件数与处理完结件数的比率。其计算公式为：

$$完结率=\frac{仲裁内调解完结件数}{仲裁机构处理完结件数}\times 100\% \tag{12.12}$$

根据例 12－2 中的资料可知：

$$调解率=\frac{400}{400+450}\times 100\%\approx 47.1\%$$

由于调解的比率不是很高，说明劳动争议仲裁案件的难度还是比较大的。

3. 诉讼率

诉讼是在有关国家司法机关的作用下，由有关诉讼参加人或参与人参加，依照法定程序，解决当事人之间的争议或追究被告人刑事责任的一种活动。诉讼率是当事人申诉的案件数与处理完结件数对比的比率。其计算公式为：

$$诉讼率=\frac{不服判决而向法院申诉的案件数}{仲裁机构处理完结案件数}\times 100\% \tag{12.13}$$

该指标表明仲裁机构处理工作的水平，诉讼率越低，说明仲裁机构工作越细致，工作水平越高。

4. 胜诉率

胜诉率指的是胜诉件数与处理件数对比的比率，可以反映争议各方对劳动法规正确理解和正确运用情况。

（四）劳动争议变动统计分析

随着劳动法规的不断完善，企业管理水平的不断提高以及劳动者法律意识和遵守劳动法规自觉程度的不断增强，劳动争议将会逐渐减少，同时仲裁的劳动争议也将逐渐减少。但是，在某些特殊情况下，也会出现劳动争议增长的情况。因此，需要运用劳动争议仲裁增减率指标和劳动争议仲裁增减量指标来反映劳动争议的变动的情况。

（1）劳动争议仲裁增减率。

$$\text{劳动争议仲裁增减率}=\frac{\text{本期劳动争议仲裁件数}-\text{上期劳动争议仲裁件数}}{\text{上期劳动争议仲裁件数}} \tag{12.14}$$

该指标反映了劳动争议仲裁规模的变动程度。符号为正表明增长率，符号为负表明减少率。

（2）劳动争议仲裁增减量，可用劳动争议仲裁增减件数来表示：

$$\text{劳动争议仲裁增减件数}=\text{本期劳动争议仲裁件数}-\text{上期劳动争议仲裁件数} \tag{12.15}$$

第三节 劳动参与统计

一、劳动参与和工会参与

（一）劳动参与的意义

社会主义事业是广大群众的事业，只有人人都关心参与，才能促进和谐社会的更好发展。社会主义市场经济体制的建设、现代企业制度的建立、职工群众利益与企业利益的共存等都离不开广大职工群众的积极参与。只有更多的劳动者群体参与经济活动，才能更加有效地促进经济发展，使企业和职工在市场经济机制中成为利益共同体。同时，职工群众的参与不仅仅体现在经济活动上，他们对于社会政治活动和民主监督的参与，不但可以提高自身的法律和监督意识，也促进了社会主义民主和法制建设的完善。

劳动者在劳动过程中的参与是有组织、有领导的参与，在我国就是通过诸如工会、共青团、妇联以及其他社团组织实施参与的，特别是工会组织的参与作用更为突出。因为工会是职工利益的代表者和维护者，它组织职工参与社会活动、行使民主权利，职工主要通过工会来行使民主权利。工会参与的实质就是职工群众的参与。

工会参与的任务是认真贯彻执行《中华人民共和国劳动法》等有关法律、法规和条例，及时了解、反映职工群众的意见和要求，热心为职工群众办事，促进职工生产、生活条件的逐步改善，使职工群众的合法权益得到有效维护。

（二）劳动参与统计的任务

劳动参与统计也就是工会统计，其任务主要体现在以下三个方面：

第一，反映各级工会组织的活动情况；

第二，反映工会组织参与技术进步、劳动竞赛、经营管理、职工教育和职工开发的情况；

第三，研究工会组织在各方面监督作用的发挥和逐步完善情况。

二、工会组织及会员统计

劳动群众的参与，是通过工会和工会组织的各种活动来实施的。比如，工会参与国家政治民主生活，是通过人民代表大会、政治协商会议和各单位的职工代表大会等实施参与的。

（一）工会组织统计指标

要从数量上反映全国公会的组织状况，我们可以调查工会会员人数、专职工会干部人数、基层工会个数、产业工会个数等。这些指标可以相对客观地对组织情况进行统计描述。

（二）工会组织发展状况指标

1. 工会化程度

工会化程度可以反映企业中工会的影响力和广度。其计算公式为：

$$\text{工会化程度}=\frac{\text{工会会员总人数}}{\text{同范围的职工人数}}\times 100\% \tag{12.16}$$

工会化程度越高，说明工会的影响力越大；反之则越小。

2. 工会组织覆盖率

工会组织覆盖率是反映工会组织普及程度的指标，可反映企业建立工会的自觉性和对职工权益的重视程度。其计算公式为：

$$\text{工会组织覆盖率}=\frac{\text{基层工会个数}}{\text{符合建立工会条件的基层单位个数}}\times 100\% \tag{12.17}$$

工会组织覆盖率越高，说明工会的普及程度越高，也说明企业对职工的权益保护越重视；反之，工会组织覆盖率越低，则说明工会普及程度越低，企业对职工的权益保护越不够。

3. 基层工会平均规模

基层工会平均规模表现了基层工会的平均人数的多少，可反映基层工会影响的广度。其计算公式为：

$$\text{基层工会平均规模}=\frac{\text{工会会员总人数}}{\text{基层工会个数}} \tag{12.18}$$

基层工会平均规模越大，说明基层工会的平均人数越多；反之则越少。

4. 干部会员比

干部会员比（将专职工会干部视为 1）可以反映出专职工会干部的影响能力。其计算公式为：

$$\text{干部会员比}=\frac{\text{工会会员总人数}}{\text{专职工会干部总人数}} \tag{12.19}$$

干部会员比越高，说明专职工会干部的影响能力越大；反之则越小。

[例 12-3] 甲企业工会中专职干部的总人数为 100 人，会员总人数为 1 500 人；乙企业专职工会干部总人数为 150 人，会员总人数为 1 800 人，则甲企业干部会员比为 15，乙企业的干部会员比是 12。虽然乙企业的干部总人数和会员总人数都高于甲企业，但是

干部会员比却低于甲企业，可见，甲企业的工会干部影响能力要高于乙企业，且甲企业的工会组织更加高效。

三、工会经济活动参与统计

工会经济活动参与统计是从统计的角度反映工会的经济技术工作成果。

（一）合理化建议活动分析

企业工会组织开展的合理化建议，是针对改进和完善企业生产技术与经营管理水平所提出的办法和措施。反映合理化建议活动情况的指标有：提出合理化建议数；已采纳的合理化建议数；已实施的合理化建议创造的价值等。

（二）职工技术协作活动情况统计

所谓职工技术协作活动，是指在职工中开展的一种技术互助与技术协作活动。指标包括职工技术协作人员人数、攻破技术关键项目及创造的经济效益、推广交流新技术成果项次数及创造的经济效益、技术开发成果项目数及创造的效益额、技术培训人次数等。

四、劳动竞赛统计

企业劳动竞赛的统计，有助于丰富职工生活，提高职工的生产积极性，对生产会起到明显的促进作用。具体来说可以对劳动竞赛情况进行数量描述，并对其产生的成果和效益进行分析。

（一）企业劳动竞赛参加者统计

企业劳动竞赛参加者统计可以反映企业中参加劳动竞赛的实际规模状况。指标有企业劳动竞赛参加人数/单位数、授予先进生产者人数、授予先进单位数等。

（二）企业劳动竞赛成果情况统计

反映企业劳动竞争成果情况的指标包括：获得各级政府奖励的人次数；实现增产增收、降低能耗和节约各种费用的经济效益数额等。

五、职工文化体育活动统计

企业工会配合生产活动，开展各种形式的文艺体育活动，有助于丰富职工的业余生活，增进他们的身心健康。

（一）文化教育情况的统计

1. 工会组织办学情况

工会组织办学情况包括各种文化学习、技术学习和业余爱好学习班的举办次数，参加学习的人数和结业的人数。

2. 工会组织职工读书活动情况

可以研究职工读书会、读书指导机构的数量，参加活动的人数（特别是青年职工参加数）以及职工参与程度等指标。

$$参与率=\frac{参加读书会职工人数}{职工总人数}\times 100\% \qquad (12.20)$$

3. 班组/人均订阅报刊数

班组订阅报刊数可以反映报刊的班组订阅情况，人均订阅报刊数可以反映报纸杂志的人均占有数量，反映职工的文化生活程度。

$$人均订阅报刊数=\frac{年度职工订阅报刊总数}{职工平均人数} \qquad (12.21)$$

（二）俱乐部统计

1. 职工俱乐部、文化宫设置统计

职工俱乐部、文化宫设置统计包括俱乐部、文化宫的设置个数，配备的专职工作人员与兼职工作人员数，建筑面积，影剧场坐席数以及各种活动室个数和使用面积，等等。

2. 活动开展情况核算

活动开展情况核算包括举办各种学习班、讲座、报告的场次数和参加人数，举办文艺演出场次数、观众人数，举办群众文娱活动次数、参加人数，上映电影场次、观众人数，等等。

（三）工会图书馆（室）统计

工会图书馆（室）统计的指标包括图书馆（室）个数、建筑面积、藏书数、报纸杂志订阅数、全年图书购置费以及累计读者数等。

（四）职工业余文艺组织及活动的统计

职工业余文艺组织及活动的核算包括职工业余文艺组织个数、参与人总数，演出场次数、观众数，参加调演及会演次数、获得奖励节目项数和总人数，职工业余文艺创作组个数、参加人数，等等。

（五）业余体育活动统计

1. 业余体育组织情况

反映业余体育组织情况的指标包括基层体协组织数和会员数、体育专职和兼职工作人员数以及体育裁判员数等。

2. 体育设施情况

反映体育设施情况的指标包括体育场馆个数、建筑面积以及专职工作人员数等。

3. 业余体育活动参与情况

反映业余体育活动参与情况的指标包括各种业余体育队数、参加人数、举办各种运动会次数、比赛体育项目数以及参加经常性体育活动人数等。

除了以上介绍的几类统计之外，还有工会保障统计、工会管理统计以及工会参与扶贫工作的统计等。总之，工会活动的统计充分地反映了劳动者对生产活动的参与情况，劳动参与统计的实施对提高社会主义制度下企业人力资源的分配和利用能力起到了重要的作用。

本章小结

本章从劳动争议仲裁和劳动参与两个方面介绍了劳动者和劳动力使用者之间的劳动关系的统计。劳动争议仲裁统计主要反映了生产劳动中劳动争议的处理情况；劳动参与统计则主要通过工会统计来反映劳动者的参与情况。

关键概念

劳动争议　　劳动争议仲裁统计　　劳动竞赛统计　　工会组织统计

工会经济活动　　工会组织

复习题

1. 劳动关系主要体现在哪些方面？
2. 劳动关系统计以及参与统计的任务是什么？
3. 劳动争议仲裁统计的任务是什么？
4. 如何在劳动争议仲裁统计中将普遍程度与严重程度相结合？
5. 劳动争议变动分析如何体现？
6. 企业职工文化体育活动统计分为哪几个方面？

讨论及思考题

1. 劳动关系统计除了劳动参与和劳动争议仲裁统计之外，还有哪些方面值得重视？
2. 劳动关系统计在劳动关系管理中的作用具体体现在哪几个方面？

参考文献

[1] 王琪延，张卫红．统计学．北京：中国市场出版社，2010.

[2] 王静．劳动与社会保障统计学．2 版．北京：中国劳动社会保障出版社，2012.

[3] 陈嗣成．企业人力资源管理统计学．2 版．北京：中国劳动社会保障出版社，2005.

[4] 游钧．中国就业报告（2005）．北京：中国劳动社会保障出版社，2005.

[5] 蔡昉．中国人口与劳动问题报告 NO.7：人口转变的社会经济后果．北京：社会科学文献出版社，2006.

[6] 蔡昉．中国人口与劳动问题报告 NO.6. 北京：社会科学文献出版社，2005.

[7] 蔡昉．中国人口与劳动问题报告（2002）．北京：社会科学文献出版社，2002.

[8] 刘娜．我国失业统计的标准界定与指标体系构建．统计与决策，2004（7）.

[9] 张振华．对人力资源概念内涵与外延的界定．阴山学刊，2004（11）.

[10] 冯虹，陈嗣成．现代人力资源统计学．北京：首都经济贸易大学出版社，1998.

[11] 丁大建．劳动统计学新编教程．北京：中国劳动出版社，1998.

[12] 王琪延，等．城市居民的生活时间分配．北京：经济科学出版社，1999.

[13] 马斯洛．人的潜能和价值．北京：华夏出版社，1987.

[14] 麦克纳．人力资源管理．北京：中信出版社，1998.

[15] 姚裕群，杨俊青．人力资源管理．4 版．北京：中国人民大学出版社，2011.

[16] 邱东．劳动力投入与经济增长．大连：东北财经大学出版社，2004.

[17] 林玳玳，袁伦渠，赵祥宇．现代企业人力资源管理设计．北京：中国劳动社会保障出版社，2004.

[18] 段兴民．中国人力资本定价研究．西安：西安交通大学出版社，2005.

[19] 王爱文，赵锡铭．劳动和社会保障规划统计与管理信息系统．2 版．北京：中国劳动社会保障出版社，2005.

[20] 刘仲文．人力资源会计学．北京：中国劳动社会保障出版社，2007.

[21] 安鸿章．现代企业人力资源管理．3 版．北京：中国劳动社会保障出版社，2014.

[22] 余玲，陈少英．论最低工资制度在中国的发展．贵州商业高等专科学校学报，2007（9）.

[23] 林玳玳，林原．我国最低工资制度的现状与和谐社会构建．中国人力资源开发，2007（4）.

[24] 马彩丽．人工成本分析方法．中国西部科技，2004（9）.

［25］张俊杰．浅析企业人工成本．华北电业，2002（7）．

［26］陆晓川．企业人工成本的控制方法研究．会计之友，2007（1）．

［27］王彩莲．新劳动法教程．青岛：青岛海洋大学出版社，1995．

［28］杨遂全．劳动法与社会保障法新论．成都：四川大学出版社，2015．

［29］巢健茜．劳动法与社会保障法．2 版．北京：科学出版社，2017．

［30］李成彦．人力资源管理．北京：北京大学出版社，2011．

［31］上海市统计局，国家统计局上海调查总队．上海统计年鉴（2014）．北京：中国统计出版社，2014．

［32］上海市统计局，国家统计局上海调查总队．上海统计年鉴（2012）．北京：中国统计出版社，2012．

图书在版编目（CIP）数据

人力资源统计学/王琪延，韦佳佳主编．--3 版
．--北京：中国人民大学出版社，2021.6
21 世纪高等继续教育精品教材．经济管理类通用系列
ISBN 978-7-300-29461-2

Ⅰ.①人… Ⅱ.①王… ②韦… Ⅲ.①人力资源一统计学一高等学校一教材 Ⅳ.①F241

中国版本图书馆 CIP 数据核字（2021）第 110314 号

21 世纪高等继续教育精品教材·经济管理类通用系列
人力资源统计学（第三版）
主　编　王琪延　韦佳佳
副主编　李明明
Renli Ziyuan Tongjixue

出版发行	中国人民大学出版社		
社　址	北京中关村大街 31 号	**邮政编码**	100080
电　话	010－62511242（总编室）		010－62511770（质管部）
	010－82501766（邮购部）		010－62514148（门市部）
	010－62515195（发行公司）		010－62515275（盗版举报）
网　址	http://www.crup.com.cn		
经　销	新华书店		
印　刷	北京密兴印刷有限公司	**版　次**	2009 年 8 月第 1 版
开　本	787 mm×1092 mm　1/16		2021 年 6 月第 3 版
印　张	17	**印　次**	2024 年 1 月第 3 次印刷
字　数	382 000	**定　价**	48.00 元

版权所有　侵权必究　　印装差错　负责调换